An der Schwelle zum Jenseits

Günter Ewald

An der Schwelle zum Jenseits

Die natürliche und die spirituelle Dimension der Nahtoderfahrungen

Matthias-Grünewald-Verlag · Mainz

Meiner unvergessenen Tochter
*Esther-Sophie (*1982, †1996) gewidmet*

Der Matthias-Grünewald-Verlag ist Mitglied
der Verlagsgruppe engagement

Die Deutsche Bibliothek – CIP-Einheitsaufnahme

Ein Titelsatz für diese Publikation ist bei Der Deutschen Bibliothek erhältlich.

Umschlag: Kirsch Kommunikationsdesign, Wiesbaden
Satz/DTP: Redaktionsbüro Werkmeister, Mainz
Druck: fgb. freiburger graphische betriebe

ISBN 3-7867-2340-0

INHALT

Vorwort und Dank

Meine Bemühungen um den Grenzbereich von Naturwissenschaft und Religion schlagen sich mit dem vorliegenden Beitrag ein zweites Mal in einer Befassung mit dem faszinierenden Thema „Nahtoderlebnisse" nieder. Im Vordergrund stehen die Beziehungen der Nahtoderfahrungen zu den naturgeschichtlichen Wurzeln von Religion. (In „‚Ich war tot'. Ein Naturwissenschaftler untersucht Nahtod-Erfahrungen", Pattloch 1999, hatte ich ein religiöses Verständnis von Nahtodvisionen gegen materialistische Verengungen einerseits und spiritistisch-esoterische Deutungen andererseits abgegrenzt). Grundlage sind die zahlreichen Nahtod-Berichte, die ich auf „Ich war tot" hin (sowie nach einigen Vorträgen) erhalten habe.

So richtet sich mein Dank in besonderer Weise an die Autorinnen und Autoren dieser Berichte. Danken möchte ich aber auch meinem Kollegen Georg Baudler für seine Durchsicht der religionsgeschichtlichen Aspekte, meinem Kollegen Schmidt-Kaler für kritische Bemerkungen und Verbesserungsvorschläge, dem Heidelberger Psychiater und Nahtod-Forscher Michael Schröter-Kunhardt für Bemerkungen zum Text und wertvolle Informationen sowie Frau Elisabeth Thanisch für Korrekturen.

Einleitung

An einem Sommerabend 1999 auf der Insel Juist zog es Günter Düthorn zur katholischen Kirche hinter den Dünen. Er wollte, obwohl selbst nicht katholisch, auch im Urlaub wie gewohnt sein Abendgebet in einem ruhigen Raum, in dem eine Kerze brennt, verrichten. Allerdings war die Kirche keineswegs ruhig: Am Lektorenpult neben dem Altar stand ich und hielt einen Vortrag über Nahtod-Erfahrungen sowie deren Bedeutung für das Verhältnis von Naturwissenschaft und Religion. Günter Düthorn hörte eine Weile zu, blieb sitzen und nahm schließlich lebhaft an der sich anschließenden Diskussion teil – indem er von eigenen, sehr eindringlichen Nahtoderlebnissen berichtete. Schon als Sechsjähriger hatte er, nach einer Vergiftung unter einem Sauerstoffzelt liegend, ein „außerkörperliches Erlebnis". Er sah sich außerhalb des Zeltes unter der Decke schweben und beobachtete, wie an den Sauerstoffflaschen hantiert wurde, fand sich dann in einem lichtdurchfluteten Raum und begegnete einer Lichtgestalt, bei der er sich glücklich und geborgen fühlte. Ähnliches geschah einige Jahre später nach einem Fahrradunfall. Wieder erlebte sich Günter unter der Decke schwebend, das Geschehen in seiner Umgebung beobachtend, gelangte dann durch einen Tunnel in einen weißglänzenden Raum und sah sich erneut einem Lichtwesen gegenüber. Als etwa Vierzigjähriger hatte er – während eines therapeutischen autogenen Trainings – eine weitere Außer-Körper-Erfahrung und erkannte dabei technische Einzelheiten in der Umgebung des Gebäudes, die er vorher nie gesehen hatte, aber später zu seinem großen Erstaunen bis in die Einzelheiten bestätigt fand.

Derartige „Nahtoderfahrungen" klingen phantastisch und wären leicht als Halluzinationen oder lebhafte Träume abzutun, käme in ihnen nicht etwas zum Vorschein, was auch Medizinern und kritisch eingestellten Naturwissenschaftlern zu denken gibt. Sie enthalten einen Zündstoff, der ein verbreitetes rationalistisches Welt- und Menschenbild möglicherweise sprengen wird.

Es mag typisch erscheinen, dass die genannten Gespräche über Nahtoderlebnisse in einer Kirche stattgefunden haben, ging es doch dabei um Jenseitsvisionen und Leben nach dem Tod. Das ist aber nicht der Fall. Viele Menschen mit solchen Erfahrungen sind völlig areligiös. Das „Heilige" bricht, unabhängig von religiösem Verhalten, ins Profane ein, oft nach einem Unfall, während einer Operation oder ganz spontan. Es ist eher eine Ausnahme und geschieht oft in Form abwehrender Reaktion, wenn sich Kirche und Theologie mit dem Nahtod-Erleben befassen: Es handle sich um okkulte Scheinreligiosität, die mit kirchlicher Lehre unvereinbar sei.

Zunächst kann man für die Abwehrhaltung Verständnis aufbringen: Allzuviele spiritistische, esoterische oder „New Age"-Gruppen erheben den Anspruch, über Jenseitsreisen und religiöse Erfahrungen Bescheid zu wissen, und manche von ihnen versuchen, in den Bereich der etablierten Kirchen vorzudringen. Seit eh und je findet man eine undurchsichtige Szene von Geistheilen, Spukglauben, Astrologie und sektengebundener „Prophetie".

Sieht man aber genauer hin, dann erkennt man eine andere Seite: Unser Denken, auch das theologische, ist von naturwissenschaftlichem Rationalismus geprägt und überlässt unausweichliche Fragen, für die es blind ist, der okkulten Szene. Es gibt jedoch auch positive Entwicklungen: Naturwissenschaften fangen langsam, aber stetig an, sich für Aspekte des Weltgeschehens zu öffnen, die eine auf halbem Wege stehen gebliebene Aufklärung irrtümlicherweise als abseitig oder nebensächlich betrachtet hat. In einem Vergleich ausgedrückt: Seit Jahrtausenden gibt es Astrologie; erst seit einigen Jahrhunderten hat sich eine wissenschaftliche Astronomie entwickelt, die sich nicht davon beirren ließ, dass auch die Astrologie von Sternen redet. Ähnlich ist es an der Zeit, dass sich klassische Biologie und Psychologie ebenso wie die Gotteswissenschaft den neu aufgeworfenen Fragen stellen.

Nahtoderlebnisse nehmen in dieser Entwicklung eine besondere Stellung ein. Sie führen in Grenzbereiche, in denen die Frage nach dem Verhältnis von Natur und Religion neu gestellt wird. Leben nach dem Tod und die Erfahrung des „Heiligen" erscheinen – auch für den Naturwissenschaftler – in einem überraschenden, neuen Licht.

Seit einigen Jahrzehnten wird das Heilige als ein Phänomen der Ur- und Frühgeschichte des Menschen betrachtet, das nicht ein Ergebnis von Religion darstellt, sondern umgekehrt zu den „natürlichen" Grundlagen der Religion gehört. Das „Erschaudern", das „Numinose" in der Erfahrung von Naturgewalten führte schon bei den frühen Hominiden zur Vorstellung von Flussdämonen und Blitze schleudernden Göttern. Diesen Göttern vorsorglich Opfer zu bringen, um sie zu besänftigen oder ihre Hilfe zu erhalten, stand mit am Anfang von Religion. Aber es war nicht die einzige Quelle des Religiösen. Im Stillen, weniger auffällig als die gewalt-

gestützte Religiosität entwickelte sich die Religion der Zuwendung und Liebe. Sie befindet sich bis heute im Prozess der „Befreiung vom Stiergott“ (G. Baudler). Das „Heilige“ gewinnt darin eine andere Gestalt als im religösen Opferdenken, dessen Spuren bis in die Gegenwart hinein reichen. An dieser anderen Quelle treffen wir auf Visionen, die im Nahtoderleben sichtbar werden, aber allem Anschein nach viel umfassender und verbreiteter sind, als wir es bisher wissen. Auch sie haben eine Verankerung in der Natur selbst. Von dieser Verankerung kann man annehmen, dass sie zu einer noch unbekannten Seite der Evolution gehört. Opferkulte münden im Töten, im Beenden, sind stimuliert von der Angst vor Strafe, Rache und Hölle. Lichtvisionen der Mystiker oder der Nahtod-Betroffenen verweisen oft auf Liebe und Angenommensein, auf ein Leben, das noch bevorsteht und mit einer konkreten, personalen Ewigkeitsperspektive verbunden ist.
Wir möchten in diesem Buch Nahtoderlebnisse auf dem Hintergrund von Urgeschichte und Entwicklung der Religionen betrachten und sie zur christlichen Auferstehungshoffnung in Beziehung setzen. Wir beginnen mit Originalberichten, die ich bei Gelegenheit von Vorträgen und als Reaktion auf meinen Beitrag „Ich war tot. Ein Naturwissenschaftler untersucht Nahtod-Erfahrungen“[1] in den beiden letzten Jahren erhalten habe. Sie stellen die bisher grösste veröffentlichte Dokumentation von Nahtoderfahrungen im deutschsprachigen Raum dar und geben uns eine breite Grundlage, auf der wir uns zunächst mit dem Realitätsgehalt von Nahtoderfahrungen befassen, ebenso mit den Folgerungen, die sich für das naturwissenschaftliche Weltbild ziehen lassen. Ferner setzen wir uns mit Thesen einer Konstanzer Soziologengruppe auseinander, die – zu Unrecht – glaubt, mit Untersuchungen über die Kulturabhängigkeit von Nahtoderfahrungen die bisherige Nahtodforschung aus den Angeln heben zu können. Dann erst dringen wir zu den tieferen Fragen des „Heiligen“ vor, das bereits in der Entwicklung der Natur aufscheint und in dessen Licht die Nahtodvisionen eine neue Bedeutung gewinnen.
Was die Zuverlässigkeit der nun folgenden Berichte angeht, so meldete ein Kritiker Skepsis an und schlug mir vor, „mal einen Psychologen zu fragen, wie man Phantasten und Schwindler und Wichtigtuer usw. erkennt“. Ich denke, die von gegenseitigem Vertrauen getragene Korrespondenz, die ich mit den Verfassern der Berichte geführt habe, genügt, um einen entsprechenden Verdacht auszuschliessen. Natürlich habe ich keine Sicherheit und will auch keine „Beweise“ für irgendetwas liefern.

Was die Berichte vermitteln, strahlt Ernsthaftigkeit und Glaubwürdigkeit aus. Bei einem Teil der Betroffenen konnte ich mich davon bei einem Treffen am Bodensee unmittelbar überzeugen. Es fügt sich gut in die besondere Erlebnisweise ein, die von Nahtoderlebnissen aus anderen Ländern und früheren Zeiten bekannt sind. Gerade die Tatsache, dass Nahtoderfahrungen durch präzise Erinnerung und grosse Bewusstheit gekennzeichnet sind, stehen einer „Phantasterei" entgegen. Sie zeichnen einen Ausschnitt aus wirklich Erfahrenem, meist folgenreich für das weitere Leben, an das unser Fragen nach Religion anknüpft.

1. Der Weg ins Licht. Was Betroffene erleben

Wir bemühen uns um allgemeine Aussagen über den Jenseitsbezug und den Einbruch des „Heiligen" in das Leben von Menschen. Dem scheint zunächst entgegenzustehen, dass Nahtoderfahrungen nur von einer begrenzten Gruppe von Menschen berichtet werden (nach einer Untersuchung Konstanzer Soziologen etwa 5 Prozent aller Deutschen). Handelt es sich dabei um Privilegierte oder gar „Auserwählte", auf die religiöse Jenseitshoffnungen möglicherweise überhaupt zu beschränken sind? Das entspräche etwa der Annahme, musikalische Erlebnisse seien auf Menschen mit absolutem Gehör begrenzt. Auch diese bilden eine kleine Gruppe von Personen und haben eine besondere Fähigkeit des Musikverstehens, die nicht jeder besitzt. Aber Musik ist für alle da. Die Tiefenerlebnisse, von denen hier die Rede ist, beschränken sich nicht einmal auf einen Kreis von Personen mit einer bestimmten – dem absoluten Gehör vergleichbaren – Eigenschaft. Sie spielen sich vermutlich „tief unten" bei sehr vielen Menschen irgendwann im Leben ab und im Augenblick des Todes wahrscheinlich bei den meisten. Die Lebensgeschichte eines jeden von uns dringt nur teilweise in das Licht des Bewusstseins vor. Extremsituationen wie Unfall, Krankheit oder schwere Geburt können mit blitzartigem Aufleuchten von Verborgenem verbunden sein, wie es in Nahtoderfahrungen – nicht notwendigerweise in Todesnähe – geschieht. Eine besondere Sensibilität für „übersinnliches" Geschehen wie Telepathie oder Hellsehen spielt eine verstärkende Rolle. Diese Sensibilität ähnelt am ehesten dem absoluten Gehör und tritt in der Tat bei vielen Nahtodberichten zutage.
Zwar lassen sich, wie die Nahtodforschung gezeigt hat, Nahtoderlebnisse klar von Träumen abgrenzen. Dennoch sind sie vom Reich der Träume umgeben und ihre Konturen erscheinen darin manchmal unscharf. Sie fallen eben nicht vom Himmel, sondern treten aus der bunten Vielfalt hervor, in der sich Gedanken, Gefühle und bildhaftes Erleben unterhalb der Schwelle des Bewusstseins bewegen. So kann man nur mit Bedacht und Behutsamkeit nach den Spuren allgemeiner Muster suchen, in die Nahtoderlebnisse eingebunden sind und die uns den letzten Fundamenten geistig-physischen Daseins näher bringen sollen. Es geht nicht um ein starres Schema, sondern um die Beschreibung von Wegen, auf denen die individuelle Existenz voranschreitet. Letztlich bleibt bei jedem der Berichte das Rätsel ungelöst, welche tiefere, individuelle Bedeutung das

Erlebte hat. Das sollte man vor Augen haben, wenn wir nun Erlebnisse wiedergeben, die uns Nahtod-Betroffene überlassen haben. Die Auswahl ist nicht repräsentativ, sondern im Umkreis einer Buchlektüre zustandegekommen. Trotzdem zeigt ein Vergleich mit sehr vielen Berichten aus verschiedenen Teilen der Welt, dass die gesuchten Grundmuster die gleichen sind. Individuelle Ausgestaltung und kulturelle Prägung gefährden diese Allgemeinheit nicht.

In der Einleitung hatten wir kurz die Nahtoderlebnisse von Günter Düthorn skizziert. Wir lassen ihn nun so zu Wort kommen, wie er einige Wochen nach unserer Begegnung seine Erfahrungen aufgezeichnet hat.

1.1 Geliebt und geborgen[2]

„Im Alter von 6 Jahren", schreibt Günter Düthorn aus Fürth, Jahrgang 1939,

> *„lag ich mit annähernd 42° Fieber im Bett. Es war Kriegszeit und die Wohnung lag in der Nähe einer Flugzeugfabrik. Obwohl Fliegeralarm gegeben war, wollte mich meine Mutter nicht in den kalten Luftschutzkeller bringen. Eine 5-Zentner-Bombe schlug in das Haus ein. Den Zünder hat es am Dachfirst abgerissen, aber die Bombe ist bis unter die Kellergewölbe in das Haus hinabgestürzt. Das Benzin-Kautschuk-Phosphor-Gemisch wurde nach der Explosion der Bombe an den Seiten des durch den Einschlag entstandenen ‚Kamins' verspritzt (und entzündete sich nicht). Ich habe die giftigen Dämpfe eingeatmet und wurde nach der Aussage meiner Mutter blau-violett im Gesicht. Nachdem der Luftangriff vorüber war, brachten mich Nachbarn in einem Wäschekorb in das nächste Krankenhaus, da die Straßen zum Teil zerstört waren. Für Augenblicke kam ich zum Bewusstsein. Bei dem Angriff auf die Flugzeugfabrik gab es viele Tote und Schwerverletzte. Die Sanitäter versprachen, mich bei der nächsten Gelegenheit in die Kinderklinik zu bringen. Aber in der Turbulenz der Stunde haben sie mich, bei minus 28° in der offenen Vorhalle der Klinik, für einige Zeit total vergessen. Als ich später in der Kinderklinik eingeliefert wurde, war ich steifgefroren. Unter einem Sauerstoffzelt wurde ich sozusagen aufgebaut und beatmet. Hier setzt mein wundersames Erlebnis an. Ich wusste nicht, ob ich träumte oder was da mit mir vorging. Ich lag unter besagtem Sauerstoffzelt und*

schwebte plötzlich links oben im Zimmer an die Decke. Ärzte und Schwestern waren sich, wie ich beobachten konnte, über das Vorgehen anscheinend nicht einig. Es wurde eine Wanne mit Wasser gebracht und wieder weggetragen, auch Tücher und ein Frottierhandtuch. An den Sauerstoffflaschen, welche neben dem über dem Bett gestülpten Zelt standen, wurde an der Armatur hantiert und verstellt. Es war wie in einem Film, obwohl ich damals noch keinen gesehen hatte. Plötzlich schwebte ich durch eine grau-schwarze Wolke, an derem Ende es auf einmal heller und heller wurde. Ich schwebte in einem von unaussprechlich schönem Weiß durchfluteten Raum. Er war anscheinend unendlich, denn es gab weder Wände noch Boden noch Decke. Obwohl alles weiß in weiß war, konnte ich eine große, weiße Gestalt erkennen, welche sich mir liebevoll näherte. Wir haben uns unterhalten, ohne dass Worte nötig waren. Es war wie Gedankenübertragung. Ich fühlte mich geliebt und geborgen, angenommen, rundum glücklich. Plötzlich war ich wieder in der Wolke und es ging rückwärts an meinen Platz an der Zimmerdecke. (Irgendwo dazwischen sah ich Ereignisse meines Lebens wie in Standaufnahmen). Das emsige, geschäftige Treiben war immer noch zu sehen. Auf einmal war ich wieder in meinem Körper und mir war sehr kalt. Kurz darauf bin ich eingeschlafen."

Alle bekannten „Bausteine" von Nahtoderlebnissen wie Außerkörpererfahrung, Tunnel, Lichtvision, Begegnung mit einer Lichtgestalt, Lebensfilm kommen in dieser Erfahrung eines sechsjährigen Jungen vor, wenn man nur „Tunnel" durch „grauschwarze Wolke" ersetzt. Eher selten ist, dass sich, sozusagen auf dem „Rückweg", das Außerkörpererlebnis noch einmal einstellt. Läge das Geschehen nicht so lange zurück, man könnte versuchen, Ärzte und Schwestern, die damals bei der Wiederbelebung von Günter mitgewirkt haben, ausfindig zu machen und nach Einzelheiten zu befragen. Wie war das mit der Wanne mit Wasser, hat Günter sie „real" gesehen?
Hier taucht schon eine der brisantesten Fragen der Nahtodforschung auf, die einstweilen noch kontrovers diskutiert wird: Kann man die „Außerkörperlichkeit", das Sehen ohne die Retina des Auges „objektiv" durch Vergleich des Geschilderten mit dem, was sich tatsächlich ereignet hat, nachweisen? Zwar ist schon eine Anzahl von solchen Nachweisen dokumentiert; aber Skeptiker beharren auf Unsicherheiten, Selbsttäuschungen oder gar bewussten Täuschungen. Nur eingehende Untersuchungen

können Klarheit schaffen. Dazu bedarf es aber der Mitwirkung einer großen Zahl von Ärzten und medizinischem Personal, was im Augenblick (aufgrund von Desinteresse oder Ablehnung) noch schwierig ist. Immerhin gibt es Lichtblicke: Weiter unten werden wir ein beachtenswertes Beispiel wiedergeben, das der amerikanische Kardiologe Michael Sabom 1998 publiziert hat. Es zeigt, wie viel bei entsprechendem Engagement von Ärzten und Schwestern herauskommen kann.

1.2 Gedankenaustausch ohne Worte

Günter Düthorn berichtet weiter:

> *„Im Alter von zwölfeinhalb Jahren hatte ich einen Unfall mit dem Fahrrad. Beim Überholen eines Traktors, welcher ein Kinderkarussell in die Stadt zog, bin ich mit beiden Rädern meines Rades in eine Rille der Straßenbahnschine gerutscht. Durch die plötzliche Abbremsung bin ich mitsamt dem Fahhrad vor die Räder des Traktors gestürzt. Da ich das Fahrzeug von hinten überholt hatte, bemerkte mich der Fahrer erst, als er mit beiden Rädern des Traktors über mich hinweggefahren war. Der Traktor hatte ein Eigengewicht von 75 Zentnern und ist über mein Bekken gerollt. Der Tatsache, dass der ‚Gesundheitslenker' des Fahrrades über mir lag, verdanke ich es, dass es nur Quetschungen und Platzwunden gab. Man hat mich mit dem Fahrrad zwischen Zugmaschine und Karussell herausgezogen und mich in den Pausenraum eines nahe gelegenen Obst- und Gemüsegeschäftes gebracht. Dort verlor ich für einige Zeit das Bewusstsein. Nach ‚einiger Zeit' schwebte ich in die linke obere Ecke des Raumes. Ich sah mich blutverschmiert in einer Decke auf einem alten Sofa liegen. Zu meinem großen Kummer war mein 2-Meter-Klappmetermaß aus Metall wie ein Blatt Papier zerknüllt. Eine Verkäuferin versuchte, die nachdrängenden, neugierigen Schulkinder aus dem Raum zu weisen. Der Notarzt erschien mit seinem Koffer und ich sah, wie eine Infusion angelegt wurde. Auf einmal schwebte ich wie durch einen langen dunklen Tunnel. Am Ende desselben wurde es zusehends heller und ich gelangte in den mir schon bekannten unendlichen, weißen Raum. Mir begegnete eine große, weiße, Güte ausstrahlende Gestalt. Ohne den Gebrauch von Worten war ein Dialog möglich. In meinem Inneren war ich gewiss, das muss der Christus sein, obwohl ich nicht zu fragen wagte. Er*

strahlte so viel Liebe und Zuwendung aus, dass ich vor Glück und Wohlbefinden glaubte, bersten zu müssen. Später traten noch andere Geist-Lichtwesen dazu, welche in ihrer Intensität nicht so stark waren. Auch mit ihnen war ein Gedankenaustausch ohne Worte möglich. Wie in einem Film sah ich viele wichtige Stationen meines Lebens vor mir. Parallel zu den Bild-Ereignissen erlebte ich die ‚moralische Wertung' derselben, weniger nach gut und böse, sondern nach dem, was sie an Leid und Freude bei anderen ausgelöst haben. Eines der Bilder konnte ich nach vielen Jahren auf einer Photographie aus meiner frühen Kindheit bis ins Detail wieder erkennen. Einerseits erlebte ich Bild nach Bild, dennoch waren sie alle gleichzeitig da. Es gab weder Raum noch Zeit. Auf einmal glaubte ich, den Bauplan des Universums zu wissen, vor dem ‚Urknall', bis in die kleinste Zelle. Da der Begriff Zeit nicht existierte, kann ich nicht sagen, wann ich wieder durch den Tunnel zurück in meinen Körper gefahren bin. Ich weiß nur noch, dass mir alle Knochen wehgetan haben und ich Notarzt und Sanitäter zu überzeugen suchte, meinen Eltern von dem Unfall nichts zu sagen, weil sie sonst furchtbar Angst haben würden. Man hat mir versichert, dass alles gut werden wird und ich habe die Fahrt und die Notaufnahme in der Klinik dann bei vollem Bewusstsein erlebt."

Nachträglich erwähnt Günter noch, dass er offensichtlich in dem Obstgeschäft den Geruch von Muskatellertrauben aufgenommen hat; denn jedes Mal, wenn er diesen Geruch spürt, denkt er an sein damaliges Erlebnis. Wieder finden wir hier die Bausteine „Außerkörpererlebnis", „Tunnel", „Lichtvision", „Lichtgestalt" und, dieses Mal in ausgeprägter Form, den „Lebensfilm", wie sie das so genannte „Standardmodell" einer Nahtoderfahrung aufzählt. Auch ein Gefühl des „Allwissens" kommt hinzu. Der „Urknall" dürfte eine nachträgliche Interpretation sein, denn die Urknalltheorie existierte zwar Anfang der fünfziger Jahre schon, war aber damals kaum bekannt. Dass auch die Identifikation der Lichtgestalt mit Christus einen subjektiven Eindruck darstellt, bringt Günter in seinem Bericht selbst zum Ausdruck. Auf Rückfrage hin hat er hinsichtlich der übrigen Lichtwesen hinzugefügt, er sei sich *„zweifelsfrei sicher, dass eines der Lichtwesen meine verstorbene leibliche Mutter war"*. Das stimmt wiederum mit der allgemeinen Beobachtung überein, dass in der Lichtvision eines Nahtodelebnisses häufig Personen wahrgenommen werden, die bereits verstorben sind.

1.3 Wie Wachs im heißen Wüstensand

Noch ein weiteres Außerkörpererlebnis hatte Günter Düthorn im Alter von etwa 40 Jahren, nachdem er sich, aufgrund von berufsbedingten Problemen mit der Wirbelsäule, zum Erlernen des autogenen Trainings durchgerungen hatte.

> *„Aus Erfahrungen von tiefer Meditation und Kontemplation war mir der Einstieg sehr leicht. In der zweiten Übungsstunde, in welcher das Erlernen des Schweregefühls eingeübt wird, erlebte ich eine mich beunruhigende Erfahrung, welche ich nach Beendigung der Einheit auch der Kursleiterin berichtete. Gleich zu Beginn der Übung hatte ich das Gefühl, dass meine Beine den 2- bis 3-fachen Umfang annehmen und ich wie Wachs im heißen Wüstensand auseinander laufe. Auf einmal sah ich mich als Geist-Wesen oben links im Raum schwebend, auf mich, die Übungsleiterin und die anderen Teilnehmer unten im Raum herabschauen. Da der Übungsraum L-förmig war und ich am Ende des langen Teils lag, war es für mich verwunderlich, dass ich auch um die Ecke bzw. durch die Wände hindurchschauen konnte. Obwohl von der Optik nicht einsehbar, war für mich zu sehen, wer seine Füße an der Heizung hatte, wer schnarchte oder auch wie verquer die Einzelnen im Raum lagen. Danach löste sich mein Körper auf und Hände, Arme Kopf, Fuß, Beine, Rumpf schwebten jeder für sich über dem Gebäude. Sozusagen als Über-Über-Ich blickte ich aus noch höherer Warte auf die ganze Szene, die Körperteile in der Luft, auf mich und die Menschen im Übungsraum. Ich selbst lag friedlich mit halb offenem Mund auf meiner Unterlage. Aber nun sah ich auch die Autos, Sanitärfahrzeuge, Fahrräder und allerlei anderes unter und hinter dem Gebäude, welches in Ebenen am Hause gebaut war. Da ich zur Veranstaltung durch den Haupteingang gekommen war, konnte ich unmöglich die kreuz- und querstehenden Fahrzeuge auf der hinteren und unteren Ebene gesehen haben. Nach Beendigung der Veranstaltung bin ich um das Gebäude gelaufen und habe alles so vorgefunden, wie in meiner ‚Überschau' gesehen, bis hin zu den Nummernschildern. Selbst Fahrzeuge, welche unter der Betonparkfläche standen, die zum Teil über dem darunter liegenden Platz gebaut war, standen so, wie ich sie gesehen hatte."*

Auch hier wäre es wünschenswert, könnte man mit Hilfe von Zeugen ein wenig „Objektivierung“ betreiben. Wie sollte aber der Betroffene darauf kommen, an Ort und Stelle sich seine Wahrnehmungen bezeugen zu lassen? Auf meine Rückfrage nach irgendwelchen Anhaltspunkten schreibt Günter Düthorn:

> *„Der Kursleiterin bzw. den Teilnehmern des Kurses habe ich zwar von meinen ‚inneren Bildern‘ berichtet, aber von der Übereinstimmung der anschließend bestätigten Autokennzeichen war ich selbst so überrascht, dass ich diese Tatsache für mich behalten habe, weil ich es selbst kaum fassen konnte. Außerdem war meine Befürchtung, dass man mich für nicht ganz richtig im Kopf eingestuft hätte oder auf einen Sockel gestellt, wo ich nicht hingehöre…“.*

Diese Befürchtung kommt also hinzu – wir werden ihr noch in weiteren Berichten begegnen.
Bemerkenswert ist schließlich die Aufteilung des „Körpers“ in getrennt schwebende Teile; ein ähnlicher Bericht ist mir bisher nicht begegnet. Die Loslösung vom physischen Körper wird also wie eine Art zweistufige Rakete erlebt, die ein Zwischenstück absprengt. Das zeigt, wie vorsichtig man sein muss, das Erlebte allzu konkret zu deuten. Immerhin bleibt der „Blick“ des „Über-Über-Ich“ auf den friedlich, mit halb offenem Mund daliegenden Körper. Reale Wahrnehmung und traumhaftes Erleben können gleichzeitig und ineinander verwoben auftreten, wie man aus bestimmten Arten von Träumen und aus der Somnambulie weiß. Die Frage, die wir noch weiter verfolgen werden, ist die, was „reale Wahrnehmung“ im Außerkörpererlebnis bedeutet.

1.4 Im Wald ein diamantartiges Licht

Frau Erika Herman, 71 Jahre alt, Künstlerin, schildert zuerst ein kurzes Außerkörpererlebnis und dann eine intensive Lichtbegegnung. Eine „religiöse Wende“ bewirkte jedoch nicht ihre eigene Erfahrung, sondern das Sterbeerlebnis ihres Mannes:

> *„Dass man sich mit vollem Bewusstsein außerhalb seines Körpers befinden kann, weiß ich schon seit meinem 6ten Lebensjahr. Damals starb meine bisher völlig gesunde Großmutter einen Herztod, und ich war da-*

bei, als meine Mutter sie fand. Ihr Aufschrei ließ mich buchstäblich ‚aus der Haut fahren'! Ich befand mich linksseitig, auf halber Höhe über mir, und ich sah (durch die Wand?? denn ich fürchtete mich und war vor der Eingangstür geblieben) meine Mutter vor dem Bett meiner toten Großmutter auf den Knien liegen. Wie lange ich mich außerhalb meines Körpers befand und wie ich wieder hineinkam, weiß ich nicht. Interessant ist auch, dass meine 3 Jahre ältere Schwester den Tod meiner Großmutter in derselben Nacht geträumt hatte! Meine 2. Erfahrung machte ich etwa 1973. Damals befand ich mich durch Fehldiagnose und entsprechende Behandlung durch Ärzte im Endstadium eines Myxödems und hatte mit meinem Leben abgeschlossen. Wie täglich schleppte ich mich mit unseren zwei Bulldoggen zu unserer Runde durch den Wald, als ich mich plötzlich in einem anderen Bewusstseinszustand befand. Es war ein unbeschreibliches Glücksgefühl von Frieden, Harmonie und Einssein mit der gesamten Schöpfung; dabei hatte ich ein umfangendes Wissen um und über alles, wusste einfach alles, ganz einfach nicht zu beschreiben. Über mir strahlte, glänzte, leuchtete es bläulich, prismenartig wie ein Diamant. Blitzartig wie diese ‚Erleuchtung' kam, war sie vorüber, und ich versuchte mit aller Kraft, dieses ‚Allwissen' festzuhalten, um es zu überdenken. Aber wie ein Traum, den man morgens festhalten möchte, entschwand mir alles, nur sehnsüchtige Erinnerung blieb. Da ich diesen Zustand mit meiner Krankheit in Verbindung brachte, das Ganze sowieso nicht zu beschreiben oder gar nachzuvollziehen war, sprach ich mit niemandem darüber, auch nicht mit meinem vor 6 Jahren an einem Lungenkarzinom verstorbenen Mann, was ich heute sehr bedaure. Meine damals gemachte Erfahrung hatte keinerlei Einfluss auf meine damalige religiöse Weltanschauung. Streng protestantisch erzogen, meinen Kinderglauben längst verloren, hielt ich bald nicht mehr sehr viel von GOTTES ‚Ebenbildern!', die die Erde krebsvergleichend zerstören und sich ausbeuterisch als ‚Krone der Schöpfung' sie ‚untertan!' machen. Dieser von der Kanzel gepredigte liebende, barmherzige Gott erschafft seelenlose, aber Schmerz, Trauer, Freude empfindende Mitgeschöpfe, deren einziger Existenzzweck darin besteht, von uns benutzt und verbraucht zu werden? Aus dieser Kirche trat ich unter Protest Anfang 1970 aus. Mein Mann starb nach kurzer, schwerer Krankheit einen mit schön zu bezeichnenden Tod, mit einem Ausdruck von Staunen im Blick und einem leisen Lächeln in den Mundwinkeln ging er hinüber; heute weiß ich, was er erblickte!

Meines Mannes Hinübergehen und ‚Hilfe aus dem Jenseits' gaben mir meinen Glauben an einen Gott der Liebe zurück, und ich sehe meinem eigenen Tod gelassen und erwartungsvoll entgegen. Ich weiß, dass mich mein geliebter Mann im Kreis all unserer schon hinübergegangenen Tierseelen erwartet!"

1.5 Ich hatte Ballett so sehr gemocht

Christine de Graat, geborene Französin und in München verheiratet, war in der Nacht nach einer schweren Kaiserschnitt-Geburt nahe am Verbluten. Alleingelassen hatte sie Herzstillstand und Atemstillstand, merkte noch, wie die Luftnot in ihren Kopf stieg und alles rot vor ihren Augen wurde. Sie schreibt:

„Als ich gar nicht mehr denken konnte, nur leiden und wahrscheinlich aussah wie ein Fisch auf dem Trockenen, verließ ich meinen Körper. Ich stand jetzt am Kopfende meines Bettes und atmete auf. Ich war einfach erstaunt. Das seltsame ‚Ausleiben' hatte vielleicht nur eine Sekunde gedauert und sich wie das Ausziehen eines engen Kleides über den Kopf angefühlt. Freies Ein- und Ausatmen war seit dem letzten Morgen reiner Luxus und ich hatte das Ersticken nicht gerade genossen. Jetzt war alles friedlich und ich fühlte mich einfach wohl. Obwohl ich nicht verstand, was passiert war, genoss ich die Stille und die Schmerzlosigkeit. Es fiel mir zuerst nichts Besonderes auf, als ich ganz langsam begann, nach rechts zu schweben. Ich wurde einfach ohne mein Zutun in die Luft getrieben, wie ein heliumgefüllter Ballon. Ich schwebte über dem kleinen Nachttisch, dann an der Wand entlang fast bis zur Tür und merkte dabei, dass mein Körper – oder ‚ich' – auf dem Bett lag. Ich lachte ein wenig und dachte: ‚Das ist doch der Unsinn, den sie in der Kirche erzählen!' Ich fühlte mich nämlich wie eine Seele, die von ihrem Körper getrennt ist. Es entsprach genau dem Gerede der Priester meiner Schulzeit. Ich hatte es nie geglaubt. Bis zu diesem Tag empfand und verstand ich mich immer als Einheit und hatte mir nie Gedanken über ‚Leib und Seele' gemacht. Und jetzt – was für eine Überraschung! – gab es mich einmal unten im Bett und einmal oben unter der Decke. Ich achtete darauf, nicht zu sehr nach hinten zu schweben, denn ich fürchtete fast, durch die Wand zu gehen. Ich war nämlich fast durchsichtig. Wie sah ich

denn überhaupt aus? Ich war vielleicht nur noch einen Meter groß, weißlich wie eine kleine Wolke und fluoreszierend wie eine Nachtlampe. Ich fühlte alle meine Körperteile, nur meine Beine schienen ein wenig unvollständig zu sein. Das heißt, sie waren sowieso bedeckt durch ein perfekt fallendes weißes ‚Kleid' aus Licht oder leichtem Stoff. Wie Chiffon, dessen unnachahmlichen Fall ich durch Tanzen nicht in Unordnung bringen wollte. Aber ich bewegte mich trotzdem etwas nach hinten und vorn, kam mir vor wie eine Sylphide und fand dies extrem erheiternd. Ich hatte immer Ballett so sehr gemocht – und jetzt besaß ich die ideale Leichtigkeit, die meiner eher erdgebundenen Figur früher leider gefehlt hatte. So dachte ich: ‚Wenn ich das meinen früheren Ballettfreundinnen erzählen werde, werden sie mir nicht glauben!' Faszinierend fand ich zudem, dass mein dicker schwangerer Bauch verschwunden war. Keine Spur mehr davon, keine Wölbung. Es war einfach toll. Ich merkte aber auch, dass ich ganz anders denken konnte. War mein Körper leicht und frei, so waren es meine Gedanken ebenfalls. Als ich mich auf dem Bett beobachtete, fiel mir spontan der französische Ausdruck ‚avoir l'âme chevillée au corps' ein. Das heißt ungefähr: ‚Die Seele mit dem Körper verschraubt zu haben'. In Frankreich benutzen wir diesen idiomatischen Ausdruck, wenn eine Person eine Gefahr unversehrt übersteht oder sehr viel Stress ohne körperlichen Schaden überlebt. Eben weil die Seele sich nicht vom Körper trennt. Dieser Satz fiel mir jetzt genau zutreffend ein und ich begann, jede Menge verwandte Ausdrücke im Französischen und Deutschen zu suchen. Fand ich einen, versuchte ich ihn zu übersetzen usw. … Ich konnte scharf denken wie nie und beschäftigte mich damit eine Weile.

Plötzlich merkte ich, dass nicht nur mein weißes Licht das Zimmer beleuchtete, sondern, dass mein Körper unten auf dem Bett auch leuchtete. Und zwar rot. Ich beobachtete ihn aufmerksam. Ich hatte geschlossene Augen, lag ganz flach da unten und rührte mich nicht. von meinem Bauch ging ein riesiger roter Fleck aus, der auch ein leicht rötlich getöntes Licht produzierte. Ich kicherte und dachte: ‚Das ist doch Blut! Es tut da unten weh!' Es war keine Grausamkeit, als ich über den Anblick von Blut lachte. Nur hatte ich festgestellt, dass ich Schmerz nur noch ‚intellektuell' wahrnehmen konnte. So brachte ich Blut in Verbindung mit Schmerzen aus intellektueller Erfahrung, aus dem Gedächtnis heraus, sozusagen. Aber empfinden, mitfühlen konnte ich nicht. Denn ich besaß keinen fleischlichen Körper mehr, obwohl ich genau wusste, dass ich es war und vor wenigen Minuten noch all diesen Schmerz empfunden hatte. Ich entschied daraufhin, meinen ‚langweiligen' Körper nicht mehr aufzusuchen. Kaum hatte ich diesen Gedanken formuliert, spürte ich einen Ruck durch den ganzen Körper. Ich öffnete die Augen und fand mich in dem verlassenen Leib mitten in den Schmerzen wieder. ‚Schade', dachte ich. Ich war wirklich enttäuscht, war es da oben an der Decke doch so schön gewesen. Aber ich war auch dankbar, denn diesmal erstickte ich nicht, fühlte ein Pochen in meinem Brustkorb und konnte atmen, wenn auch sehr vorsichtig."

Dieses eindrucksvolle Außerkörpererlebnis war aber erst das Vorspiel zu einer dramatischen Folge von Erlebnissen, die sich anschloss, ein Dialog, ein Ringen mit einer zunächst unbekannten Person.

1.6 Seine Lippen waren fleischiger als die eines Westeuropäers

In engerem Sinn gesehen ist das, was nun folgte, keine Nahtoderfahrung. Denn Christine war bei vollem Bewusstsein, spürte wieder ihre Schmerzen, und doch hatte sie eine intensive Vision. Schwebte sie im Außerkörpererlebnis schmerzfrei über ihrem blutigen physischen Körper und „beobachtete" diesen ohne die Retina des Auges, so war es jetzt umgekehrt: Sie sah aus ihrem schmerzgeplagten Leib heraus Wundersames, überprüfte dabei bewusst, ob es „gewöhnliches" Sehen ist: *„Schloss ich die Augen, sah ich nichts mehr"*. Dennoch hängen beide „Perspektiven" zusammen, nicht nur weil sie in derselben Situation aufeinander folgen, sondern auch, weil sich ihre Bedeutungen ergänzen. Wir geben nur einen kleinen Ausschnitt aus dem, was Christine de Graat berichtet:

„Ein Fenster hatte sich … vor meinen Augen aufgetan. Es war ein sehr großes, goldumrandetes rundes Fenster, durch das ich ein Meer, ein Ufer und eine wunderbare Strandlandschaft sah. Die Farben waren unerhört schön, der Boden vielleicht aus Gold, das Meer türkis. Die Sonne strahlte. Jetzt erschien aber ein seltsames Licht, das die Sonne verdrängte. Mir blieb vor Erstaunen der Mund offen stehen, denn es lebte. Ein Licht war aufgegangen, das heller als die Sonne war! Und doch blendete es nicht. Ich staunte nur noch und bewunderte es. Es gab der Landschaft eine unermessliche Schönheit und weckte bei mir eine schmerzhafte Sehnsucht,

dorthin zu gehen. Ich wusste nicht, was es war. Ich sah, und ich erkannte nicht. Ich vermutete jedoch, dass das Unaussprechliche nur mit ‚Gott' zu tun haben konnte. Wie ein großer Magnet aus Liebe und menschlicher Wärme, der gleichzeitig kräftig zu sich hinzog und rief und warme Wellen ausstrahlte. Es war einmalig und nicht definierbar, und es rief mich, zu sich zu kommen. Obwohl ich gelähmt und erschöpft auf meinem Bett lag. Ich dachte an ‚Gott' in Ermangelung eines anderen Begriffs, um das Unbekannte, Einmalige zu erklären.“

Nun erscheint eine Lichtgestalt, königlich und in Gold gehüllt. Sie wandelt sich: Blut läuft auf den Mantel, sie fängt Feuer und brennt, ohne beschädigt zu werden, dem „brennenden Dornbusch“ in 2 Mose 3,2f vergleichbar. Aber ihre rechte Schläfe, ihre rechte Körperseite, Unterarme, Knöchel und Hände sind blutig. Schönheit und Misshandlung des Mannes im Feuer scheinen unerträglich gemischt.

„Ich verging fast vor Angst, Furcht und Bewunderung zugleich und zitterte an Körper und Seele. Einerseits war er schöner als alles, was ich bisher gesehen hatte. Der König strahlte dieselbe bedingungslose Liebe aus wie das Licht. Andererseits kamen mir die schrecklichen Wunden bekannt vor. Gab es doch eine Hölle? Lebte er doch? Ich kann behaupten, dass ich die größte Angst meines Lebens bekam: die Angst vor der endgültigen Zerstörung. Meine Augen aber, sie sprachen nicht von Zerstörung. Sie sahen Liebe, Liebe und nochmals Liebe…“.

Schließlich steht der Mann weiß gekleidet in der Luft vor ihr. Er

„strahlte ein gewaltiges, hell weißes Licht aus, das mich wie ein Blitz traf, mich vollständig umhüllte und einige Sekunden fast erblinden ließ. Dann hörte und ‚sah' ich gleichzeitig die Worte ‚Hab' keine Angst!' und konnte wieder sehen. Diese liebevolle Warnung nahm ich in mehreren Sprachen gleichzeitig wahr. Sie war, dachte ich, dem Licht entsprungen. Der beeindruckende Mann, der mich bis zur letzten Zelle meines Körpers, bis zum letzten Gedanken und bis zur letzten Rührung meiner Gefühle durchblickte, ließ sich Jesus nennen.“

Um Jesus geht es also, von dem sie seit einer überstrengen und abstoßenden Erziehung durch Nonnen nichts mehr wissen wollte. Ihr Jesusbild war das eines Aufpassers, der gerne straft. Nun sieht sie einen Jesus, der sie in einem Licht voller Liebe badet. Das Sehen wird mehr und mehr zu einer Begegnung, in der Jesus sie zu sich ziehen will. Ein erregender Dialog entwickelt sich, in dem sich Jesus von ihrem abweisenden Verhalten nicht provozieren lässt, sondern liebevoll und geduldig bleibt. Schließlich sieht sie Jesus ganz menschlich in seinem Profil und beschreibt ihn wie folgt:

„Er sah sehr fremd aus. Bei seinem Anblick fiel mir spontan, warum auch immer, eine Person meiner Verwandtschaft ein, die einen stolzen und bewussten Antisemitismus pflegte. Ich dachte, sie würde ihn wahrscheinlich nicht mögen… Aber ich fand ihn schön. Er hatte eine dunklere Hautfarbe, etwa olivfarben, die fast orientalisch anmutete. Mir fiel ein, dass ich nicht einmal wusste, in welchem Land er gelebt hatte. Dem Typ nach musste es ein Land gewesen sein, wo die Sonne oft scheint. Er hatte sehr dunkle Haare bis zu den Schulterblättern, die nicht so glatt und auch nicht so dick wie meine waren, und einen viel stärkeren Bartwuchs als die Männer von heute. Der ebenfalls dunkle Bart wuchs ihm richtig dicht ins Gesicht, hoch bis zu den Backenknochen. Seine halbmondförmigen Augenbrauen waren ungewöhnlich seidig und glatt und unterstrichen die schönste Stirn, die ich je bei einem Mann gesehen habe. Seine Nase wirkte fremd und schmal… Seine Augen waren dunkelbraun und eigentlich ganz normal, wäre da nicht der sehr besondere Blick gewesen, der mir bisher bei keinem anderen Menschen begegnete. Was mich aber am meisten faszinierte, war sein Mund. Er hatte einen ganz seltsamen Mund, dessen Lippen viel fleischiger waren als die der Westeuropäer und vor allem fast violett oder braun. Sogar die Form seines Gesichts, die Linie seiner Schultern fand ich ungewöhnlich. Seine Bewegungen waren aber ganz normal, wie die aller Männer.“

Dieser Jesus möchte sie also für sich gewinnen. Sie weiß, dass es ein spirituelles Werben ist, erlebt es aber ganzheitlich, auch erotisch. Indessen wehrt sie ab:

„Ich war wütend und begann auch, eine extreme körperliche Erschöpfung zu spüren. Ich wollte Jesus unbedingt loswerden, konnte Ihn aber in der Tat gut brauchen, weil Er sein wunderschönes helles weißes Licht gegen meine Schmerzen einsetzte. Während er neben mir blieb, passte Er sehr

rücksichtsvoll auf, dass ich nicht körperlich leiden musste. Es rührte mich zutiefst, weil ich Ihn nicht darum gebeten hatte und weil ich feststellte, dass Er alles spürte und wusste, was ich litt...".

Wenngleich sie die Angst vor Jesus als dem bösen Richter verloren hat und seine unendliche Güte und Geduld bewundert, bleibt sie bei ihrem Nein. Ihr Kind lässt sie nicht taufen. *„Ich wollte den Kleinen nicht Priestern und Pfarrern, diesen Wichtigtuern, auf Gedeih und Verderb übergeben."* Allerdings fügt sie hinzu: *„Jesus hatte uns berührt, wozu brauchten wir noch Priester? Was hatten die Kirchen mit Jesus zu tun? Ich sah keine Gemeinsamkeit und wollte nicht, dass man meinem Kind wehtut, wie man mir wehgetan hatte."*
Die jetzt folgende innere Auseinandersetzung zieht sich über 13 Jahre hin. Mehrfach hat sie eine erneute Jesusvision, im Kinderzimmer, auf der Straße, im Café. Einmal fällt ihr in einem Hotel eine („Gideon"-)Bibel in die Hand und sie kommt bei der Lektüre nicht aus dem Staunen heraus, dass dort wirklich so viel über den liebenden Jesus steht. Schließlich, im Oktober 1995, bringt ein erneutes Begegnungserlebnis die Wende. Seither engagiert sich Christine de Graat, die erfahrene Liebe weiterzugeben. – Im Rückblick auf die Jesusvisionen jener Nacht weist sie noch einmal darauf hin, dass sie *durchgehend* bei vollem Bewusstsein gewesen ist. *„Dies zu betonen ist insofern wichtig, als ich unerträgliche Schmerzen hatte und Jesus diese durch seine Ausstrahlung bewusst und vollständig beseitigte. Dieses Mitleid spielt für meine spätere Beziehung zu Ihm eine grosse Rolle, wahrscheinlich d i e Hauptrolle".*
Dass Christine auch in der zweiten Phase etwas erlebte, das einer Nahtodvision gleichkommt, trotzdem im schmerzgeschüttelten Körper blieb, hatte also Bedeutung. Es bindet letztendlich das vorausweisende schwebende Glücklichsein im ersten Teil des Erlebens in die schon diesseitig erfahrbare heilende Liebe des Ewigen hinein.

1.7 Ich ging durch die Wand

Dagmar Eucker, Mitte dreißig, lebt im nördlichen Hessen. Obwohl ihr Erlebnis schon elf Jahre zurückliegt, hat sie bisher mit niemanden darüber gesprochen. *„Ich hatte nicht das Bedürfnis dazu und auch die Befürchtung, man könne mich als ‚Spinnerin' ansehen."* Wie sich die besondere Erfahrung in das Ganze ihres Lebens einordnet, schildert sie selbst wie folgt:

„Vor diesem Erlebnis hatte ich keinerlei Ahnung von allen in Ihrem Werk angesprochenen Ansätzen, sei es Esoterik, Psychologie oder Bewusstseinsforschung jeglicher Art. Im Gegenteil, ich studierte im letzten Semester Wirtschaftswissenschaften, die Termine für das Examen standen fest, ich konnte rechnen, interessierte mich für Börsenkurse und den Trick der volkswirtschaftlichen Geldmengenschöpfung. Mein Hobby war das Motorrad und das einzige Wesen, welches ich in meiner Nähe duldete und innigst liebte, war meine Katze Fleetwood, die übrigens als einzige meine Geschichte kennt und sich nach wie vor bester Gesundheit erfreut. Im September des Jahres 1988 hatte ich (damals 23-jährig) Probleme mit der Schilddrüsenfunktion. Innerhalb weniger Wochen wurde eine Immunhyperthyreose in schwerer Ausprägung diagnostiziert. Alle Merkmale der Basedow-Erkrankung traten sehr schnell auf. Eine leichte Kropfbildung war festzustellen, die Augen traten aus den Höhlen, meine Mimik und mein gesamter Ausdruck veränderten sich auf das Grässlichste, ich nahm stark an Gewicht ab, hatte Durchfälle und Schweißausbrüche. Die schlimmsten Beschwerden bereiteten jedoch die sehr stark erhöhte Pulsfrequenz (im Durchschnitt 135 Schläge pro Minute) und das Auftreten extremer Stimmungen. Die körperlichen Beschwerden konnten medikamentös gelindert werden, ich musste jedoch viele Wochen lang täglich Bluttests vornehmen lassen, bis die Werte eine operative Entfernung der Drüse erlaubten und mir damit endlich wieder ein ‚normales' Leben ermöglicht werden sollte.

Aufgewachsen in einem protestantischen Elternhaus, in dem der Glaube in seiner besten Form der Güte und Nächstenliebe praktiziert wurde, ging ich zu Beginn meiner Erkrankung aus dem Studienort dorthin zurück, um mit der Hilfe und der Fürsorge meiner Eltern zu genesen. Ich bezog in meinem Elternhaus das ehemalige Jugendzimmer, in welchem ich bis zu meinem Auszug sechs Jahre zuvor Tür an Tür mit meiner lieben Schwester gelebt hatte, jedoch ohne die vertrauten Möbel. Sehr spartanisch als Gästezimmer hergerichtet, gab es neben kleinerem Mobiliar ein Bett und ein hellblaues Sofa. Abgeschottet von allem, was meinen Herzschlag noch weiter hätte erhöhen können (Fernsehen, aufregende Bücher, ebensolche Besuche) verbrachte ich die Tage auf jenem Sofa liegend, die Katze auf dem Bauch, zumeist dösend oder schlafend. Die Ein-

nahme von Beta-Blockern verweigerte ich nach einer gewissen Zeit wegen der als unerträglich empfundenen Nebenwirkungen. Das Herzrasen verursachte Ängste und ich kann mich erinnern, dass ich ausschließlich entsetzliche Alpträume hatte, und zwar solche der unausweichlichen, endgültigen, mörderischen Art. Die Tatsache, dass geistige Störungen (Basedow-Psychosen) auftreten können, war mir bekannt, und so bemühte ich mich, diesen Träumen keine allzu große Bedeutung beizumessen, und vermied auch vor dem Schlafengehen den ‚Blick unter das Bett', ob dort nicht Monster lauerten. Dennoch muss ich gestehen, dass ich ein unglaubliches Bündel aus Angst war in dieser Zeit. Allerdings weigerte ich mich aus Prinzip und sehr erfolgreich, irgendwelche Medikamente zur Verbesserung dieses psychisch instabilen Zustands einzunehmen. Die Herzbeschwerden nahmen dramatische Formen an und es kam wohl auch zu messbaren Rhythmusstörungen, Aussetzern und Flimmererscheinungen.

Am Nachmittag des 5. Dezember 1988, zwei Wochen vor der Operation, erhob ich mich von jenem hellblauen Sofa, ich sah mich auf dem Sofa und die Katze schlafend auf meinem Körper liegen bleiben. Ich ging durch die Wand, d.h. ich diffundierte mehr als dass ich schritt, durch dunkles, kühles Gemäuer, was mich jedoch nicht ängstigte. Ich betrat ein helles, wunderbares Zimmer, einen sonnendurchfluteten Raum mit einem geöffneten Fenster, an dem leichte, luftige Gardinen sacht über einen hellen, warmen Holzboden wehten. Alles war hell, freundlich, gelblich-weiß, warm, die Luft war frisch und umhüllte mich wie Nebel, nur ganz sanft und watte-weich. Ich fühlte mich geborgen und froh, ich hatte ein unsagbares Glücksgefühl, ich wollte in diesem Raum bleiben. Ich wünschte sehr, bleiben zu können. Es fehlten gänzlich Möbel darin, aber ich liebte es so, es füllten Liebe, Frieden und Ruhe diesen Raum. Ich sog dieses Gefühl in mich auf und je mehr ich es aufnahm, desto stärker wurde es, das Gefühl des vollkommenen Glücks, was ich zuvor noch nie erleben durfte. Meine Bewegungen glichen einem Schweben, wie auf Wolken. Ich selbst war wie eine Wolke. Ich schwebte zum Fenster, die Gardinen strichen an mir entlang und ich sah ein Strahlen. So wie Kinder die Sonne malen, mit gelben Strichen deuten sie die Strahlen an, so sah ich die Welt vor diesem Fenster, hell und durchzogen von goldenen Strahlen, noch wunderbarer als mein Zimmer selbst. Es waren Geräusche dort, wie Vogelstimmen, lieblich, leise und sehr harmonisch. Ich wusste, dass ich in diese Welt vor dem Fenster schweben wollte und würde. Es fällt mir schwer, Worte zu finden für das Gefühl des unendlichen Glücks, welches ich spüren, ja selbst sein durfte, ich w a r Glück. Hier endet die Erinnerung."

Dass das schöne Erlebnis plötzlich abbrach, hatte einen sehr profanen Grund. Ihre Mutter war ins Zimmer gekommen, um sie zum Tee zu holen.

„Sie erzählte, dass sie plötzlich ein ungutes Gefühl überkommen hätte und entschuldigte damit kurz und knapp (wie das ihre Art ist), dass sie mich mehrmals ziemlich kräftig auf die Wangen geschlagen hatte. Sie sagte, ich hätte so tief geschlafen, dass sie befürchtete, ich könne den Tee versäumen. Ich erinnere mich, dass meine Wangen sehr schmerzten und glühten als ich ‚erwachte' und dass ich unendlich traurig war, mich auf dem Sofa zu finden."

Offensichtlich war es ihrer Mutter nicht um den Tee zu tun, sondern sie erkannte, dass ihre Tochter sich in einem komaartigen Zustand befand. Wir begegnen hier wieder der Reihenfolge Außerkörpererfahrung – Tunnel – Lichterlebnis, mit einer kleinen Abweichung: An die Stelle des Tunnels tritt ein „dunkles, kühles Gemäuer", durch das sie sich hindurchschwebend erlebt. (Bei Günter Düthorn im ersten Bericht war es eine Wolke). Das zeigt, dass die „Bausteine" der Nahtoderlebnisse keine Serienproduktion sind, sondern in vielfältiger Gestalt auftreten können. In allen Varianten besteht das Gemeinsame in dem dunklen Übergangsfeld zu der ekstatischen Lichtvision hin. Welche Folgen hatte das Erlebnis für das Leben insgesamt und die religiöse Einstellung im Besonderen? Dagmar Eucker schreibt dazu:

„Die Religiosität meiner Kindheit und Jugend bleibt von diesem Ereignis unberührt zurück. Immer noch suche ich irgendwo zwischen den Wahrheiten die Kraft, die alles bewegt, und noch immer lehne ich den einen, eng definierten Weg des christlichen Glaubens für mich als letzte Wahrheit ab. Dennoch gibt es Zeiten, da wäre ich froh, dieses Erlebnis nicht gehabt zu haben, denn dann hätte ich die Möglichkeit, sozusagen oberflächlicher und damit bequemer zu leben und zu denken. Aber es ist alles in allem ein Teil meiner selbst und ich lebe damit. Die ständige Präsenz dieser meiner Geschichte habe ich inzwischen dahingehend im Griff, dass ich auch Phasen durchlebe, in denen sie nebensächlich und

unbewusst bleibt, bis ich sie ‚brauche', um mich an ihr ‚geistig zu wärmen' und mich mit ihr zu trösten, oder bis sie mich einholt, um mir zu zeigen, dass alles Streben hier und heute weniger bedeutungsvoll ist als ich mir einbilde.
Die Nahtod-Erfahrung hat mich in die glückliche und angenehme Lage versetzt, meist ruhig und gelassen zu sein und meine vorherige Lebensweise zu ändern, indem ich nach und nach Verhaltensweisen, Ideale und Ziele relativiert vorfand und neue Wege zur Lebensplanung und -gestaltung suchte. Ich hadere nicht mit meinem vermeintlichen ‚Schicksal' …
– Dieses Umdenken hätte ich einzig als Resultat der Erkrankung bewerten können, was ich öffentlich auch tat. Aber tief in mir weiß ich, dass die Krankheit nur begleitend dazu beitrug."

1.8 In meiner Lichthülle über dem Kleiderschrank

Lieselotte D. aus Bochum hat in Philosophie promoviert, und zwar bei dem Gründer der „Kritischen Theorie" in Frankfurt (Horkheimer), ist also durch eine Schule realistischen Denkens gegangen. Umso bemerkenswerter ist ihre Schilderung eines Erlebnisses, das sie 1942 oder 1943 als etwa dreizehnjähriges Kind in Aschaffenburg hatte:

„Ich war an Diphterie erkrankt und lag in meinem Zimmer in meinem Bett. Meine Mutter pflegte mich; ich kann mich nicht an Schmerzen erinnern, auch nicht an die Einnahme von Medikamenten. Meine Erinnerung setzt ein: Ich schwebe nach links oben, fühle mich in einem immer heller werdenden Licht in einer hauchzarten, etwas nebeligen Atmosphäre, sehe mich in meinem Bett, liegend und mit einer Seidensteppdekke zugedeckt. Ich sehe meine Mutter auf meinem Bett sitzend. Ich schwebe in meiner Lichthülle über dem Kleiderschrank, sehe auf seine Deckplatte, die eingefasst ist von einem Holzrand. Das Holz ist roh, bräunlich – ich kannte den Schrank nur aus der üblichen Perspektive. Er war weiß lackiert. Ich höre meine Mutter meinen Namen rufen, immer wieder, laut und drängend. Ich gebe ihr Antwort, ‚Mami, es ist doch gut', doch sie ruft weiter, ganz energisch. ‚Warum weinst du denn, was hast du?' frage ich mit meiner üblichen Stimme, auf die jetzt auch meine Mutter reagiert. Ich bin wieder in meinem Körper. – Ich habe dann wohl geschlafen.

Dieses Geschehen hatte für mich zunächst nichts Ungewöhnliches. Ich brauchte mir keine Gedanken darüber machen. Erst als meine Mutter am Abend ein Telefongespräch mit meinem Vater, der – jetzt fällt mir auf, dass ich dies noch exakt zu wissen glaube – nach Lohr am Main gefahren war, um einen grossen Brandschaden aufzunehmen, aus dem Nebenzimmer führte, dabei weinte und sagte ‚Lieselotte war so anders', wurde mir bewusst, dass mein Erlebnis nicht so selbstverständlich war, wie ich es erlebt hatte.
Ich wäre so gerne in dieser hellen warmen Lichthülle geblieben. Die Leichtigkeit, das Schweben, das Hingezogenwerden zum duftig hellen Licht – es ist in mir eine Gewissheit, dass mein Leben außerhalb meines Körpers noch viel schöner sein kann. – Übrigens, es gibt keinen Traum, kein Erlebnis, das so bewusst und klar in mir lebt. Erst nach vielen Jahren (es muss nach 1966 gewesen sein) fand ich in einem Kübler-Ross-Buch Hinweise darauf, dass mein Erlebnis auch anderen Menschen geschenkt wird. Ich hätte sonst nicht davon sprechen können.
Heute – ich bin jetzt 70 Jahre alt – weiß ich in guten Stunden, dass meine Gefühle von Güte, Wohlwollen, Verbundenheit von Menschen miteinander, in diesem Bereich des Erlebens – in dieser Stufe des Bewusstseins – ihre Quelle finden."

1.9 Herumgewirbelt wie in einer Waschmaschine

Herbert Fiedler, Psychotherapeut im östlichen Westfalen, hatte 1997 eine Herzoperation, bei der ihm eine künstliche Herzklappe eingesetzt wurde. Danach gab es Komplikationen:

„Die neuronale Verbindung von der Vorkammer zur Hauptkammer des Herzens muss beim Herausschneiden der verengten Aortenklappe beschädigt worden sein. Ein externer Herzschrittmacher hielt nach der Operation das Herz in Gang. In der zweiten Nacht nach der Operation ist das Herz aber dann doch stehen geblieben, wie lange, weiß ich nicht. Das Erlebnis fängt für mich damit an, dass ich mich hellwach fühle, um mich herum ein warmes, samtweiches Blau sehe, mich leicht und frei fühle. Nichts Irdisches haftet an mir, und ich sage: ‚Herr, in deine Hände lege ich meinen Geist!' Dann werde ich furchtbar herumgewirbelt, wache auf, werde von einem Arzt oder Pfleger neben meinem Kopf ge-

fragt: ‚Wie fühlen Sie sich?' Ich sage: ‚herumgewirbelt wie in einer Waschmaschine', und dann kommt eine gewisse Traurigkeit darüber auf, dass ich zurückgeholt worden bin. In der Zeit danach hat sich meine Vorstellung vom Tod so entwickelt, dass ich meine, in der räumlich-zeitlichen Welt ‚wie unter Wasser' zu leben und im Tode aus dieser begrenzten Welt mit Raum und Zeit in die Zeitlosigkeit ‚auftauchen' zu dürfen. Ich denke als Psychologe naturwissenschaftlich, halte wenig von Esoterik und bin praktizierender Christ."

Auf Rückfrage hin ergänzt Herbert Fiedler, dass er in seinem Außerkörpererlebnis sich als Ich erlebte, aber kein Körpergefühl hatte.

„Ich habe mich hellwach gefühlt und habe in den Raum hinein, in dem der Schall nicht reflektiert wurde, gesprochen in der Gewissheit, gehört zu werden. Es war ein Gefühl der Geborgenheit und des Wohlbefindens, frei von Last und Enge und von Erinnerung an mein irdisches Leben. In dem samtweichen Blau um mich herum habe ich keine Person gesehen, überhaupt nichts Gegenständliches".

Abweichend von einem größeren Teil der Nahtoderfahrungen erlebt der Betroffene den Raum seiner Vision hier in blauem, nicht in goldgelbem Licht. Auch sieht er keine Lichtgestalt, spricht aber als gläubiger Christ zu Gott hin (mit einem Wort des gekreuzigten Jesus).
Ungewöhnlich ist das Herumgewirbeltwerden. Es erinnert an das Buch eines Amerikaners, R. A. Monroe (deutsch „Der Mann mit den zwei Leben. Reisen außerhalb des Körpers"). Dieser beschreibt, wie er durch intensives Training und Willensanstrengung in der Lage gewesen ist, immer wieder Außerkörpererlebnisse bei sich hervorzurufen. Eine der Methoden, die er hierbei benutzt hat, nennt er „Rotations"-Technik. Bei dieser dreht man sich, ausgestreckt im Bett liegend, in Gedanken seitlich herum und leitet dann langsam den „Trennungsvorgang" ein. – In einem späteren Bericht wird uns das Herumgewirbeltwerden noch einmal begegnen.

1.10 Weitergetragen in ein Farbenmeer

Stefanie Erl, Mitte vierzig, geschieden, lebt mit ihren beiden herangewachsenen Kindern in der Nähe von Stuttgart. In ihrem Bericht betont sie mehrfach, dass man das, was sie erlebt hat, eigentlich nicht in Worte fassen kann.

> *„Es war im März 1996 in München. An diesem Tag hat mich mein damaliger Freund zum Essen in ein Lokal eingeladen, das im Münchener Stadtteil Haar liegt. Auf dem Weg dorthin liegt eine kleine Kapelle, die mich von einiger Entfernung schon wie ein Magnet anzog. Dieser Sog wurde, je näher wir kamen, immer stärker, sodass ich nicht umhin kam, meinen Freund zu bitten, mit mir doch in diese Kapelle zu gehen. Wir waren kaum zwei Minuten drin, da bekam ich ein eigenartiges Gefühl, ich hatte den Drang, etwas aufschreiben zu müssen; doch wir hatten nichts dabei. Es wurde immer heller um mich herum (ich meine nicht die Helligkeit, die wir kennen, diese Helligkeit war weißer als Schnee), und ich wurde immer leichter. Dieses weiße Licht hat sich auf zwei wunderschöne, leuchtende Lichtwesen zentriert, die rechts und links neben mir standen und mich mit einer so sanften und lieben Art aus meinem Körper geholt haben. Dabei war es mir, als ginge ein Schleier auf und ich konnte alles klar sehen; es war alles so wirklich, viel wirklicher als in diesem Leben.*
>
> *Zur selben Zeit als ich meinen Körper verließ, fiel alles Schwere, Angst, Leid usw. von mir ab, ich empfand nur noch ein unbeschreiblich großes, beglückendes Gefühl der Liebe. Es war mir, als hätte mich jemand, der aus reiner, unendlicher Liebe besteht, empfangen und mich auf wundervollste Weise in diese Liebe eingehüllt. Ich sah meinen Körper von oben, dabei hatte ich das Gefühl, diesem entwachsen zu sein. Von den zwei Lichtwesen wurde ich weitergeführt, immer noch in unendlich viel Liebe gehüllt, durch einen tiefschwarzen Tunnel. Es dauerte eine Weile, bis ich am anderen Ende des Tunnels Licht und meine Großeltern sah. So im Vorbeischweben sagten sie mir, dass sie nicht mich, sondern ihre Tochter abholen wollten; ich hätte noch ein bisschen was zu tun auf der Erde. Meine Großeltern sind weitergezogen und ich wurde weiter getragen in ein Farbenmeer, das so kraftvoll, so intensiv und doch so zart war – es kann nicht mit Worten gesagt werden, dafür gibt es keine Worte. Diese Farbenpracht ging auf, man kann es nur leicht angehaucht mit einer Rose vergleichen. Je weiter ich durch das Farbenmeer kam, desto stärker hatte ich das Gefühl, nach Hause zu kommen. Ich ging hindurch und verschmolz mit diesen Farben, und doch war ich größer und mächtiger (ich meine nicht, vom ‚Macht haben' her) als man es sich je vorstel-*

len kann. Niemand kann es sich vorstellen, der es nicht selbst gesehen hat.
Mein Begleiter in der Kapelle bekam Angst, da ich so starr aussah, und klopfte auf mir herum. Im Sturzflug musste ich wieder in meinen Körper zurück, ich fühlte mich, als müsste man mich wie eine Ziehharmonika in diesen Körper hineinquetschen. Ich spürte viele Ketten um mich herum, so als wäre ich gefangen in meinem Körper, wobei dieses Gefühl nach ein paar Minuten wieder verschwand. Während meiner Reise sah und fühlte ich den Sinn des Lebens und spürte, wo die Werte des Menschen liegen oder liegen sollten. Ab dieser Zeit hat sich meine Lebenseinstellung sehr geändert. Ich weiß, dass wir so viele unsichtbare Helfer haben, wenn wir es nur wollen, und danke Gott jeden Tag für dieses wunderbare Erlebnis und die vielen unsichtbaren Helfer.“

Hatte das, was die Großeltern in der Vision über das „Abholen ihrer Tochter“ sagten, eine Bedeutung? Stefanie Erl berichtet, dass ihre Tante, die Schwester ihres Vaters, zwei Tage später gestorben ist. Dass es sich beim Außerkörpererlebnis nicht um einen Traum handelt, wird, wie wir früher gesehen haben, durch die Wahrnehmung von objektiv vorhandenen, physisch sonst verborgenen Gegenständen dokumentiert. Ein weiteres Indiz ist die „Rückkehr“, wie sie Stefanie Erl beschreibt: Der „Sturzflug“ und das Gefühl, in den Körper „hineingequetscht“ zu werden, ist bei Träumen unbekannt. Auch hängt diese ungewöhnliche Art und Weise der Rückkehr offensichtlich mit dem physischen Eingriff des „Klopfens“ zusammen – ein Hinweis, wie eng das „Ich“ im Außerkörpererlebnis noch mit dem Leib verbunden ist.
Die Bemerkung „...so, als wäre ich gefangen in meinem Körper“ erinnert an Platos Lehre, dass die Seele im Kerker des Leibes gefangen sei. Es wäre aber falsch, die Bemerkung so zu verstehen. Denn zum einen hat die Betroffene nur für ganz kurze Zeit diesen Eindruck. Zum andern zeigt die Begegnung mit den Großeltern, dass ein Bezug zum Alltagsleben auch noch im Schwebezustand besteht, also keine Loslösung der „Seele“ vom leiblichen Geschehen im Sinne altägyptischer oder altgriechischer Philosophie. Eher liegt es nahe, die gefühlten Ketten mit der Enttäuschung zu verbinden, plötzlich aus einer herrlichen Lichtwelt herausgerissen worden zu sein. Wie war die Reaktion der Mitmenschen, denen Stefanie Erl von ihrer Vision erzählt hat?

„Erstmal habe ich mein Erlebnis selber verdauen müssen, ich konnte nicht glauben, dass mir so etwas Wunderbares widerfahren ist. So nach und nach hatte ich das Bedürfnis, dies anderen Menschen mitzuteilen. Ich habe weder Verständnis noch Hilfe gesucht, ich wollte den Leuten sagen, dass sie keine Angst vor dem Tod haben müssen, dass das Leben nach dem Tod klar, frei von Zwängen, voll von einer Liebe, die wir so gar nicht kennen, einfach wunderbar sein kann... Nicht jeder konnte diese Dinge verstehen. So kam es, dass mich einige für ein bisschen verrückt gehalten haben mit dem Wortlaut ‚das kann nicht sein'... Man hat mir gesagt, dass ich wohl von einem anderen Stern komme."

1.11 Nicht ins Leben zurückholen

Folgender Bericht wurde mir indirekt übermittelt. Rita Engel aus Gütersloh erzählt von einem Menschen, der ihr vor 15 Jahren ein Erlebnis anvertraut hat und inzwischen verstorben ist. Aus Angst, von unwissenden Menschen ausgelacht zu werden, hat er mit niemandem sonst darüber gesprochen:

„Er lag als Soldat mit schwerer Lungenentzündung im Lazarett, wo man ihm aus Mangel an Medikamenten kaum helfen konnte. Er hatte sehr hohes Fieber, starke Schmerzen und fühlte sich elend. Plötzlich waren alle Schmerzen verschwunden und er konnte von oben – praktisch von der Decke aus – beobachten, wie die Krankenschwester hereinkam, seinen Zustand registrierte und schnell hinauslief, um einen Arzt zu holen. Dieser machte irgendetwas an den Zehen, hob die Augenlider und sagte ‚Exitus'. Nach Aussage des Erzählers wusste er damals noch nicht, was das zu bedeuten hat. Der Arzt wies die Schwester an, eine Injektion zu holen, um ihn zu reanimieren. Der Betroffene versuchte, dem Arzt mitzuteilen, dass es ihm gut gehe und er nicht möchte, dass dieser etwas unternimmt, um ihn ins Leben zurückzuholen. Aber seltsamerweise konnte er sich trotz größter Anstrengung nicht verständlich machen. Sobald die Injektion wirkte, war er wieder zurück in seinem Körper und spürte erneut die starken Schmerzen...".

1.12 Du musst gehen

Brigitte Stephan aus Südhessen schreibt über ihr Erlebnis, sie wisse immer noch nicht so recht, ob es ein Traum war oder ob sie es wirklich erlebt hat. *„Denn wenn ich mit jemandem darüber spreche, erklären sie mich für verrückt und sagen, ich solle mit meinen Träumereien aufhören“*. Den üblichen Kriterien nach handelt es sich jedoch um eine ausgeprägte Nahtoderfahrung:

> *„Ich bin jetzt 31 Jahre und Diabetikerin und wurde 1989 mehrfach am Herzen operiert (Herzklappenfehler). Ich bekam dadurch auch Lungenembolien, was zur Folge hatte, dass ich 1993 schwerste Lungenblutungen hatte und somit ins Koma fiel. Dieses dauerte ca. 10 Tage. In einer Nacht wurde meine Mutter angerufen, sie solle sofort in die Klinik kommen, die Ärzte möchten die Maschinen abstellen, weil es alles keinen Sinn mehr hätte. Und da erlebte ich mich an meinem eigenen Grab stehen. Im Sarg selbst lag mein Körper. An dem Grab stand ich mit meiner bereits verstorbenen Tante und verstorbenem Onkel, die sehr ruhig auf mich wirkten und lächelten, bis ein Priester begann, die Beerdigung stattfinden zu lassen. Doch plötzlich wandelte sich die Ruhe in Sekundenschnelle in verschiedene Farben von dunkel ins Helle, und je heller dieses Licht und diese Farben wurden, umso wohler und sicherer fühlte ich mich. Doch plötzlich war auch dieses Licht weg und ein in Dornen gehülltes Gesicht sagte zu mir: ‚Du musst gehen, für dich ist die Zeit noch nicht gekommen‘. Alles verschwand, ich schlug die Augen auf; an meinem Bett standen meine Mutter und mein Schwager, die ich nicht gleich erkannte, wobei ich sehr böse war, mich schon von dort wegzuholen.“*

Die Anfangsphase des Nahtoderlebnisses hat nicht die meist berichteten Kennzeichen einer Außer-Körper-Erfahrung: Brigitte schwebt nicht im Raum und sieht sich nicht in der Intensivstation oder dem OP, wo ihr Körper wirklich lag. Vielmehr steht sie an ihrem eigenen Grab und erlebt den Beginn ihrer Beerdigung, die aber nicht stattgefunden hat. Man ist versucht, diese erste Phase noch als Traum anzusehen, der dann mit dem Erscheinen der Farben erst in die Nahtodvision übergeht. Das wäre aber vorschnell geurteilt. Denn mit ihr am Grab stehen zwei bereits verstorbene Verwandte. Die Begegnung mit bereits verstorbenen vertrauten

Menschen gehört aber zu den Standardbausteinen eines Nahtoderlebnisses; sie wird oft – aber nicht immer – aus dem letzten Teil eines solchen Erlebnisses berichtet. Sie steht im vorliegenden Beispiel am Anfang und ist bildhaft durch die Beerdigungsszene eingerahmt. Das Anschauen des eigenen Grabes wie auch die Begegnung mit einem in Dornen gehüllten Gesicht – sicherlich dem des gekreuzigten Jesus – weist darauf hin, dass bei der Ausgestaltung der Nahtodvision auf viele verschiedene Weisen Bilder aus dem Unbewussten eine Rolle spielen können. Grab und Kreuzigung sind hier noch stark gegenwärtig. Licht und Glücklichsein werden zwar schon erlebt, aber nicht eine „Lichtgestalt". – Dieses Erlebnis zeigt wiederum, dass die Verschlüsselung der erfahrenen Botschaft individuell unterschiedlich sein kann, auch wenn der Inhalt („du musst noch einmal zurück") der gleiche ist.

1.13 Ursache: Suizidversuch

Sigismund Teschner, 47, ist in Oberbayern geboren und lebt jetzt in Thüringen. Gelernter Flugzeugmechaniker, war er weltweit für ein Flugzeugwerk tätig, bis 1994 ein einschneidendes Erlebnis sein Leben veränderte:

> *„Die Umstände zu meinem Suizidversuch waren, wie oft im Leben, das klassische Liebessyndrom. Nach 18 Jahren Ehe die einzige, aber tiefgreifendste Affäre mit einer sechs Jahre jüngeren Berufskollegin aus Amerika während des Außendienstes in Bern in der Schweiz. Innerhalb von zwei Monaten leitete ich selbst die Scheidung ein, verlor aber zugleich die andere Frau, die nach meiner heutigen Überzeugung selbst psychisch stark angeschlagen war und zu einer partnerschaftlichen Verbindung wohl nie in der Lage gewesen wäre. Und genau hier musste ich lernen, dass ‚Loslassen' in unser aller Leben sehr, sehr schwer, aber unbedingt nötig ist. Ich wollte zuerst von dieser Frau nicht loslassen und meine Ex-Frau vielleicht bis heute nicht von mir. – Für mich selbst, kann ich sagen, habe ich es begriffen!*
>
> *Der eigentliche Suizidversuch fand am 16. zum 17. Februar 1994 in einem Berner Hotel statt. Alles kündigte sich eigentlich schon Wochen zuvor an, da ich spürte, dass diese Frau nur noch von mir weg (flüchten) wollte, und dazu kamen noch die juristischen Auseinandersetzungen mit*

meiner Noch-Ehe-Frau. Ich kaufte mir in dieser Zeit Schlaftabletten mit der Absicht, sie eventuell zu benötigen. Dann kam diese Nacht, wo ich diese Frau nochmals in Amerika anrief (ca. 2 Uhr in der Frühe europäischer Zeit); ich bekam eine ordentliche Abfuhr. Dem später hinzugezogenen Psychiater schilderte ich diese Situation als Kurzschluss, etwa so, als ob ich in einen Raum ohne Türen getreten wäre, so wie ich das auch heute noch sehe. Dann folgte etwas, was ein Mensch vermutlich in solchen Situationen wie ein Automat abhandelt, in Worten schwer zu beschreiben, bis zur eigentlichen Handlung ein schnelles Hin- und Herschwingen, bis letztendlich dann zur eigentlichen Handlungstat. Ich ließ ein heißes Bad ein, legte mein (unser) Lieblingslied als CD im Wiederholungsdauerlauf ein, löste 26 Schlaftabletten, davon 6 sehr starke in einem Glas Sekt auf (eher ein Brei) und schluckte dies alles…"

Sigismund schildert dann im Detail, wie er verzweifelt versucht, sich die Pulsader mit einem Messer zu öffnen, jedoch, ehe das gelingt, aufgrund von Blutverlust und Wirkung der Schlaftabletten bewusstlos in die Badewanne sinkt. Das nun folgende Nahtoderlebnis, das *„ganz sicher im tiefen Koma stattfand"*, schildert er in Stichworten:

„ – das Wahrnehmen von absoluter Liebe, Zufriedenheit, Glücksgefühl und Geborgenheit (in einem Ausmaß, wie man es zuvor noch nie erlebte oder überhaupt in Worte fassen kann).
– die Wahrnehmung von Anwesenheiten (da ist etwas da, was einem gut gesonnen ist, aber kein Erkennen von Persönlichkeiten).
– das Verbringen woanders hin (wüstenähnliche Landschaften in skurrilen, noch nie gesehenen bizarren Farben, unwirklich, außerirdisch), zugleich aber mit dem Gefühl, irgendwie von dort zu stammen, daheim zu sein, endlich angekommen zu sein.
– dann etwas Abruptes, wie das Fallen eines roten Vorhanges, Ende der Vorstellung (was in der Wahrnehmung des wieder zu Bewusstsein Kommens, sicherlich der zugezogene rote Vorhang des Hotelzimmers war) und die schmerzliche Erfahrung, nicht dort bleiben zu können, was mir später oft psychisch zu schaffen machte.
Eigentlich war dies schon alles, aber dann passierten viele seltsame Dinge in sehr kurzer Reihenfolge, die ich so als meine Selbstfindung bezeichnen würde und einfach so stehen lassen muss, da es keine rationale Erklärung dafür gibt."

Auch kamen frühere Erlebnisse in die Erinnerung zurück: Sigismund Teschner hatte bereits als 18-jähriger und 10 Monate vor dem genannten Geschehen je eine Außerkörpererfahrung; eine weitere folgte 5 Monate später, dann aber keine mehr. Wie ging es nach Bern weiter? Das erste Jahr war von tiefen Depressionen geprägt. Von diesen sagt der Betroffene in einem Nachtrag: *„Meine Depressionen hatten nur sekundär mit meiner Scheidung zu tun, ganz sicherlich primär mit der Enttäuschung, zurück im alltäglichen Körper zu sein und viele Dinge ertragen zu müssen, die man nicht will.“* Es gab Höhen und Tiefen, ängstliche Gedanken an einen neuen Suizidversuch und ebenso dessen erneutes Scheitern, und es gab den schweren Gang der Scheidung. In 1995 lernte Sigismund seine jetzige Lebenspartnerin kennen, mit der er in einer Stadt in Thüringen wohnt und eine neue Tätigkeit ausübt.

> *„Der innigste Wunsch damals, dass sich meine Lebenssituation verbessern sollte (raus aus den tiefen Depressionstälern), wurde mir auf wundersame Weise mit meiner heutigen Partnerin erfüllt... Im Großen und Ganzen fühle ich selbst in mir, dass etwas ‚sensibilisiert‘ wurde, das sich in allen Lebenslagen niederschlägt und oft in Grenzbereiche von Mystischem oder Übersinnlichem geht. Dabei bin ich mir sehr wohl bewusst, dass man vorsichtig sein muss, um nicht alles eine eigenständige Religion werden zu lassen“.*

Sigismund Teschner bejaht nun sein Leben. *„Ich glaube heute nach all dem sogar meinen Lebensweg bis zum Ende gehen zu können, egal, was kommt, auch wenn ich das Wertvollste verlieren würde (meine jetzige Partnerin).“* Er hat auch dazu beigetragen, dass zwei andere Menschen von einem Suizidversuch Abstand genommen haben.

> *„Trotzdem bin ich kein Moralapostel geworden, der sagt, dass Suizid eine Todsünde wäre. Jeder Mensch besitzt selbstverständlich das Recht dazu. Einem potentiellen Selbstmörder würde ich lediglich aus meinen Erfahrungen den guten Rat geben zu beachten, dass nicht er selbst entscheidet, ob der Transit gelingt ...“.*

Zum Schluss sei noch ein Satz zitiert, mit dem auch der Betroffene seinen Bericht beschließt: *„Das Erlebnis für sich selbst ist und bleibt etwas, als ob man ‚die Unendlichkeit berührt hätte‘“.*

1.14 Die Frau stirbt diese Nacht

Renate und Bernd A. leben jetzt in Schleswig-Holstein. Sie kennen beide übersinnliche Erfahrungen. Von Bernds Erlebnissen wird in einem späteren Kapitel noch die Rede sein. Hier geben wir seine Schilderung einer Nahtoderfahrung seiner Frau wieder.
Es war 1993. Damals wohnten beide im Saarland. Renate hatte starke Probleme mit dem Alkohol. Gutes Zureden und „auf den Tisch hauen" half nichts; sie trank heimlich. Bernd kaufte Renate ein Auto sowie ein Haus in der Nähe ihrer Mutter in Frankreich, damit sie auch bei ihrer Mutter Halt suchen konnte. Dort weilten sie im Dezember. Bernd schreibt:

„Gesundheitlich baute meine Frau Tag für Tag mehr ab. Ich brachte sie fast täglich zum Arzt ins Saarland und habe sie gebeten, in ein Krankenhaus zu gehen. Sie weigerte sich und sagte: nach Weihnachten. So hatte ich eine schwer kranke Frau zu Hause. Wie schwer sie erkrankt war, wusste ich noch nicht."

Am 1. Weihnachtstag fiel Renate mehrfach ins Koma und es gelang Bernd schliesslich, sie mit Hilfe des Roten Kreuzes in ein Krankenhaus im Saarland zu schaffen. Der Arzt beruhigte ihn und schickte ihn nach Hause. Dort fand Bernd A. in der Handtasche seiner Frau ein ärztliches Attest vom 15.12.93: *„Frau A. ist lebensbedrohlich erkrankt. Leberzirrhose. Es besteht akute Lebensgefahr durch eine Ösophagusvarisenblutung."* Am 2. Weihnachtstag erfuhr Bernd telefonisch, dass seine Frau in die Universitätsklinik nach Homburg verlegt worden sei. Er hastete dort hin, erfuhr aber im Krankenzimmer seiner Frau zu seinem Erstaunen von einer Mitpatientin, dass Renate im Aufenthaltsraum eine Zigarette rauche. Folgendes hatte sich zugetragen:

„In der Nacht standen ein Arzt und eine Krankenschwester vor ihrem Bett. Die Krankenschwester sprach zum Arzt: ‚Soll ich ihr ein Nachthemd anziehen?' Arzt: ‚Ist nicht nötig, die Frau stirbt diese Nacht'. Übergangslos fand sich meine Frau auf einmal über einer grünen Wiese. Es war etwas neblig. Im Hintergrund Bäume, wo sie hinschwebte. Dort verschwand der Nebel. Es war hell und warm, als wenn die Sonne schiene, die aber nicht zu sehen war. Aus dem Hintergrund der Bäume ka-

men bekannte Verstorbene sowie unbekannte zum Vorschein. Die Gesichter der Verstorbenen waren gut zu erkennen, ihre Körper in schwebende Gewänder gehüllt. Fast alle schauten sehr freundlich, einige sehr uninteressiert. Sie schwebten aus ihrer Sicht ziellos hin und her. Die Bäume hatten Früchte, die sie noch nie gesehen hat. Der Wind und die Bäume spielten eine Melodie, die sie nicht beschreiben kann. Eine Frucht hat sie auch angefasst. Sie berichtet über einen Vogel, den sie vorher nie gesehen hat. Ein Papagei käme dem Vogel am ähnlichsten. Es war aber kein Papagei. Sie sprach zu ihrer Tante Cilla: ‚Du auch hier?' Tante Cilla lächelte neben dem Vater meiner Frau. Ihr Vater: ‚Du musst wieder zurück, es wartet noch eine Aufgabe auf dich, die du noch erfüllen musst'. Meine Frau: ‚Ich will nicht'. Vater: ‚Sei froh, dass du zurück darfst'. Meine Frau: ‚Es ist doch so schön hier'. Vater: ‚Ja, es ist schön hier, aber …' (unverständliche Worte). Sie fühlte sich vom Vater mit Hilfe von Tante Cilla zurückgestossen."

Etwa eine Woche später war Erstaunliches festzustellen:

„Es ist mir unbegreiflich. Meine Frau war fit, fast schon wie früher… Sie wog bei Einlieferung ins Krankenhaus 31 kg, Leberwerte ca. 600. Nach 14 Tagen wurde sie als geheilt entlassen. Es gab noch einen Kampf beim Thema Alkohol. Sie hat es geschafft. Nach 4 Wochen Leberwerte 30, heute 22. Man sieht ihr die Krankheit noch an. Sie fühlt sich aber wohl. Medizinisch ein Wunder."

Wie war das mit Tante Cilla? Renates Vater war ja verstorben. Aber lebte nicht Cilla noch und war ganz munter? Bernd suchte vor seinem Besuch im Krankenhaus eine Woche nach Weihnachten Renates Mutter auf. Diese bat ihn, mit ins Krankenhaus fahren zu dürfen und fragte, ob man Renate schon eine traurige Mitteilung machen könnte. *„Ich fragte, was ist denn passiert? Die Mutter: Ich bekam heute einen Brief. Meine Schwester ist gestorben. Laut Todesanzeige ist sie schon 3 Tage beerdigt."* Man kann also annehmen, dass Cilla unmittelbar vor Renates Nahtoderlebnis gestorben ist. – Das bestätigt die durchgehende Beobachtung, dass in Nahtodvisionen nur bereits verstorbene Verwandte und Freunde „gesehen" werden.

1.15 Am Tunnelausgang

Cornelia Neumann, Jahrgang 1958, wohnt in der Nähe von Konstanz. Sie berichtet folgendes Erlebnis, das ihr zu einer Zeit widerfuhr, in der sie noch nie etwas von Nahtoderlebnissen gehört hatte:

> *„Am 13.2.1995 hatte ich einen Schlaganfall. Drei Tage später, als sich in meiner rechten Hirnhälfte Wasser bildete, kam ich mit dem Hubschrauber nach Heidelberg, wo ich operiert wurde. Ich wurde ins künstliche Koma gelegt. Kein Arzt hat daran geglaubt, dass ich überleben werde. Nach einigen Tagen haben die Ärzte beschlossen, die Medikamente zu reduzieren, die mich im künstlichen Koma hielten; ich sollte langsam aufwachen. Aber vorher hatte ich noch ein seltsames Erlebnis. Ich ging durch einen dunklen Tunnel. Je näher ich zu dem Tunnelausgang kam, desto heller wurde es. Als ich unter dem Tunnelausgang stand, sah ich etwas Wunderschönes. Auf einer Wiese mit wunderschönen Blumen tanzten viele Menschen, die weisse Kleider anhatten. Ich stand da und schaute wie gebannt zu. Ich wäre am liebsten zu ihnen gegangen, weil bei den tanzenden Menschen alles so friedlich aussah. Auf einmal sprach mich ein Mann an, der links vor dem Tunnelausgang stand; er sah aus wie mein Vater, den ich nur von Bildern her kenne, da er gestorben ist, als ich vier Jahre alt war. Er sagte zu mir: Du darfst nicht aus dem Tunnel herausgehen, sonst kommst du nie mehr zurück. Kehre um, du wirst noch gebraucht, es gibt viele Menschen, die dich lieben, und du hast in deinem Leben noch Aufgaben zu erfüllen. Ich bin dann wieder den Tunnel zurückgegangen, obwohl es auf der anderen Seite schöner gewesen wäre. Ein Pfleger sagte mir später, ich sei, bevor ich aus dem Koma aufgewacht bin, so unruhig gewesen, dass alle Angst hatten, ich würde mir den Beatmungsschlauch aus dem Mund ziehen."*

Auf Rückfrage hin ergänzt Frau Neumann, dass die im Tunnelausgang erblickten Menschen weisse Kleider an hatten und in Gruppen tanzten. Ihr Vater war „nobel angezogen". Noch einmal zurück zu müssen, war eine sehr grosse Enttäuschung, zumal sie sich glücklich fühlte. Aber die Angst vor dem Tod ist ihr genommen.

1.16 Von einer Hülle umgeben

Günter B. aus Thüringen schreibt:

> *„In einem Thüringer Dorf wurde ich 1941 als Sohn einfacher Landleute geboren. Mein Elternhaus war traditionell christlich, aber nicht pietistisch geprägt. Mit 5 Jahren spielte ich am nicht weit von unserem Haus entfernten Dorfteich, der eine gemauerte Umfassung hatte. Mir machte es Spaß, die an der Ufermauer schnatternden Enten fangen zu wollen, was aber nie gelang. Sie flogen mit Geschrei davon. Als ich wieder einmal am Teich spielte, rief mich meine Mutter. Ich drehte mich in hockender Stellung um und fiel ins Wasser. Meine Mutter musste den Hausflur zurück dem Hoftor entgegen und dann in den Teich, ca. 200 Meter laufen, um mich zu retten. Als ich ins Wasser fiel, war ich sehr erstaunt, nicht ängstlich strampelnd oder erschrocken. Über meine Empfindungen bei diesem Unglück habe ich bisher mit niemandem gesprochen, die Erinnerung jedoch ist frisch, wie eingebrannt im Gedächtnis. Ich fühlte mich, obwohl es November war, wohlig warm wie von einer Hülle umgeben, die mich schützte, elastisch nachgab und meinen Körpermaßen angepasst, aber nicht beengt wirkte. Ich fühlte mich rundum wohl, kann mich auch nicht erinnern, Wasser geschluckt zu haben, was ja bei mehreren Minuten unter Wasser der Fall gewesen sein muss. Es war dunkel und still, ich jedoch war völlig angstfrei. Ich schwebte auf irgendein Ziel zu, das ich jedoch nicht beschreiben kann. In die Wirklichkeit wurde ich jäh zurückgeholt, als mich meine Mutter am Haarschopf, den sie im trüben Wasser sah, emporzog. Ich bin evangelischer Diakon und Geschäftsführer einer größeren Pflegeeinrichtung. Religiöse Vorstellungen haben, mit meinen damaligen 5 Jahren, mit Sicherheit keine Rolle gespielt bei diesem Erlebnis."*

Die schützende Hülle erinnert an eine Gebärmutter; möglicherweise spielte die Beziehung zum vorgeburtlichen Sein bei der Erfahrung von Geborgenheit eine Rolle. Für eine Erklärung der Erfahrung insgesamt reicht das allerdings nicht aus. Auf die Rückfrage, ob er das genannte „Ziel" näher beschreiben könne, fügt Günter B. hinzu:

> *„Leider kann ich das Ziel weder objekthaft noch als Licht erinnern. Meine Umgebung war völlig dunkel. Ich hatte das Gefühl, horizontal sanft,*

aber gezielt gezogen zu werden. Ich wehrte mich nicht dagegen. Ich empfand alles nicht als verworrenen Traum, sondern sehr real. Ich befand mich in einer anderen Welt...".

1.17 Keine Schmerzen mehr

Elke K. aus dem Emsland, Mitte dreißig, schreibt über ein Erlebnis ihres verstorbenen Mannes:

„Seit einem tragischen Ereignis 1984 – mein Freund nahm sich 19-jährig das Leben – interessiere ich mich für die Themen, die sich mit dem Leben nach dem Tod und auch mit ungeklärten Todesfällen beschäftigen. Ich verschlinge Bücher mit diesen Themen regelrecht und bin immer auf der Suche nach neuen Büchern. Ich war auch immer skeptisch, ob diese Erlebnis- und Erfahrungsberichte glaubwürdig sind. Bis mein Mann mir Dinge erzählte, die er selber erlebt hatte. Er wusste nicht, dass ich solche Bücher lese, daher glaube ich ihm. Er hatte 1977 mit 12 Jahren einen schweren Verkehrsunfall, bei dem er schwer verletzt wurde und im Koma lag. Er erzählte, dass er aus seinem Körper gezogen wurde und auf ein weißes, wunderschönes Licht zuschwebte. Er hatte keine Schmerzen mehr und wollte nicht mehr zurück. Er war sein ganzes Leben traurig, weil er zurückgeholt wurde. Er erzählte mir auch, wenn er wollte, konnte er aus seinem Körper austreten und im Haus umherschweben. Er schaute dann nach seinen Kindern...
Mein Mann kann diese Geschichte leider nicht mehr bestätigen, er ist im April 1997 mit dem Motorrad tödlich verunglückt."

Es scheint, dass Elkes Mann eine ähnliche Fähigkeit besaß, willentlich Außer-Körper-Erlebnisse bei sich hervorzurufen wie der Amerikaner Monroe, den wir im Bericht von Herbert Fiedler (*„Herumgewirbelt wie in einer Waschmaschine"*, s. 1.9) erwähnt haben.

1.18 Die Retter beschimpft

Dr. med Karl Rosenfeld aus Helmstedt erzählt die folgende bewegende Geschichte:

„Am 6. Juni 1944 wurde ich als 19-jähriger Soldat in der Stadt Caen in der Normandie bei einem Bombenangriff durch Volltreffer in einem Haus verschüttet. Das Ereignis fand etwa gegen 14.00 Uhr statt, um 16.00 Uhr wurde ich von zwei Franzosen befreit. Diese zwei Stunden kamen mir wie der Bruchteil einer Sekunde vor, in der ich nicht nur mein Leben noch einmal erlebte, sondern in der ich Unsagbares und Unvorstellbares erfuhr, das ich nicht beschreiben kann."

Einzelheiten sind Dr. Rosenfeld entfallen, mit einer Ausnahme:

„In guter Erinnerung ist mir aber noch, dass ich mich in einem sehr langen Gang befand, der rechts und links begrenzt war von sehr hohen Säulen, deren obere Begrenzung nicht zu erkennen war. Am Ende des Ganges war ein kleines weißes Licht. Alles war aber erfüllt von einem sehr klaren Licht in einer Stärke und Helligkeit, die wir uns nicht vorstellen können. Ich befand mich in diesem Gang ganz allein aufrecht stehend und war von einem unbeschreiblichen Glücks- und Seligkeitsgefühl erfüllt."

Da geschah aber noch etwas nach der Rettung, an das sich Dr. Rosenfeld nicht mehr erinnern konnte. Merkwürdigerweise behielt er nur ein schlechtes Gewissen zurück.

„Dieses schlechte Gewissen trieb mich Jahrzehnte lang, diese beiden Männer zu finden, um zu erfahren, wie ich an ihnen schuldig geworden war. Am 40. Jahrestag des Beginns der Invasion gelang mir das mit Hilfe des französischen Fernsehens. Ich erfuhr, dass ein Retter schon bald nach Kriegsende gestorben war, und der zweite (der Bürgermeister eines benachbarten Ortes von Caen) meldete sich bei mir; leider ist er inzwischen auch schon verstorben. Es war aber eine sehr, sehr herzliche Freundschaft entstanden mit gegenseitigen Besuchen und lebhaftem Schriftwechsel. Er war für mich ‚mon Papa' und ich war ‚mon ami'. Mit seinem Sohn, der einen Monat älter ist als ich, und dessen Familie stehe ich in Korrespondenz".

Was war aber nun geschehen, als der Soldat Karl – nicht zwei Stunden, sondern zwei Tage lang verschüttet – aus den Trümmern gezogen wurde und das er seither als unangenehm empfand?

„Das ‚Unangenehme' bestand darin, dass ich nach der Rettung meine Retter auf das Böseste und Gemeinste beschimpfte. Ich machte ihnen schwere Vorwürfe, dass sie mich aus der Ewigkeit wieder zurückgeholt haben und ich diesen billigen Tanz hier auf Erden wieder weiter machen musste. Da sie mich aber nicht verstanden (sie waren Franzosen und ich sprach deutsch) guckten sie mich bloß an und freuten sich wohl ob ihrer guten Tat. Darauf reagierte ich wieder mit Unverständnis und rannte auf die Orne zu, um mich darin zu ertränken. Sie kamen aber hinterher und hielten mich fest, bevor etwas passieren konnte. Einen vorüberfahrenden deutschen Panzer zwangen sie, unter eigener Lebensgefahr, anzuhalten, um mich der Besatzung zu übergeben."

1.19 Unbeschreibliche Helligkeit

Frau Maria V. lebt in der Nähe von Bielefeld. In der Diskussion nach einem Vortrag, den ich in einem Krankenhaus hielt, erzählte sie von einem Erlebnis, das sie dann auf meine Bitte hin schriftlich wiedergegeben hat.

„Es war vor ca. 35 Jahren, als ich einen gynäkologischen Eingriff machen lassen musste. Zunächst bekam ich eine Spritze, die aber nicht zur Narkose ausreichte, und der Arzt griff zur Äthermaske. Dagegen wehrte ich mich heftig, weil mir schon beim Geruch von Äther speiübel wurde. Auf meine Bitte hin gab mir der Arzt eine zweite Spritze. Ich muss lange bewusstlos gewesen sein, denn als ich im Krankenzimmer aufwachte, sagte mir die Bettnachbarin, dass der Arzt bei halb offener Tür auf dem Gang hin und her gegangen sei, wohl in der Sorge, ob ich wieder zu mir käme oder nicht. Mir ist dann die Erinnerung an das Erlebte gekommen, nämlich ein Schwebezustand und der Eindruck, einen unendlichen Raum zu durchfliegen, der aus einer unbeschreiblichen Helligkeit bestand. Das Licht war nicht etwa grell, sondern eher himmlisch schön. Wie lange dieses Erlebnis gedauert hat, weiß ich nicht zu sagen; auch kann ich nicht behaupten, dass ich ein außerordentliches Glücksgefühl empfunden hätte, aber ich hatte auch keine Angst. Als jemand, für den das Jenseits selbstverständlich existiert, habe ich mir diese Vision als einen kurzen Einblick in die übernatürliche Welt erklärt, die uns Lebenden normalerweise nicht zugänglich ist. Das ist auch heute noch meine Mei-

nung, nachdem ich aus Berichten über Erlebnisse anderer Menschen, die in Todesnähe waren, gehört habe.“

Frau V. fragt, warum Nahtoderlebnisse von anderen übersinnlichen Erfahrungen wie Telepathie getrennt gesehen werden. Diese Frage wird bei unseren späteren Überlegungen noch eine große Rolle spielen.

1.20 Wie das Reißen eines Vorhangs

Margrit Schwenzner lebt in der Nähe von Hannover. Sie erinnert sich, 87 Jahre alt, an eine traumartige Vision, die sie vor vielen Jahrzehnten hatte, die aber nach ihrer festen Überzeugung kein Traum gewesen ist,

„man erinnert sich nicht ein Leben lang an einen Traum in einer derartigen Intensität: Ich war eine junge Frau und mir träumte, ich wäre in einem herrlichen, lichten Raum, in dessen hinterem Teil auch einige Pastellfarben leuchteten. Dort stand eine entfernte kleine Gestalt, gekleidet bunt wie ein Clown, mit einem spitzen Hut, der eine lange Stange langsam in die Runde schwang, und ich wusste, wenn die Spitze der Stange auf mich zeigen würde, würde ich sterben, oder jedenfalls mich auflösen. Aber kurz bevor es dazu kam, wachte ich auf.“

Sie fügt hinzu, dass es zu dieser Zeit nichts gegeben habe, was diese Vision ausgelöst haben könnte.

„Einige Jahrzehnte später kam ich abends spät nach Hause nach einem langen arbeitsreichen Tag und war sehr müde, musste aber noch mit dem Hund gehen.So nahmen wir einen Weg, der auf der einen Seite Gärten und Bäume hatte, auf der anderen einen Staketenzaun mit einem großen Kornfeld dahinter. Es war eine wundervolle Vollmondnacht. Ich lehnte mich gegen den Zaun und blickte völlig entspannt auf das Korn im Mondschein. Plötzlich war es wie das Reißen eines Vorhangs und ich stand völlig losgelöst in einem herrlichen lichten Raum. Es war ein wundervolles Gefühl – wie lange wohl? –, wurde aber plötzlich unterbrochen davon, dass der Hund an der Leine zog und mich in die Wirklichkeit zurückholte. Leider.“

In der Literatur nennt man so etwas eine „romantische Ironie". Heinrich Heine hatte eine Vorliebe dafür, vielleicht angeregt durch ähnliche Erlebnisse, die er selbst hatte oder die ihm erzählt wurden. Frau Schwenzner schreibt, dass beide Vorgänge sie unvergesslich beeindruckt haben. Zwar hatten sie keine unmittelbaren Auswirkungen auf ihr Leben, wohl aber „auf die Erweiterung meines Bewusstseins". Beachtenswert ist, dass sie in dem zweiten Erlebnis weder objektiv noch subjektiv in Todesnähe gewesen ist; wir können aber trotzdem von einer Nahtoderfahrung sprechen.

1.21 Gefühl des Schwebens und der Leichtigkeit

Helga S. aus Erlangen hat vor einigen Jahren ein besonderes Erlebnis in einer Tagebuchnotiz festgehalten. *„In dem Heft, in dem ich über ca. 4 Jahre Eintragungen mache, steht nur ein Traum, d e r Traum… Ich hatte den Traum in einer ganz normalen Zeit, ohne Krankheit oder unter extremer Belastung."* Hier der Wortlaut:

> *„05.06.1996. In der vergangenen Nacht hatte ich einen Traum, den ich k ö r p e r l i c h ganz intensiv erlebt habe: Ich liege im Bett und weiß, dass ich sterben soll, ‚man' erwartet es von mir. Ich spüre, wie alles schwer und kraftlos wird. Ich meine, jetzt ist es gleich so weit, dass ich tot bin – die Kraftlosigkeit hört auf und ich denke: ‚Es hat nicht funktioniert und ich lebe noch'. Dabei freue ich mich nicht, bin auch nicht traurig, keine Gefühle. Gleich darauf wiederholt es sich, ich soll sterben, weil ‚man' es erwartet. Ich liege auf eine Tür ausgerichtet. Die Tür ist geschlossen und hat eine Glasscheibe im oberen Bereich. Hinter dem Fenster sehe ich einen größeren und einen kleineren hellen Kreis oder Schein. Davon geht so etwas wie ein Sog aus. Ich spüre eine körperliche Leichtigkeit, ein ‚Abheben' auf die Tür zu und sage: ‚Jetzt sterbe ich und empfinde es als unbeschreiblich schön'. Ich wache auf und bedaure, dieses herrliche Gefühl des Schwebens und der Leichtigkeit nicht mehr zu spüren. Das Gefühl war unbeschreiblich schön."*

Der Tagebucheintragung fügt Frau S. noch hinzu:

> *„Dieser Traum begleitet mich seitdem. Ich habe nur mit wenigen Personen darüber gesprochen und hüte ihn als Kostbarkeit. In Ihrem Buch fin-*

de ich ‚Schlüssel', um mir über Bibelstellen etwas vorstellen zu können. Ich bin evangelisch und gehe vielleicht fünfmal jährlich in die Kirche. Zum Beispiel das Wort aus der Bibel ‚Gott ist die Liebe und wer in der Liebe bleibt, der bleibt in Gott und Gott in ihm…' sagt mir jetzt etwas, nachdem ich das Buch (‚Ich war tot'. Ein Naturwissenschaftler untersucht Nahtod-Erfahrungen, d. V.) gelesen habe – vorher nichts."

1.22 Das Licht wärmte

Ingrid R. wohnt mit ihrem Mann und zwei Kindern (15 und 18 Jahre alt) in Sachsen-Anhalt. Im März 1998 hatte sie einen schweren Verkehrsunfall, bei dem ihre mitfahrende Arbeitskollegin und Freundin Jutta verstarb.

„Es war ein Sonntag, wir beide hatten Spätdienst in einem Altenheim. Jutta kam mit ihrem Auto zu mir, sie stieg dann um in meinen Wagen und wir fuhren froh gelaunt zum Dienst. Es war ein schöner Tag im März. 21.30 Uhr hatten wir Dienstende. Es war zwar kalt geworden, aber die Straßen waren zu dieser Zeit nicht glatt. Wie ich heute weiß, änderte sich das von einer Stunde zur nächsten. Auf dem Heimweg passierte das für mich noch heute unfassbare Unglück – ich kam von der Straße ab und prallte gegen einen Baum. Das Einzige, was ich noch weiß, ist, dass sich das Auto gedreht hat. Dann wurde es hell, sehr hell. Ich sah einen langen Gang – doch ich konnte nicht hinein, ich stand wie angewurzelt vor diesem hellen Gang. Nein, Angst hatte ich keine, ich hörte auch keine Stimmen und sah keinen Menschen. Es war nur dieses unendlich viele Licht zu sehen."

Später beschreibt Ingrid R. diesen Augenblick noch einmal so: *„Plötzlich war alles ruhig und leise und ein wunderbares warmes Licht ließ mich in einen Tunnel hineinsehen. Ich fühlte mich wohl, obwohl ich alleine war und auch das Gefühl hatte, nicht gehen zu können. Das Licht wärmte und ich hatte keine Angst."* Ingrid R. hatte bisher niemanden etwas von diesem Erlebnis erzählt. *„Irgendwie hatte ich Angst, das zu erzählen, was ich erlebte. Es war auch nicht der richtige Gesprächspartner da. Auch dem Pastor unserer Gemeinde, der mich nach dem Unfall besuchte, konnte ich dieses nicht anvertrauen"*.

Ob wohl das Licht von den Scheinwerfern des Autos herrührte? Mit der Erkenntnis, dass es sich um ein Nahtoderlebnis handelte, ist diese Frage negativ entschieden.

Die Frage aber „warum Jutta und nicht ich?“ blieb bestehen. Sie überschattete das schöne Erlebnis des „wunderbar warmen Lichtes“. Auch wenn man kaum von objektiver Schuld sprechen kann – wer hat nicht schon einmal die Glatteisgefahr falsch eingeschätzt? – so stellten sich doch Schuldgefühle ein, vor allem aber Trauer und Schmerz um den Tod der Freundin und die Folgen für deren Familie. Erfreulicherweise brachte man ihr dort Verständnis entgegen:

> *„Seit einem halben Jahr habe ich Kontakt mit der Mutter von Jutta – wir trafen uns am Grab, wo ich sehr oft hinfahre, um Jutta nahe zu sein. Weder von der Mutter noch von der Familie Juttas kamen irgendwelche Vorwürfe. Die Mutter… hat einen großen Verlust erlitten – und dennoch nimmt sie mich jedes Mal in den Arm, wenn ich komme und tröstet mich. Von ihr weiß ich auch, dass die Kinder und der Mann weiter leben wie bisher. Auch dieser Gedanke gibt mir Kraft, mit der Trauer fertig zu werden. Als ich im Krankenhaus erfahren hatte, dass Jutta nicht mehr lebt, wollte ich auch nicht mehr leben. Nur die Unterstützung meiner Familie, ganz besonders meiner Mutter, und das Bewusstsein, gebraucht zu werden, gaben mir die Kraft, den Gedanken zu vergessen. Und doch habe ich eine schwere Last zu tragen.“*

Bei der Bewältigung dieser Last spielt auch der Glaube eine Rolle:

> *„Ich glaubte schon immer an Gott. Der Glaube ist aber nach dem Nahtoderlebnis viel intensiver geworden… Für mich kann ich sagen, dass dieses Nahtoderlebnis wie ein Sonnenaufgang in einer kalten, dunklen und lauten Welt war. Es hat mich harmonisch gestimmt, mir Gott so nahe gebracht.“*

Ingrid R. fügt hinzu, dass man auch die Träume, die man nach einem solchen Ereignis träumt, nicht verkennen sollte, wenngleich sie deutlich von einer Nahtoderfahrung zu unterscheiden sind. *„So träumte ich, dass Jutta und ich gemeinsam in ihrer Stube auf dem Sofa saßen. Auf einmal umarmte sie mich und sagte mir wortwörtlich: ‚So, Ingrid, das haben wir auch überstanden‘. – Ich weiß, dass mir dieser Traum von Gott geschenkt wurde.“*

1.23 In mir war grauenhafte Angst

Frau W. K., 90 Jahre alt, ist seit 1961 Tertiarin der Franziskanischen Gemeinschaft und lebt in Berlin. Zu einem sehr bewegten Leben, über das sie mir einen ausführlichen Bericht anvertraut hat, gehört auch die folgende Erfahrung:

> *„Ich denke zurück an ein Erlebnis 1939 oder 1940. Meine jüngste und vierte Tochter war noch nicht geboren. Es war nachts. Ich träumte und schien doch hellwach. Ich stand vor einer Höhle, in die ich hineingehen wollte. Da sagte eine Stimme zu mir: ‚Da kannst du nicht hineingehen ohne einen Schleier'. Und ich spürte, wie mir ein Schleier umgelegt wurde. So betrat ich die Höhle. In mir war grauenhafte Angst. Rechts und links zu beiden Seiten glitten Raubtiere dahin. Und wieder hörte ich die Stimme: ‚Du darfst keine Angst haben'. Und ich überwand alle Furcht und schwebte dahin in einer unendlichen Glückseligkeit. Und wieder hörte ich die Stimme: ‚Da, nimm den Stuhl und setz dich!' Ich erwachte mit dem Erschrecken: ‚So weit darfst du nicht wandern. Deine Kinder brauchen dich'. Als ich wieder zu mir kam, war ich eiskalt, als hätte sich für geraume Zeit die Seele vom Leib gelöst."*

Teilweise ist diese Vision aus der Biografie von Frau W. K. heraus verständlich: Sie war mit einem katholischen Mann standesamtlich verheiratet, der drei in die Ehe mitgebrachte Kinder akzeptierte. Bei seiner Einberufung in den Krieg, ein halbes Jahr nach der standesamtlichen Trauung, sagte er: *„Wenn ich im Krieg falle, sterbe ich in einer Todsünde."* Frau W. K. war protestantisch, aber nicht kirchlich erzogen. Sie hatte sich intensiv mit Buddhismus beschäftigt (gemeinsam mit dem Vater ihrer Kinder) und gab nur widerstrebend die Einwilligung zur kirchlichen Trauung, um ihren Mann in dieser Situation von dem seelischen Druck zu befreien. Als ihr Mann aus dem Krieg zurückkam, verlangte sie die Scheidung. Nach der Scheidung

> *„wurde mir klar, dass ich trotz aller fraulichen Sehnsüchte mich nie mehr an einen Mann binden durfte, da die Ehe sakramental gebunden war. So war der Schleier mein Los. Um der Kinder willen, die katholisch getauft wurden, konvertierte ich mit dem größten inneren Widerstand, ohne zu ahnen, welche Gnade dieser Weg für mein ferneres Leben war".*

Die Aufforderung im Visionserlebnis *„nimm den Stuhl und setz dich"* bringt sie mit dem Stuhl Petri in Verbindung und mit ihrem Weg, Katholikin zu werden. So spiegelt sich also im genannten „Traum" eine tiefe innere Auseinandersetzung, wie das für Träume nicht ungewöhnlich ist. Gleichwohl ist damit nicht alles gesagt. Es gab auch ein Dahinschweben *„in einer unendlichen Glückseligkeit"*. Später ergänzt Frau W. K. *„Ich schwebte dem Licht entgegen in einer unendlichen Glückseligkeit. Ich empfand das als Verlassen der Seele meines physischen Leibes."* Hier geht also der Traum in ein Nahtoderlebnis über; es ist schwer – und sicher willkürlich – die Grenze zwischen beiden Erlebnisweisen zu ziehen.

1.24 Zwei übergroße Daumen

Peter S. aus Stuttgart berichtet über ein Erlebnis, das kaum in eine gängige Vorstellung von Nahtoderfahrung hineinpaßt und doch erwähnenswert ist:

> *„Es war, glaube ich, im Jahr 1957. Ich lebte in einem Lager für Ausländer (Zirndorf bei Nürnberg). Einmal kam ich von der Arbeit zurück in mein Zimmer. Ich nahm Platz auf meinem Bett. (Ich saß auf dem Bettrand). In diesem Augenblick hat mich etwas nach hinten geworfen mit so einer Wucht, ich konnte es kaum fassen. In diesem Moment sah ich auch ein großes Licht. Das Licht war so gewaltig, dass ich dachte, ich werde blind. Kaum habe ich das gedacht, da kamen zwei übergroße Daumen, von jeder Seite einer, und die haben meine Augen zugedrückt. Nach und nach kam ich zu mir. Ich war in Schweiß gebadet. Was es war, weiß ich nicht. Ich weiß nur, es war gewaltig. Vergessen kann ich es nicht. Religiös war ich nicht und bin ich auch heute nicht."*

Aus diesen Sätzen spricht eine Verbindung von Faszination und Angst. Die Annahme, dass dieses Erlebnis eine tiefe innere Auseinandersetzung anzeigt, liegt nahe. Deren Bedeutung ist dem Betroffenen einstweilen verborgen, was sich ändern kann. Ist Peter S. wirklich nicht religiös? Das hängt sicher an dem Begriff, den man verwendet. Die folgende Zusatzbemerkung deutet doch eine in einem allgemeinen Sinn religiöse Haltung an: *„Es ist uns nicht gegeben, mit unserem Verstand alles zu verstehen, aber wir wissen heute, dass es wesentlich mehr gibt, als wir wahrnehmen können"*.

1.25 Mein Leben hat sich sehr verändert

Enthielt der vorige Bericht wenigstens ein kurzes Lichterlebnis, so finden sich in der folgenden Schilderung weder Außerkörpererlebnis noch Tunnel noch Lichterfahrung noch Begegnung mit einer Gestalt, auch kein Lebensfilm. Dennoch kann man von einer Nahtoderfahrung sprechen, wie das auch Christoph Wohlgemuth aus Landshut empfindet:

„Mein Name ist Christoph und ich werde demnächst 32 Jahre alt, oder anders gesagt, ich bin Ende Januar noch einmal zwei Jahre alt geworden. Ich lese nicht sehr viele Bücher, denn dazu geht mir wirklich die Zeit ab. Aber gelegentlich finde ich mich in einem örtlichen Buchgeschäft wieder, wie ich mich dabei ertappe, nach irgendwelchen Büchern zu stöbern. Ich bekam eine richtige Gänsehaut, als ich auf ihr Buch stieß und es dann kaufte. Da Sie in Ihrem Schlusswort dazu auffordern, Ihnen ähnliche Erlebnisse zu schildern, will ich Ihnen kurz von meinem ‚Tod' erzählen: Ich bin sehr sportlich und seit nunmehr gut 27 Jahren aktiv dem Eishokkeysport verbunden. Ich hatte aufgrund meiner guten Verfasssung nie größere Krankheiten, nie größere gesundheitliche Probleme, bis vor zwei Jahren. Ich saß mittags noch in einem Café und trank eine Tasse Espresso. Ich ging zurück ins Büro, in dem ich an einem PC als technischer Zeichner arbeite. Es verlief alles normal, bis ich dann urplötzlich, aus heiterem Himmel, ganz ohne Vorwarnung von meinem Stuhl fiel. Herzstillstand. Meine Arbeitskollegen riefen sofort nach einem Notarzt, und wie es der Zufall so will, konnten sie direkt vor der Haustür einen Krankenwagen aufhalten. Es war riesiges Glück für mich, und so konnte ich auch noch im Krankenwagen wieder zum Leben reanimiert werden. Ich fiel für gut eineinhalb Wochen in ein tiefes Koma, das ich aber ohne irgendwelche Probleme überstand.
Bis kurz vor dem Herzstillstand (der dann letztlich 6 Minuten andauerte) geht mein Erinnerungsvermögen, dann erst wieder ca. zwei Wochen danach. Die Zeit dazwischen sehe ich als vollkommene Leere. Das so genannte weiße Licht und diesen Tunnel habe ich nicht gesehen. Und doch hat sich mein Leben seither sehr verändert. Meine Emotionen, mein Empfinden sind sensibler und sehr viel intensiver geworden. Ich bin ruhiger geworden, rege mich nicht mehr sinnlos über Dinge auf, die mich früher sehr viel schneller in Rage gebracht haben. Ich freue mich nun über Dinge, die ich früher kaum mehr bewusst wahrgenommen habe. So

freut es mich zum Beispiel, die Geräusche der Natur zu registrieren, wenn Vögel singen oder wenn die Sonne aufgeht. Natürlich habe ich das früher auch bemerkt, aber jetzt empfinde ich Freude daran. Andererseits nimmt es mich um ein Vielfaches mehr mit, wenn etwas Trauriges passiert. Beispielsweise hat mich vor Kurzem die Trennung von meiner Freundin monatelang zurückgeworfen. So schlimm empfand ich solche Momente früher nie. Es ist einfach schwer, derartige Momente in Worte zu fassen, aber ich kann Ihnen versichern, es hat mein Leben total verändert. Ich bin ein ausgeglichener Mensch geworden, ich liebe das Leben mit all seinen Höhen und Tiefen, und genauso habe ich die Angst vor dem Tod abgelegt. Ich sehe den Tod nicht mehr als schlimme Sache an, sondern als Teil unseres Daseins."

Man weiß, dass nur ein geringer Teil dessen, was wir träumen, in unser Bewusstsein vordringt. Ähnlich lässt sich annehmen, dass auch manche Nahtodvision unbemerkt bleibt, wenngleich sich bewusste Nahtoderlebnisse durch besondere Klarheit und scharfe Erinnnerung auszeichnen. Man kann nicht alles in ein System zwängen. Bei Christoph Wohlgemuth deuten die Nachwirkungen auf eine verborgene Nahtoderfahrung hin. Gewiss, das plötzliche und langanhaltende Koma kann als schockartige Lebenserfahrung rein psychologisch gesehen das Leben verändert haben. Auch dann war es ein einschneidendes Erlebnis in Todesnähe. Dass aber Christoph Wohlgemuth die Angst vor dem Tod verloren hat, unterstützt die Vermutung, dass in der Zeit des Komas weit mehr geschah, als seine Erinnerung registriert hat.

1.26 Die Webergasse

Das letzte Nahtoderlebnis, über das wir berichten, sprengt den Rahmen einer kurzen Schilderung. Es gibt zunächst eine alptraumartige, tiefe innere Auseinandersetzung im Koma wieder, die schließlich in ein Lichterlebnis mündet. Der Bericht verdient es, in die Lebensgeschichte der Betroffenen eingeordnet und praktisch ungekürzt wiedergegeben zu werden.

Man hatte Annelore Göbel auf einer Intensivstation in Wien 5 Wochen im künstlichen Koma gehalten. Hoffnung bestand aber keine mehr. Die Ärzte konnten nur noch dabeistehen und warten. Die Familie – Ehemann und 3 Kinder – wurden herbeigeholt und behutsam auf das Ableben der 51-jährigen Mutter vorbereitet. Doch unerwartet kehrte die natürliche Atmung wieder.

> *„Die ist zurück! Das Pflegepersonal, die Schwestern und die Ärzte erzählten mir später von ihrer grossen Freude und von dem ‚Wunder' meines Erwachens. Noch Wochen später besuchten mich immer wieder Ärzte aus anderen Abteilungen, um mich nach meinem Befinden zu fragen."*

So erzählt Annelore Göbel im Nachhinein. Um besser zu verstehen, was geschehen war, seien einige Stationen ihres Lebens vorausgeschickt: Annelore wurde im vorletzen Jahr des 2. Weltkriegs geboren, ihr deutscher Vater blieb im Krieg verschollen. Ihre Mutter schlug sich unter den schweren Umständen der Nachkriegszeit in Wien mit dem Kind durch, arbeitete als medizinisch-technische Assistentin. Annelore verbrachte einen grossen Teil ihrer Kindheit bei Pflegeeltern, Grosseltern und „Kinderaufbewahrungsstätten aller Art". Nicht nur fehlte ihr die notwendige Zuwendung und Liebe, sie wurde auch noch gehänselt, weil sie ein uneheliches Kind war. Aber sie reagierte nicht mit Resignation, sondern mit Kampf, *„Kampf um meine Identität, um meinen Wert. Schule… Kampf… Heimaufenthalte… Kampf"*. Das setzte sich fort, als sie schon im Alter von 16 Jahren heiratete. *„Ehe, auch ein Kampf, da ich meinem Gatten als hingebungsvolle Frau zu dienen hatte"*. Mit 17 gebar sie ihr erstes Kind, Toni, doch *„2 Tage alt starb es an einer Fehlbehandlung der Dienst habenden Schwester"*. Im Alter von 18 hatte sie ihr zweites Kind, Angela, und sechs Jahre später kam Astrid zur Welt. Trotz der Kinder arbeitete Annelore hart, nicht nur des Einkommens wegen, sondern, weil sie sich als tüchtig und eigenständig durchsetzen wollte. Sie half auch ihrem Gatten, Sekretär an einem ev. Pfarramt, bei seiner Arbeit und am Wochenende beim Aufbau einer Jugendgruppe. *„10 Jahre lang waren wir mit ca. 70 Jugendlichen sehr erfolgreich!"*. Dann aber kam es erst ganz schlimm. Ihr Gatte erkrankte mit 42 Jahren an Krebs und ging *„in der kurzen Zeit von 9 Wochen qualvoll daran zugrunde"*. Wie vorher brauchte Annelore Durchsetzungskraft:

> *„‚Ellbogen' auch während der Zeit der Trauer, in der ich keinen Beistand fand, im Gegenteil, man kam zu mir nach Hause, um sich auszusprechen, auszuweinen… Ich hielt es eine ganze Weile durch und achtete*

nicht auf mich! Damals begann mein Körper bereits falsch zu reagieren, zu schmerzen. Meine Beine wurden schwer, mein Kreislauf streikte – ich achtete nicht darauf!"

Hinzu kam, dass Zigaretten und der Alkohol, bei dem sie schon seit ihrem achtzehnten Lebensjahr immer wieder einmal Zuflucht gesucht hatte, mehr und mehr zum Problem wurden.
Dennoch schien sich zunächst alles zum Guten zu wenden: Annelore lernte einen jungen Mann kennen, wie sie ihn vorher in einem präkognitiven Traum gesehen hatte, heiratete und gebar mit 41 Jahren ihren Sohn Matthias. Auch hierbei musste sie jedoch kämpfen: Man hatte sie in ihrem „Entbindungskammerl" vergessen, da nebenan eine TV-gefilmte Kaiserschnittgeburt von Zwillingen stattfand. Zehn Jahre gingen dahin. Annelore verstand sich gut mit ihrem Mann und entwickelte eine ausgeprägte, liebevolle Beziehung zu ihrem Sohn Matthias. Die harte Arbeit und die „Ellbogen" blieben, auch die uneingestandene Sucht blieb:

„20 bis 30 Zigaretten am Tag waren ein absolutes Muss, und nebenbei mussten auch Bier und Wein als ständiger Vorrat da sein. Was soll's, dachte ich mir, ich arbeite wie ein Mann, also kann ich mir auch was gönnen wie ein Mann. Ich weiß, es gefiel weder meiner Familie noch im eigentlichen mir selbst. Aber ich war irgendwie völlig festgefahren, süchtig, ohne es mir wirklich einzugestehen, und für Warnungen irgendwelcher noch so gut gemeinter Art völlig unzugänglich. Nur Gott, mit ihm sprach ich täglich! ‚Hilf mir', betete ich, ‚ich stehe bis zur Brust in Beton' (so nannte ich meine Lebenssituation damals, grau und steinhart)".

Dann kam der Oktober 1996. Unter einem Druckverband am linken Bein war eine Durchblutungsstörung entstanden (Compartment-Syndrom). Nach falscher Behandlung in einer Ambulanz merkte der Hausarzt schliesslich, was los war (Sepsis und nekrotisierende Fasciitis) und liess Annelore Göbel mit dem Krankenwagen in ein Wiener Krankenhaus bringen. Die Lunge begann bereits zu versagen, so ging es sofort zur Intensivstation.

„Man bereitete mich auf eine Operation am linken Bein vor, meine tief besorgten Angehörigen (Mutter, Töchter und mein lieber Mann) wurden davon verständigt, dass das Bein infolge der tiefsitzenden ca. 20 Throm-

bosen und einiger Venenverschlüsse höchstwahrscheinlich abgenommen werden müsse, und zwar ziemlich weit oben am Oberschenkel...".

Annelore wurde in künstlichen Tiefschlaf versetzt; es begann ein langes Koma. Was sie darin erlebte, soll sie nun in eigenen Worten erzählen:

„,Webergasse' hatte mein kleiner Sohn gesagt, als ich ihn fragte, wo wir da wären. Mir war als hätten wir uns, und es war bereits viel zu spät abends, total verlaufen. Rasch durch und heim mit dem Kind! Durch die eigenartige, gelb-orange Beleuchtung sahen wir sehr schlecht, und durch allerhand Unrat, Flaschensplitter und übel stinkende Pfützen, waren wir am Weiterkommen stark gehindert. Als uns zwei urplötzlich aufgetauchte Männer überfielen und mich an den Haaren zu Boden zwangen, schreiend und bösartig, hatte ich nur eins im Kopf – das Kind! Der Mann, der mich gepackt hatte, war fett und kurzatmig, der Zweite dünn, gelb und kinnlos. Er hatte meinen kleinen Sohn gepackt und grinste begeistert. Es ging darum, mir eine Kapsel in den After zu schieben, sie enthielt, wie mir der Fette versicherte, Rauschgift, das mich augenblicklich süchtig machen würde. Ich würde von jetzt an i h m gehören und ich würde schon bald winselnd um eine neue Ladung angekrochen kommen. Als die beiden lachend und mit den Füssen scharrend (wie Insekten) verschwanden, schrie ich ihnen fassungslos vor Wut meine unflätigsten Schimpfworte nach! Mein kleiner Sohn sammelte den Inhalt meiner Beuteltasche auf und sprach beruhigend auf mich ein: ,Mami, sie sind eh weg, komm doch!' Es war dem Fetten gelungen, mir (zu meiner Beschämung) diese verdammte Kapsel zu verabreichen. Sie drehte und bohrte sich in meinem Körper unaufhaltsam nach oben und öffnete sich dabei wie ein Dübel. Das Gift stieg mir sofort ins Blut und ich versuchte verzweifelt japsend meinen Sohn an der Hand irgendwie wieder ein ,Gleichgewicht' zu finden. Unweit fanden wir ein Kaffeehaus und ich wollte nur ein Glas Bier, es beruhigte mich immer so schön, und mein Haar ein wenig in Ordnung bringen, dem Kleinen seinen geliebten Kakao mit Schaum, den er so liebte. Auf dem Weg zur Toilette wird mir grauenhaft übel... Bevor ich ohnmächtig werde, höre ich noch, wie der Kellner sagt: ,Fangst den Klanen zam, damit er net davonrennt!'
Als ich erwache, bin ich stehend mit dem Rücken an eine Tapetenwand geklebt. Die Haut an meinem Rücken brennt wie Feuer, meine Hände sind an beiden Seiten mit kitschgoldenen Handfesseln à la Sklavin an

Eisenringe gefesselt. Mein Körper ist nackt bis auf einige Federn, Schleiern und Pailletten. Ein schwerer, für mich nicht sichtbarer Kopfputz rutscht mir immer wieder bis über die Augen. Ich stehe an einer schmierigen Auslage und höre ständig und nervtötend billige orientalische Kasettenrecorder-Musik. Draußen vor der Auslage bemühen sich der Kellner und eine Alte, meinem Sohn seine Mutter zu zeigen: ‚Schau her, wie schön wir sie gemacht haben'… Mein Sohn tut so, als sehe er mich nicht, blickt nie in meine Richtung, tut ihnen den Gefallen einfach nicht; er ist ein weises Kind! Ich stehe in meiner heißen, stickigen ‚Auslage', mein Körper krampft, meine Beine blutgestaut, keine Luft… keine Luft… Stunden, Tage, Monate?

Da ist mein kleiner Sohn, unvermutet, flüsternd ‚Mutti schnell, die sind alle betrunken'. Ich reiße an meinen Fesseln, er zwängt einen alten Schraubenzieher zwischen Fessel und Ringe. Es reißt durch mein Gewicht die Haut von meinem Rücken und bleibt teilweise in Fetzen an der Rückwand kleben… Unversehens knalle ich mit meinem völlig gefühllos gewordenen Körper kopfüber auf den Boden. Auf, nur auf und davon, wir flüchten durch eine kleine halbhohe Tapetentüre an der Seite des kleinen Auslagenraumes auf die Straße, vor mir läuft, immer wieder nach mir blickend, mein Sohn, auf seinem Rücken meine Beuteltasche, voll gestopft mit meinen Kleidern, unter dem Arm meine Stiefel… ich liebe ihn! Keuchend, am ganzen Leibe zitternd zerre und nestle ich an meinen Kleidern, die sich an meinem aufgedunsenen Körper wie Sandpapier anfühlen. Schnell in die Stiefel, der linke lässt sich über den Waden nicht mehr schließen, stelle ich verwundert fest. Wieso das alles, warum ist mit einem Mal alles so schrecklich und eigenartig geworden? Wieso finden wir einfach nicht nach Hause? Ich brauche eine Zigarette… natürlich sind die weg, verloren irgendwo… Wo ist jetzt auf einmal mein Sohn, wo ist der hin? Er weiß doch, wie sehr ich das hasse! Missmutig stolpere ich weiter und weiß n o c h n i c h t was noch alles auf mich zukommen wird. Dass mein Sohn sich entsprechend der Vorkommnisse in dieser schrecklichen ‚Webergasse' mit einem schwarzen Müllsack und einem Stück Holz in einen kleinen, rauen ‚Rambo' verwandeln wird, um seiner Mutter immer dann beizustehen, wenn sie es wirklich braucht. Dass wir gefangen, eingesperrt, verkauft und unter schrecklichen Umständen getrennt werden. Ein riesiges seidenes, fliegendes indisches Zelt wird mich nach Indien tragen, eine fliegende Todesfalle, als eine schreckliche Parabel auf die faulige ‚Süße' des Alkoholismus. Wir werden

als ungebetener Besuch (ich fühle, dass ich bereits t o t bin) bei zwei uralten griechischen Göttern sein, und ich werde an dem goldenen Gewand, das sie mir schenken, langsam und qualvoll ersticken, während ihr Gelächter den ganzen Himmel ausfüllt.
Als bereits übel riechende Leiche haste und stolpere ich über das unwegsame Gelände der Dolomiten, im Abendrot gejagt von der entsetzten Bevölkerung. Eingefangen und zum Bestatter gebracht, fühle ich, wie an mir herumgenäht und gezerrt wir. Ich habe die Augen aus Protest offen… ich bin noch nicht tot! Ein Sarg, in den noch rasch vor dem Zuschrauben ein Sack junger, um ihr Leben schreiender Katzen geworfen wird, ist mein neuerliches Gefängnis, ich schreie ebenfalls, stemme Hände und Füße dagegen, reiße verzweifelt in langen Streifen die Innenverkleidung herunter, während ich durch das Glasfensterchen sehe, dass wir verbrannt werden sollen. Ich sehe die entsetzlichen Jugendstil seinsollenden Beleuchtungskörper an der Wand vor mir, die sich langsam hochschiebt, um dahinter vier Reihen riesiger, fauchender Gasbrenner freizulegen. Das weckt meinen letzten Widerstand; mit einem furchtbaren Knall stürzt der grauenhafte Sarg vom Gestell mit uns zu Boden. Die kleinen Katzen und ich kriechen auf allen Vieren… Irgendwo singt ein Damenchor getragen ‚Tauet Himmel den Gerechten'.
Ich werde flüchten, nachdem ich mein Gewand und meine Stiefel fein säuberlich zusammengelegt in einem riesenhaften schwarzen Regal finde unter ‚A. G. gest. 22.10.94'. Vor dem Gebäude wartet zu meiner Überraschung mein Sohn mit seiner schwarzen Müllsackmaske und seinem auf den Rücken gebundenen Holzgewehr. Er strahlt mich an und meint: ‚Ich hab' gewusst, du schaffst es!' Ich werde ihn w i e d e r verlieren und er wird mir w i e d e r weggenommen, ich muss einer schönen eiskalten Russin dienen, damit ich ihn wiederbekomme…
Als ich mich in einem alten Lagerhaus wieder finde, verdreckt und eben aus einer Art Narkose erwacht, erinnere ich mich schlagartig, dass ich am Tag vorher ein kleines Kind ermordet habe! Und erlebe all das Grauen der absoluten Gottesferne und des Un-menschseins, bis ich nur mehr schreien kann, atemlos in den Himmel hinauf brülle, der mich nicht mehr haben will. Unversehens wird mein Sohn wieder da sein, seine zerstörte Mutter einsammeln, um mir zu sagen, dass jetzt noch der letzte Kampf bevorsteht, dass ich aber keine Angst haben solle, e r wäre ja bei mir! Und da sind s i e auch schon.
S i e riechen nach alter, vergammelter Haut und trappen wie auf Hüh-

nerfüßen. S i e sind viele und haben emsige, krallige Hände. S i e sind die Wächter! Sie bewachen das Scheol, das Hel, die ‚Webergasse'. Sie haben etwa Kindergröße, 120 cm, die Köpfe sind haarlos und ein wenig runzelig. Die großen und mattglänzenden Augen sind voller Endgültigkeit und tödlichem Vorauswissen. Die kleinen Weißen wollen mich am Weitergehen hindern. Mein Sohn zieht mich weiter, ich schlage, kratze, trete. Meine Gegenwehr belustigt nur! Sie wissen längst, dass ich keine Wahl habe. Ich werde umdrehen müssen, so wie Abertausende vor mir und in die Webergasse zurück in endloser Wiederholung, so wie ich plötzlich weiß, gewiss weiß, das alles hier genau zu kennen und schon unzählige Male hier gewesen zu sein. Da schießt es mir in den Kopf und ich schreie laut: Vater unser der du bist in den Himmeln, geheiligt werde dein Name… da sehe ich die Türe, eine alte, verdreckte Glasschiebetüre, die sich mit einem Zischen öffnet… Nur weg hier, weg von den kleinen Weißen! Mein Sohn nickt mir bestätigend zu und sagt: Gut, Mutti, na endlich, ich bin urmüde, bitte trag mich. Ich nehme ihn in meine Arme und durchschreite, ohne mich noch einmal umzusehen, die Glastüre… Es ist ganz still dahinter. Erst jetzt fällt mir auf, dass in der Webergasse ständiger, mahlender Lärm stattgefunden hatte. Der Kopf meines Sohnes ist im Schlaf hintüber gesunken, ich finde im Umblicken eine Steinbank, auf die ich ihn sorgsam lege… Mein kleiner Soldat!

Ich beginne, mich zu entkleiden; es wird eine regelrechte Entkleidungszeremonie. Runter damit, mit all den stinkenden Fetzen. Ich werfe sie einfach unter die Bank. Völlig befreit und ‚sauber' mache ich einige Schritte von der Bank weg nach vorne… S t i l l e … absolute Stille und eine wohl tuende Dunkelheit umgibt mich. Ich habe irgendetwas erreicht, fühle ich… etwas, das ein Verdienst ist, ich weiß es, ganz deutlich! Nicht j e d e r erreicht diesen Platz. D a tritt E s hinter mich, ich fühle ruhigen, großen Ernst. Es beugt mich, beugt mich bis zu Boden, meine Beine geben nach und ich werde zusammengepresst. T o d e s a n g s t ! Es kniet auf mir und ich weiß gleichzeitig, dass ich jetzt bestehen muss. Mein Kopf, mein Gesicht blickt in einen tiefen Abgrund. Aus diesem aber schweben tausende Menschen, den Blick nach oben gerichtet, wie Sektperlen in einem Glas! Ich sehe diese Menschen, sehe ihre begeisterten Gesichter, fühle ihr Fühlen und weiß ihr Wissen… Ich will auch so schweben nach oben! Während ich solcherart bedrängt (und mir ist als würde ich flammend heiß befragt) nach oben blicke, sehe ich es! Wie ein kleiner silberheller Mond! Na wenigstens d e r , denke ich mir. Wieder *werde ich gefragt. Was? Was gefragt? Das mit der Liebe? Ja, ja, mein kleiner Sohn, meine Töchter, mein Mann, meine Mutter, meine Tiere?… Nein? Da fällt es mir ein, in meinem Innersten fällt es mir ein… Oh i c h w e i ß . Erst leise und dann immer lauter und mit kräftiger Stimme sage ich: ‚Die Liebe ist langmütig, sie bläht sich nicht auf, die Liebe ist gütig, sie prahlt nicht'; und während ich, begeistert, wie viel von diesem Wissen aus mir strömt, weiterrede, lässt E s mich aus und ich merke beglückt und überrascht, wie auch ich endlich nach oben schwebe. Ich kann den Blick nicht wenden von dem, das da auf mich zukommt. Der ‚Mond' ist jetzt riesig, während ich nach oben gleite. Es ist, so weiß ich jetzt, gar nicht der Mond. Es ist ein riesenhaftes weißgold-donnerndlautloses heiß geliebtes personales Licht. Ich habe meine Augen weit offen, ich b i n das Licht, mit einem Mal mitten drin in dem Licht. Und obwohl es in nicht schilderbaren Dimensionen und Gefühlen um mich herum leuchtet und erstrahlt, sehe ich alles um mich herum in unbeschreiblicher Klarheit und Kraft. Die Menschen, die mit mir heraufgekommen waren, werden von den aus dem Licht kommenden Menschen begrüßt! Ein unbeschreiblicher Jubel auf beiden Seiten. Ich höre Namen rufen und ich sehe Wiedererkennen und Freude! Ich sehe an mir herunter und auf meine Hände. Alles an mir leuchtet, ich leuchte wie die goldene Flamme einer Kerze. Gleißende Lichtkaskaden aus meinen Fingern und eine absolute ungeheure Leichtigkeit. Mein ganzes ICH ist hochkonzentriert und ich kann meine Gedanken nach allen Richtungen ausstrahlen lassen. Ich will auch jemanden begegnen, b e g r ü ß t w e r d e n ! Da sind sie schon! Aus dem Licht tritt einer, der mich still und ernst anblickt. Verstehen Sie, ich sah nur diese Augen, sie füllten mich aus und sagten mir: ‚WAS TUST DU HIER?' Er blickt mich an mit jenen liebevollen, vorwurfsvollen Augen einer Mutter, deren Kind mitten in der Nacht im Nachthemdchen, bei einem Besuch auftaucht. Gleichzeitig wurden aus dem einen drei Wesen, so, als wären sie zu Anfang hinter dem E r s t e n gestanden. Sie hinderten mich, ins Licht weiter hineinzusehen und legten sanft ihre Hände auf mich. NOCH NICHT! Ich wollte unbedingt da hinein, noch heute, während ich das alles für Sie niederschreibe, könnte ich weinend zusammenbrechen (wennn Sie mir diesen Ausdruck erlauben), wenn ich an meine verlorene Heimat denke. Jawohl, u n s e r e Heimat, das weiß ich jetzt ganz genau, von DORT sind wir! Die drei nahmen mich in ihre Mitte und ‚sprachen' mit mir derart eindrucksvoll, als stünde ich unter einer riesigen dröhnenden Glocke.*

Dann zeigten sie alle drei nach unten und ich fühlte, wusste mit unbeschreiblicher Trauer und dem furchtbaren Gefühl des Ausgestossenseins, dass ich zurückzugehen h a t t e . Grauenhaftes alleine sein, furchtbares NOCH NICHT. Das Licht, das unendliche, das all die Liebe war, die Erfüllung und unsere rechtmäßige Heimat, all das verschwand hinter mir, und vor mir war wieder Dunkelheit. Da war wieder die Steinbank, und darauf schlief mein kleiner Sohn tief und fest... Mein Gott! Den hätte ich hier also alleine zurückgelassen. DAS war es! I c h , immer nur i c h ? Ich hob den Kopf und drehte mich um nach der Richtung, aus der ich gekommen war und sagte laut: ‚Ich verstehe!' So wie ich war, zwängte ich mich auf die Steinbank zu meinem Söhnchen, nahm ihn in meine Arme und schlief augenblicklich tief und ruhig ein.“

2 Nahtoderlebnisse in der Sicht von Medizin und Naturwissenschaft

2.1 Medizin und Heilen

Wenn Betroffene aus einem Nahtoderlebnis „zurückkehren“, befinden sie sich mit relativ grosser Wahrscheinlichkeit in einem Krankenhaus oder haben es kurz später mit einem Arzt zu tun. Im Durchschnitt ist das bei mehr als der Hälfte aller Nahtoderfahrungen so (in unseren Beispielen bei etwa 70 %). So stellt sich die Frage, wie Ärzte und Krankenschwestern mit der Theamtik der Nahtodvisionen umgehen. Allgemeiner gesehen möchte man wissen, ob und wie sich die Medizin dieses Themas angenommen hat. Die Antwort ist, gelinde gesagt, bescheiden.
Hierfür gibt es verschiedene Gründe. Zum einen ist die Medizin, wie sie in den Industrieländern betrieben wird, in der Hauptsache an Apparaten und Medikamenten orientiert. Zum andern gibt es vielfache Abneigung gegen Beschäftigung mit Phänomenen, die man lieber der „Spukszene“ oder den Esoterikern überlassen möchte.
Was die Geräte- und Pillenmedizin angeht, so hat es zwar im Laufe des 20. Jahrhunderts ein langsames Umdenken gegeben und hat die „psychosomatische Medizin“ im Gefolge der Tiefenpsychologie an Bedeutung gewonnen. Das wirkte sich schliesslich – in Deutschland – darin aus, dass Psychiatrie immer häufiger mit Psychotherapie verbunden wird,

oder darin, dass Psychologen und Homöopathen unter bestimmten Bedingungen bei Krankenkassen zugelassen werden. Insgesamt gesehen ist aber die Herrschaft der naturwissenschaftlich-technischen Heilkunde unangetastet geblieben. Sie hat sich weltweit durch ihre grossen Erfolge als führend durchgesetzt und ist so auch in Kulturen eingebrochen, die bisher anders mit Krankheiten umgegangen sind.
Die Einführung der psychosomatischen Medizin bedeutet daher weniger eine Erneuerung der Medizin insgesamt als die Einführung eines neuen Spezialgebietes, das in besonderen Abteilungen betrieben wird. Wer wollte auch bestreiten, dass etwa Bluthochdruckprobleme medikamentös heute so gut beherrscht werden, dass die Lebenserwartung in den Industrieländern allein hierdurch stark in die Höhe gegangen ist? Und wer fühlt sich nicht wohl bei dem Gedanken, dass in der Not Herzschrittmacher, Insulin oder Schmerztabletten bereitstehen?
Dennoch ist allerorten ein Unbehagen zu spüren. Dass Ärzte im Schnitt nur wenige Minuten für eine Patientensitzung oder eine Visite zur Verfügung haben und Krankenschwestern als Folge von Stellenstreichungen gestresst von Bett zu Bett hetzen, ist nicht nur ein wirtschaftliches Problem. Es geht um die Grundfragen von Krankheit und Heilung, um den Ort, den Krankheit im Leben und in der Identitätsfindung des Menschen einnimmt, und die Grundentscheidungen, die in unserer Gesellschaft getroffen werden.
Ein Blick auf andere Kontinente mag das illustrieren. Was beispielsweise „Medizinmänner" im afrikanischen Busch treiben, wird von uns weithin als „schwarze Magie" oder „Zauberei" abqualifiziert; Kolonisierung und Missionierung waren eifrig bemüht, dieses „Unwesen" zu vertreiben. In der Tat gab es qualvolle Rituale, mit denen Menschen, etwa junge Frauen, geknechtet und geschädigt wurden. Vieles ist durch die „westliche" Medizin besser geworden, etwa in der vorbildhaften Tätigkeit von Albert Schweitzer. Dennoch sind bei uns Klischees verbreitet, die Wert und Bedeutung der Eingeborenenmedizin übersehen. Der Theologe und Religionswissenschaftler Theo Sundermeier gibt hierzu eindrucksvolle Beispiele an. Über eine Erfahrung im Zululand schreibt er:

„Besuchen wir unsererseits einen afrikanischen Medizinmann und schauen ihm bei der Arbeit zu. Man kann in sein Haus gehen, das etwas abseits vom Dorf liegt. Eine Gallenblase, einige speerartige Stöcke sind über dem Hauseingang zu sehen. Er selbst ist an seiner besonderen Kleidung zu erkennen... Über dem Rücken trägt er zusätzlich zwei sich überkreuzende Schnüre. Der Patient ist nicht allein in der Hütte. Einige Verwandte sind mitgekommen. Man sitzt etwas im Hintergrund, der Patient nahe beim Heiler im Mittelpunkt der Runde. Ausführlich befragt der Medizinmann den Patienten, stellt hier und da Vermutungen an, wartet auf die Reaktion der Gruppe, die zustimmend murmelt oder kühle Abweisung zeigt. Manche Heiler arbeiten mit Meditationsstäbchen, Knochen oder Steinen, manche haben nur ihre Medizin vor sich. Hat der Heiler die Ursache der Krankheit in einem moralischen Vergehen oder einer sozialen Spannung in der Familie oder im Dorf ausgemacht, werden Anweisungen gegeben, wie diese zu beheben sind. Danach erst geht es um die eigentliche Heilung der Krankheit. Der Medizinmann hat selten die eigentliche Medizin parat. In vielen Fällen muss der Patient an einem anderen Tag wiederkommen."[1]

Der Patient mit seinem Umfeld und seinem Leben insgesamt steht also im Mittelpunkt, „psychosomatische Medizin" wird ohne dieses Fachwort betrieben. Aber auch beim Aussuchen der Medizin gibt sich der Medizinmann grosse Mühe und folgt bestimmten Prinzipien, beispielsweise dem der Analogie, wie es auch der berühmte Arzt Paracelsus im16. Jahrhundert in Europa anwandte. Bei Kopfleiden und Epilepsie empfahl Paracelsus Pflanzen mit kopfähnlichen Früchten, Mohn, Walnuss und andere, bei Augenkrankheiten Pflanzen, die Ähnlichkeit mit Augen aufweisen, etwa Anemone oder Skabiose. Sundermeier sieht darin Parallelen zur Traumarbeit bei S. Freud, in der Symbole eine außerordentliche Rolle spielen. Schon die überkreuzten Schnüre auf dem Rücken des Medizinmanns sind symbolhaft: Das Böse der Krankheit soll „durchkreuzt" werden.

Das hat mit einer Mobilisierung der „selbstheilenden Kräfte" im Menschen zu tun, wie sie die psychosomatische Medizin im Blick hat. Selbst bei unseren Medikamenten kennt man zweierlei Wirkung: Die eine ist die chemisch-pharmakologische, etwa wenn der Anteil der Kalium-Ionen in Membranen der Blutgefäße zu gering ist und man mit Kaliumhaltigen Arzneien nachhilft (wie auch mit salzarmer Kost). Die andere Wirkung wird oft rein negativ mit „Placebo-Wirkung" umschrieben: Die Substanz in der Pille mag pharmakologisch wirkungslos sein, entscheidend ist der Glaube an die Wirkung. Man darf aber nicht übersehen, dass hierbei oft selbstheilende Kräfte in Bewegung gesetzt werden. Wenn

der Arzt zum Verschreibungsblock greift, so ist das ein Ritual, auf das er selten verzichtet. Der Wille, etwas gegen ein Leiden und für die Gesundung zu tun, wird beim Patienten materialisiert, indem er das Rezept in den Händen hält. Das ist der Zauberkraft des Medizinmanns vergleichbar. Dabei darf jedoch nicht übersehen werden, dass der Medizinmann zwar nicht über das Repertoire der industriell hergestellten und durch Forschung in ihrer Wirkung getesteten Arzneien verfügt, wohl aber über Jahrhunderte oder Jahrtausende gewachsene Erfahrungen, die pharmakologischer Art sind. Insgesamt gesehen ist es also ratsam, wenn sich Wirtschaftsmächte in einen Dialog mit Vertretern einheimischer Medizin begeben, statt deren Heilverfahren einfach zu beseitigen. Teilweise geschieht das bereits. Auch sind Einflüsse der chinesischen Medizin spürbar.
Haben bei uns die Ärzte im Allgemeinen schon Schwierigkeiten, sich überhaupt mit dem „Kranksein" ihrer Patienten zu befassen, so kommt es fast überhaupt nicht dazu, dass sie Nahtoderfahrungen zur Kenntnis nehmen oder sich gar nach solchen erkundigen. Dabei entgehen ihnen unter Umständen entscheidende Vorgänge, die zur Heilung geführt haben. Besonders krass wird das in einigen der oben vorgelegten Berichte deutlich, die wir nun näher besprechen möchten.

2.2 Heilung im Nahtoderlebnis

Wenden wir uns zuerst dem letzten Bericht von Kapitel 1 zu (*„Die Webergasse"*), in der Annelore Göbel, von den Ärzten aufgegeben, wieder erwacht. In einem lang anhaltenden Nahtoderlebnis spielte sich bei ihr etwas ab, das schwerlich mit den Kategorien der Tiefenpsychologie oder der Traumanalyse allein gedeutet werden kann. Zwar kann man annehmen, dass Selbstheilungskräfte eine entscheidende Rolle gespielt haben. Aber der Rahmen, in dem dies geschah, ist außergewöhnlich und gibt neue Fragen auf. Annelore Göbel betont, dass ihr Erlebnis kein Traum gewesen sei. Dafür war es viel zu dicht und ist wie ein reales Geschehen in jedem Detail vor Augen geblieben, wie es bei Nahtodvisionen meist berichtet wird. Annelores Erleben ist wie ein Stück intensiv gelebtes Leben, nicht etwa symbolischer Kommentar zum gelebten Leben von der Art, wie Freud und andere sie in Traumanalysen untersucht haben.
In gewisser Weise war das Erleben im Koma sogar „realer" als das durch

„bürgerliche" Konventionen eingeengte Leben: Im Koma zeigte sich die wirkliche Webergasse, die „Gosse", kamen die Folgen der in einem zu harten Leben verwurzelten Sucht zum Vorschein. Leben ist maßgeblich ein innerer Vorgang, dessen Materialisierung im sozialen Verhalten gehemmt ist. Das hat auch für das praktische Leben seinen Sinn. Aber es gibt besondere Situationen, in denen mehr geschieht. Nahtoderfahrungen sind besondere Situationen. Fragen wir nun: Was hat bei Annelore den Ausschlag gegeben, dass sie, obwohl die Thrombosen „zu"geschlagen hatten, noch einmal ins Leben zurückfand? Aus dem, was sie berichtet, kann man eine sehr plausible Theorie herausfiltern: Es war ihr kleiner Junge, der bei ihr die letzten Kräfte noch einmal mobilisierte. Das Kind war ihr Ein und Alles. Hatte sie schon mit 17 Jahren einen Sohn nach nur zwei Tagen – dazu unter demütigenden Umständen – verloren, so war es ihr nun vergönnt, einen spät geborenen Jungen, den sie über alles liebte, aufzuziehen. Wie konnte sie ihn im Stich lassen? Sie hatte immer gekämpft, auch bei der Geburt von Matthias, und nun kämpfte sie noch im Koma um die Kräfte, für das Kind da zu sein.

In dem Inferno ihres Nahtoderlebnisses ist entsprechend die bestärkende Gegenwart des Sohnes ein roter Faden, der sich durch die verschiedenen Stationen hindurchzieht. *„Mami, sie sind eh weg, komm doch!"* ruft er nach dem Rauschgift-Überfall. *„Mutti, schnell, die sind alle betrunken";* in gemeinsamem Bemühen werden die Handfesseln geknackt. Bei der Flucht läuft er voraus, stets ermunternd, bleibt in den Schmähungen seiner Mutter tapfer und stolz, bis er nach gelungener Flucht sagt: *„Gut, Mutti, na endlich, ich bin urmüde..."* und sie ihn auf den Arm nimmt, ihn dann auf einer Steinbank schlafen legt. Ihr Wille, das Kind nicht zu verlassen, hat sich letztlich durchgesetzt. Sie sagt selbst: Das war es!

So plausibel – und für eine psychoanalytische Betrachtung hochdramatisch – diese Theorie erscheint, so fraglich ist, ob sie zu einer Erklärung der Nahtoderfahrung und des Wiedererwachens ausreicht. Sie betrifft nämlich nur die eine Seite des Erlebten, lässt aber die andere Seite aus: den Todeswunsch. Der Tod wird von Annelore nicht nur als Feind erlebt, den man niederkämpfen muss. Das ist zwar für den einen Tod so, nämlich das Sterben im hässlichen Krematorium, wo sie, vorher schon als Leiche verfemt, beseitigt werden soll. Das wäre Tod als Resignation, als sinnloses Ende gewesen, Schlusspunkt eines Abrutschens, Behandlung als Wegwerfware, die auf dem Müllhaufen landet. Dagegen hat Annelore gekämpft, wieder zusammen mit ihrem Sohn, und sie ist davongekommen. Aber da ist noch der andere Tod, der als Leben erscheint: Das Eingehen ins Licht, die große Begegnung. Es handelt sich dabei nicht um billiges Harmoniebedürfnis, das nach schöner Illusion sucht. Die hätte wahrscheinlich so ausgesehen, dass Annelore mit ihrem Kind auf dem Arm in himmlische Sphären einzieht, wo ihr *„kleiner Soldat"* für sein tapferes Durchhalten mit den besten Süßigkeiten belohnt wird, die es gibt. Der entscheidende Kontrast zum Erlebnis mit dem kleinen Sohn besteht darin, dass Annelore im Lichterlebnis allein ist, gelöst von den Bindungen des irdischen Lebens, auch denjenigen an ihren geliebten Jungen. Dieser hätte, wäre es nach ihrem Wunsch gegangen, beim Aufwachen auf der Steinbank sehen müssen, wo er bleibt. Hier ist sie nur sie selbst. Man spürt, wie sie mit grosser Ergriffenheit in die Kathedrale der Ewigkeit eintritt, leuchtend, mit hochkonzentrierten Gedanken und vollem Ich-Bewusstsein.

Die Lösung von irdisch-menschlichen Bindungen bedeutet nicht Alleinsein, im Gegenteil: Der *„unbeschreibliche Jubel"* betrifft die Begrüßung der Ankommenden durch diejenigen, die schon da sind. Es ist neue Begegnung von Freigewordenen. Wie es in anderen Erlebnisberichten deutlicher zum Ausdruck kommt, sind das meistens Individuen, die als Verwandte oder Freunde in irdischer Beziehung zueinander standen. Aber ein neues Bezogensein überstrahlt das alte.

Bleibt die Frage: Wie kam die Entscheidung zustande, dass Annelore nicht wirklich in das *„weißgolddonnerndlautlose heiß geliebte personale Licht"* eingehen konnte, sondern zurückgeschickt wurde? Hier scheiden sich die Geister der Interpretation. Wer auf einer irgendwie psychologischen Deutung beharrt, wird vielleicht die Lichtwerdung des Individuums als Ausdruck einer „Selbstwerdung", einer „Individuation" betrachten, die aber nicht zur Preisgabe der Verantwortung für das soziale Umfeld führte. Die Personen, die einen tieferen Einblick in das Licht versperrten und zur Rückkehr aufforderten, waren dann Symbole des Unbewussten, die einer „Grenzüberschreitung" entgegenwirkten. Man fragt sich jedoch, ob das ausreicht. Selbst wenn man den Gedanken einer Individuation akzeptiert, so kann doch mehr im Spiel gewesen sein. Es kommt eher indirekt als direkt in dem schmerzhaften Gefühl des „Noch nicht" und der Sehnsucht nach der wirklichen Heimat zum Ausdruck. Die Frage der Rückkehr ist möglicherweise eine spirituelle Angelegenheit.

Ein neuer Aspekt begegnet uns in einem zweiten Bericht über ein unerwartetes Wiedererwachen aus dem Koma, nämlich in dem Bericht von Renate A. („*Die Frau stirbt diese Nacht*", s. 1.14), den wir jetzt betrachten wollen. Eine gemeinsame Erfahrung von Annelore und Renate springt sofort ins Auge: Beide werden in lebensbedrohlichem Zustand in ein Krankenhaus eingeliefert, von den Ärzten aufgegeben, erwachen nach einem Nahtoderlebnis aus dem Koma und erreichen nach kurzer Zeit einen relativ guten Gesundheitszustand. Bei Renate geht ebenfalls eine längere Phase von Alkoholproblemen voraus; die Erfahrungen in der Klinik sind dagegen relativ kurz; das Koma selbst dauerte offensichtlich nicht sehr lang. Was mag sich bei ihr abgespielt haben, als der Arzt sie „tot sagte" und sie das mitbekam? (Später entschuldigte er sich für seine Leichtfertigkeit). Es ist denkbar, dass der Arzt sie mit seiner Bemerkung geradezu ins Koma hineinstiess. Allerdings wechselte sie „übergangslos" in eine Nahtodvision. Vielleicht kam gerade in diesem Augenblick das „Dennoch" des Lebenwollens zum Vorschein, gewannen die selbstheilenden Kräfte Gewicht, die paradoxerweise gelähmt waren, so lange die Bemühungen um Rettung von Seiten anderer anhielten. Dass psychosomatische Kräfte der Selbstheilung überhaupt eine Rolle spielten, scheint ebenso unbestreitbar zu sein wie bei Annelore. Nur stehen wir erneut vor der Frage, ob das als Erklärung für das „medizinische Wunder" des Wiedererwachens genügt. Denn wieder enthält das Erleben im Koma noch einen weiteren Teil, den man nicht auslassen darf.

Renate begegnet ebenfalls in ihrer Vision Menschen, die sie aus dem wunderbaren Land, das sich vor ihr ausgebreitet hat, zurückschicken. Dieses Mal sind es aber nicht unbestimmte Gestalten, sondern konkrete Personen: Ihr verstorbener Vater und die Schwester Cilla ihrer Mutter, von der sie erst hinterher erfährt, dass sie nicht mehr unter den Lebenden weilt. Man könnte die These vertreten: Verstorbene repräsentieren tief im Unbewussten den Tod, sind Symbole, die zum Vorschein kommen, wenn wir nahe an die Todesschwelle geraten. Diese These ist hier schwer anwendbar, da Renate ja noch nichts von dem Tod Cillas wusste. Man müsste schon annehmen, dass Cillas Sterben auf telepathischem Weg Renate gegenwärtig war. Das aber wirft ganz neue Fragen auf hinsichtlich der Rolle von so genannten übersinnlichen Phänomenen für ein Verstehen von Nahtoderfahrungen. In der Tat werden wir diese Frage noch diskutieren. Tiefenpsychologie argumentiert aber gewöhnlich ohne übersinnliche Begriffe und kann somit allein keine befriedigende Antwort auf die Frage der Begegnung mit Verstorbenen im Nahtod geben.

Renate erlebt sich wie Annelore in dem Zwiespalt zwischen Bleiben im Licht *(„es ist doch so schön hier")* und Rückkehr ins harte irdische Leben. Wer schickt sie zurück? Ist sie es selbst aufgrund eines verborgenen Pflichtbewusstseins, das sie bildhaft in einen Auftrag durch Verwandte kleidet? Warum sind das aber verstorbene Verwandte? Oder handelt es sich doch um einen tieferen, letztlich spirituellen Vorgang?
Wir haben noch einen dritten Bericht kennen gelernt, in dem die Betroffene, Brigitte S. aus Südhessen (*„Du musst gehen"*, s. 1.12) von den Ärzten aufgegeben wurde. Sie hatte zehn Tage im Koma gelegen, erlitt schwerste Lungenblutungen, so dass keine Hoffnung mehr bestand. Brigitte erlebt, im Unterschied zu Annelore G., in der Nahtodvision nicht ein letztes Aufbäumen gegen das Sterben ihres Körpers, sondern nimmt an dessen Beerdigung teil, hat also das Ende akzeptiert. Ihre verstorbenen Verwandten, die mit am Grab stehen, haben offensichtlich auch keine Einwendungen gegen ihren leiblichen Tod. Erst als der Priester mit der Beerdigungszeremonie beginnt, wandelt sich die Szene. Das Licht bricht ein und verbunden mit ihm fühlt sich Brigitte glücklich – bis die enttäuschende Nachricht kommt *„du musst gehen, du musst noch einmal zurück"*, übermittelt durch ein *„in Dornen gehülltes Gesicht"*. Was mag den Willen zur Rückkehr ausgelöst haben?
Den Berichten von Annelore, Renate und Brigitte ist gemeinsam, dass ihnen im Lichterlebnis unmissverständlich und mit Nachdruck gesagt wird: Du musst noch einmal ins irdische Leben zurück. Allein dieser Anruf mag bei der von den Ärzten nicht mehr erwarteten Rückkehr eine Rolle gespielt haben. Wir können dabei einmal davon absehen, ob der Anruf von einer sehr tiefen „inneren Stimme", einer „jenseitigen Anrede" oder einem ins Koma vordringenden Ruf eines Menschen in der Umgebung stammt. Der amerikanische Kardiologe Michael Sabom gibt hierzu in seinem Nahtod-Buch „Light and Death" zu bedenken, dass Ärzte über Fälle berichtet haben, in denen ein „Befehl zu leben" sterbende Patienten vor dem Tod bewahrt hat. Eines der Beispiele stammt von dem Chirurgen Bernie Siegel, der Folgendes erzählt:

„Als ich einmal bei einem stark fettleibigen jungen Mann eine schwierige Unterleibs-Notoperation zu Ende geführt hatte, blieb sein Herz just in dem Augenblick stehen, in dem wir ihn zum Ruheraum fahren wollten. Auf Wiederbelebungsversuche reagierte er nicht. Der Anästhesist hatte schon aufgegeben und ging zur Tür hinaus, als ich laut ins Zimmer rief: ‚Harry, deine Zeit ist nicht gekommen. Kehre zurück!‘ Das Kardiogramm fing sofort an, elektrische Aktivitäten anzuzeigen, und der Mann wurde schliesslich wieder ganz gesund.“[2]

Der Zuspruch verfehlte also seine Wirkung nicht. Hier kam er vom operierenden Arzt und durchstieß die Schranken des Komas. So ist es wahrscheinlich, dass auch im Nahtoderlebnis der Anruf, die Mitteilung *„du musst noch einmal zurück“* den Willen zum (irdischen) Leben entscheidend fördert. Dann aber ist das physische Überleben eng mit dem Nahtodgeschehen verbunden. Die Frage nach einem religiösen Bezug bleibt damit weiter offen und wird uns in späteren Kapiteln noch beschäftigen. Bleiben wir einstweilen bei medizinischen und naturwissenschaftlichen Fragen!

2.3 Die Realität von Außerkörpererlebnissen

In knapp der Hälfte unsrer Nahtod-Berichte tauchte der Baustein „Außerkörpererfahrung“ auf, und wir diskutierten schon kurz die Frage, welcher „Realitätsgrad“ diesem Erlebnis zuzuordnen ist. Kenneth Ring und Sharon Cooper [1997] fanden in den USA eine Anzahl blinder Menschen, die Nahtoderlebnisse hatten und berichteten, wie sie physische Dinge „sehen“ konnten. Die eingehenden Befragungen lassen den Schluss zu, dass die Betroffenen wirklich eine optische Wahrnehmung ohne die Retina des Auges hatten. Ein Bekannter erzählte mir von einem Außerkörpererlebnis unter ganz ungewöhnlichen Umständen, nämlich während eines Marathonlaufes. Er beobachtete sich selbst für einige Zeit während des Laufes von der Seite aus, hatte euphorische Gefühle dabei und „sah“ dann seinen Freund, der etwa zwei Kilometer voraus war, wie dieser einen Krampf in den Beinen erlitt. Der Freund bestätigte das hinterher. Gleichwohl wünschte man sich auch Möglichkeiten, solche Wahrnehmungen „objektiv“ zu kontrollieren. Nun hat Michael Sabom in dem schon genannten Buch ein in mehrfacher Hinsicht spektakulär zu nennendes Beispiel publiziert. Es betrifft eine Hirnoperation, die der Neurochirurg Robert Spetzler in Phönix (Arizona) vorgenommen hat. Um ein grosses Aneurysma an der Hirnstammschlagader von Pam Reynolds entfernen zu können, sah Spetzler nur einen Weg: Das Blut muss für eine Weile vollständig dem Hirn entzogen werden. Normalerweise

würde dann nach etwa drei Minuten der endgültige Hirntod eintreten. Bei einer auf 15 Grad Celsius herabgesetzten Körpertemperatur jedoch lässt sich die Spanne auf eine halbe Stunde ausdehnen.
Der Eingriff erfolgte an einem Augustmorgen in 1991. Ein Team von mehr als 20 Ärzten, Schwestern und Technikern war versammelt. Nachdem Pam in Narkose versetzt war, öffnete Dr. Spetzler Pams Gehirn, wobei er eine „Midas Rex Wirbelwind Knochensäge" benutzte, die mit 73000 Umdrehungen pro Minute arbeitet und ein schrilles Geräusch erzeugt. Mit Hilfe einer Herz-Lungen-Bypass-Maschine wurde das Blut und damit der ganze Körper, insbesondere das Gehirn, auf 15 Grad Celsius abgekühlt. Nun kam die riskanteste Phase der Operation: Die Blutzirkulationsmaschine wurde abgestellt, das Blut dem Körper entnommen „wie Öl einem Auto". Das Herz schlug also nicht mehr, das EEG (Elektro-Enzephalogramm) hatte nur „Nulllinien", und ein Messgerät im Ohr zeigte an, dass die Hirnstammfunktionen aussetzten. Wesentliche Kriterien des Hirntodes waren also erfüllt. Dr. Spetzler entfernte das blasenförmige Aneurysma, verschloss das Gehirn, und das Blut wurde in den Körper zurückgepumpt. Einige Elektroschocks waren nötig, um Pams Herz seinen normalen Rhythmus zu entlocken. Sie erwachte in der Tat wieder zum Leben. Hinterher erzählte Pam, dass sie in der Zeit der Operation ein Nahtoderlebnis hatte. Wir zitieren einige Auszüge:

„...Ich erinnere mich, einzelne Dinge im Operationssaal gesehen zu haben als ich hinabschaute. Ich war so hellwach wie wohl in meinem ganzen Leben nicht... Ich saß, metaphorisch gesprochen, auf Dr. Spetzlers Schulter. Es war nicht wie ein normales Sehen. Es war heller, konzentrierter und klarer als gewöhnliches Sehen... Vieles im Operationssaal konnte ich nicht erkennen, und da waren so viele Leute. Ich dachte, die Art und Weise, wie sie meinen Kopf rasiert hatten, war merkwürdig. Ich erwartete, dass sie das Haar ganz entfernen, aber das taten sie nicht... Das Ding von Säge, dessen Geräusch ich hasste, sah aus wie eine elektrische Zahnbürste, und es enthielt einen Zahn und oben, wo die Säge scheinbar, aber nicht wirklich in den Griff überging, hatte sie eine Nut... Auch hatte die Säge auswechselbare Blätter, aber diese Blätter lagen in etwas, das wie ein Behälter für Schraubenzieher aussah... Ich hörte die Säge aufheulen. Ich sah nicht, wie sie die Säge am Kopf benutzten, aber ich denke ich hörte, wie sie an etwas benutzt wurde. Sie summte mit relativ hohem Ton, und plötzlich hörte man ein *Brrrrrrrrr!*"[3]

Dr. Sabom konnte die Aussagen Pams über die Knochensäge nachprüfen. Er nahm Einsicht in die Operationsprotokolle und unterhielt sich mit Dr. Spetzler selbst über die Operation. Es stellte sich heraus, dass die „Midas Rex Knochensäge" genau beschrieben war. Sabom fügte eine Zeichnung bei, in der die Säge tatsächlich genau wie eine elektrische Zahnbürste aussieht. Auch der Behälter für die Sägeblätter ist wiedergegeben. Man kann annehmen, dass Pam das außergewöhnliche Instrument vorher nicht gesehen hat. Ob das surrende Geräusch ihre tiefe Narkose durchdrang oder ebenfalls „übersinnlich" wahrgenommen wurde, bleibt ungewiss. Wenig wahrscheinlich ist allerdings, dass Pam das Gespräch in gewöhnlichem Sinn mitgehört hat, über das sie weiter berichtet:

„Jemand sagte etwas über meine Venen und Arterien, sie seien sehr klein. Ich glaube, es war eine weibliche Stimme, und zwar die von Dr. Murray, aber ich bin mir nicht sicher. Sie war die Kardiologin. Ich erinnere mich, dass ich darüber nachdachte, ihr das zu sagen… Ich erinnere mich an die Herz-Lungen-Maschine. Ich mochte das Atmungsgerät nicht… Ich erinnere mich an eine Menge von Werkzeugen und Instrumenten, die ich nicht genau erkennen konnte."[4]

Auch diese akustischen und optischen Wahrnehmungen stellten sich als richtig heraus. Man hatte bemerkt, dass die Arterie und die Vene, aus denen das Blut abgeleitet werden sollte, zu klein waren und öffnete weitere Gefäße. Jedenfalls ist die Bestätigung von Wahrnehmungen im Außerkörpererlebnis eindrucksvoll. Geradezu dramatisch wäre es allerdings, wenn sich zeigen liesse, dass die nun folgende Phase von Pams Nahtoderfahrung in der Zeit stattgefunden hat, in der das Blut entfernt war, man in gewisser Weise von einem Zustand des Totseins sprechen konnte. Das ist aber nicht genau feststellbar; das Erlebnis könnte die Zeit vor, während oder nach der beginnenden Entnahme des Blutes oder dessen Wiedereinströmens betreffen:

„Es war ein Gefühl, als ob man gezogen würde, aber nicht wider Willen… Das Gefühl war so, als würde man in einem Aufzug sehr schnell nach oben fahren. Es gab eine Wahrnehmung, aber es war keine körperliche, physische Wahrnehmung. Es war wie in einem Tunnel, und doch war es kein Tunnel. Irgendwo sehr früh in der Tunnelrundung merkte ich, dass meine Grossmutter mich rief. Aber ich hörte sie nicht mit meinen Ohren… Es war ein klareres Hören als mit meinen Ohren. Ich traue diesem Sinn mehr als meinen eigenen Ohren. Ich hatte das Gefühl, sie wollte, dass ich zu ihr komme… Es war ein dunkler Schacht, durch den ich mich bewegte, und am fernen Ende war diese winzig kleine Nadelspitze von Licht, die immer grösser wurde. Das Licht war unglaublich hell, als sässe man mitten in einer Glühbirne. Es war so hell, dass ich meine Hände vors Gesicht hielt, in voller Erwartung, sie zu sehen, was ich nicht konnte. Ich wusste aber, dass sie da waren…“[5]

Pam beobachtet, wie die Personen langsam Gestalt gewinnen, erkennt ihre Grossmutter, ihren Onkel Gene, ihre Urgroßtante Maggie und ihren Grossvater väterlicherseits. Sie kümmerten sich zwar alle um Pam, aber „in Grenzen“:

„Sie erlaubten mir nicht weiterzugehen… Es wurde mir übermittelt (communicated) – das ist die beste Art und Weise, mit der ich es ausdrücken kann, weil sie nicht so sprachen wie ich – mit mir würde im Fall, dass ich ganz in das Licht hineinginge, physisch etwas geschehen… Es wäre so, als wäre ich zu weit gegangen und könnte die Rückverbindung nicht mehr herstellen. Deshalb würden sie mich nirgends hingehen und nichts tun lassen. Ich wollte in das Licht hineingehen, aber ich wollte auch zurückkehren. Ich hatte Kinder aufzuziehen…“[6]

Im letzten Teil ihres Nahtoderlebnisses hatte Pam noch einmal eine Außerkörpererfahrung. Sie deutet auf die Zeit kurz vor dem Aufwachen hin, gibt aber wenig Auskunft über den genauen körperlichen Zustand:

„Meine Grossmutter brachte mich nicht durch den Tunnel zurück oder sandte oder bat mich auch nur zu gehen. Sie schaute nur an mir hinauf. Ich erwartete, mit ihr zu gehen, aber es wurde mir übermittelt, sie würde nicht daran denken, das zu tun. Mein Onkel sagte, er würde es tun. Er ist derjenige, der mich bis ans Ende des Tunnels brachte. Alles war gut. Ich wollte wirklich gehen. Dann aber kam ich an das Ende und sah dieses Ding, meinen Körper. Ich wollte nicht in ihn hinein… Er sah schrecklich aus, wie das Wrack eines Zuges. Ich schaute ihn an wie er war: tot. Ich glaube, er war zugedeckt. Er machte mir Angst und ich wollte nicht hinschauen. Es wurde mir übermittelt, dass es wie in einen swimming pool hineinspringen sei. Kein Problem, springe einfach in den swimming pool. Ich wollte nicht, aber ich denke, es war spät oder so, denn er stiess mich. Ich fühlte, dass ich definitiv zurückgestossen und zugleich vom Körper gezogen wurde. Der Körper zog und der Tunnel drückte... Es war wie das Tauchen in einem Becken von Eiswasser... Es tat weh!"[7]

Mit diesem Beispiel ist der Nachweis, dass in Außerkörpererlebnissen physisch „wahrgenommen" wird, wenn auch in einer noch unbekannten Weise, einen grossen Schritt vorangekommen. Man kann hoffen, dass es weitere kontrollierte Beobachtungen dieser Art geben wird. Auch erinnert das Nahtoderlebnis Pams insgesamt an den Verlauf, den viele der oben berichteten Erfahrungen genommen haben.

2.4 Wann ist ein Mensch tot?

Die Erlebnisse Pams bei der Operation drängen die Frage geradezu auf: Wann ist ein Mensch tot und wie stellt man den Tod fest? Auch von Sabom wird sie im Anschluss an seinen Bericht diskutiert – Pams Beispiel hat seine eigene Meinung darüber verändert. In früheren Jahrhunderten erklärte man einen Menschen für tot, wenn kein Puls mehr zu fühlen war, die Pupillen nicht mehr auf Licht reagierten und ein unter die Nase gehaltener Spiegel sich nicht mehr trübte, also keine noch so schwache Atmung festzustellen war. Es kursierten viele Geschichten von „Scheintoten", die doch wieder erwachten oder „lebendig" begraben wurden. Sie zeigen die Unsicherheit an, mit der man dem Phänomen Tod gegenüberstand. Im 19. Jahrhundert wurde das Stethoskop erfunden, so dass man auch Herzgeräusche überprüfen konnte, und im 20. Jahrhundert folgte das Elektrokardiogramm, das die elektrischen Aktivitäten des Herzes angibt und so einen Herzstillstand viel genauer erfassen kann. Dass diese Hilfsmittel jedoch immer noch nicht ausreichen, um das Lebensende genau bestimmen zu können, zeigte sich vor einigen Jahrzehnten, als man die Herz-Lungen-Wiederbelebung erfand und Menschen „zurückholte", die nach den früheren Kriterien als tot galten. So musste man von vorn anfangen. Aufgrund des inzwischen entwickelten Elektroencephalogramms (EEG) konnte man in einer neuen Definition von „tot" Zuflucht suchen: Wenn die gesamte Hirntätigkeit aufge-

hört hat, ist ein Mensch tot. Festgestellt wird das mit Hilfe des EEG und einem im Ohr angebrachten Gerät, das elektrische Aktivitäten im Hirnstamm anzeigt, sowie durch weitere Untersuchungen.
Nun haben wir jedoch gesehen, dass nach dieser Definition Pam vorübergehend als tot anzusehen war, was aber einen präzisen Begriff von „Tod“ aufhebt. Gibt es überhaupt den medizinischen „Punkt“ des Todes, oder gibt es nur den Todesprozess? Bisher kann die Wissenschaft diese Frage nicht beantworten. Im Licht der Nahtoderfahrungen stellt sich die Frage noch anders. Am Beispiel von Pam wird das besonders deutlich: Bestand das im Außerkörpererlebnis erfahrene „Ich“ die ganze Zeit der Operation über? Anfang und Ende der Operation werden von Pam ausdrücklich beschrieben. Alles wäre klar, hätte sie auch die Entfernung des Aneurysmas „gesehen“. Das war aber nicht der Fall. Trotzdem erscheint die Hypothese vertretbar, dass das außerkörperliche „Ich“ die ganze Zeit über bestand. Die begleitenden Erlebnisse unterstützen diese Sicht: Auf die erste Außerkörpererfahrung folgt der Weg durch den Tunnel ins Licht und zur Begegnung mit verstorbenen Verwandten. Irgendwann kehrt sie, teilweise von ihrem Grossvater begleitet, durch den Tunnel zurück. Warum sollte das Begegnungserlebnis unterbrochen worden sein, auch wenn nur Teile aus ihm in der Erinnerung wiederkehren?
Hier taucht die allgemeine Frage nach dem Ich und nach dem Selbstbewusstsein des Menschen auf. In mehr als 200 Jahren Hirnphysiologie hat man vergeblich nach dem „Sitz“ des Ich im Gehirn gesucht. Wie wird die Ganzheit des Ich erzeugt, das Bewusstsein, ich bin derselbe wie vor einer Minute oder vor einem Jahr? Gibt es eine zentrale Steuerungsinstanz für das Ich und liegt dieses innerhalb oder außerhalb des physischen Körpers? Der Hirnforscher und Nobelpreisträger John C. Eccles sah die zentrale Instanz außerhalb des Körpers – und durch den physischen Tod nicht zerstörbar.[8] Er vertrat damit eine Aussenseitermeinung, die weder bewiesen noch widerlegt werden kann. Die experimentelle Hirnforschung ist trotz vieler Erfolge in Einzelaspekten meilenweit von einer Antwort auf die Frage nach der Gesamtfunktion des Gehirns entfernt, wenn sie mit ihren Begriffen und Methoden nicht ohnehin überfordert ist, diese Frage zu bearbeiten.
Es ist auffällig, wie im Außerkörpererlebnis die Identität des Ich meist sehr klar hervortritt und reflektiert wird, insbesondere die Zusammengehörigkeit mit dem da liegenden Körper, von dem man sich gelöst hat, den man aber als den eigenen erkennt. Das legt nahe, die Wurzeln des

Ichbewusstseins nicht, wie es in der Hirnforschung noch immer geschieht, nur in den physisch messbaren Hirnstrukturen zu suchen. Zum mindesten sind übersinnliche Fähigkeiten mit einzubeziehen (wir kommen darauf zurück). Aber auch das wird vermutlich nicht ausreichen.
„Tod" bedeutet, so gesehen, die endgültige Ablösung des Ich vom physischen Körper, sei es abrupt oder prozesshaft. Pam wurde übermittelt, dass die endgültige Trennung noch nicht geschieht; ihr werden Grenzen gesetzt. Wie kennen das auch aus weiter oben betrachteten Nahtodberichten. Wie die Ablösung wirklich geschieht, wissen wir nicht. Nahtodberichte sind durch die Sprache und das physische Vorstellungsvermögen der „Zurückgekehrten" gefiltert und geben nur Hinweise. Man kann aber von diesen Hinweisen annehmen, dass sie nicht nur das Nahtoderleben betreffen, sondern über den Tod eines jeden Menschen etwas aussagen.
Geradezu schaurig sind die Konsequenzen für eine Anzahl von Menschen in den USA, die sich – unheilbar krank, aber lebend – haben einfrieren lassen, mit der Maßgabe, dass man sie erst dann wieder auftaut, wenn eine aussichtsreiche Behandlung ihrer Krankheit gefunden wurde. (Hier wendet man dasselbe Prinzip des Überlebens an wie bei Pam, nur mittels Vereisung von einer halben Stunde auf unbestimmte Zeit verlängert). Wenn man sie dann wieder belebt – wo war das Ich die ganze Zeit über? Weder konnte es die Grenze zum Tod hin überschreiten noch zurückkehren. Irgendwo verharrte es im Niemandsland zwischen Sein und Nichtsein. Oder blieb es glücklich im Licht, schlummerte vielleicht auch?

2.5 Lassen sich Nahtoderlebnisse durch Drogen erzeugen?

Die Medizin ist in doppelter Weise vor die Fragen der Nahtoderfahrungen gestellt. Die eine ist die nach dem Zusammenhang zwischen Heilung und Nahtodvision. Die andere betrifft die naturwissenschaftliche, insbesondere chemische und hirnbiologische Seite der Nahtoderlebnisse. Ein konkretes Beispiel ist der Vergleich mit Erfahrungen bei der Einnahme „halluzinogener" Drogen, meist Rauschgiften, die Halluzinationen oder „veränderte Bewusstseinszustände" hervorrufen. Betrachten wir zuerst ein besonderes Beispiel. Das Deutsche Ärzteblatt schrieb am 29. Oktober 1999 über die Einnahme von Ketamin in der Drogenszene:

„Hier werden durch Einnahme von Ketamin Nah-Tod-Erfahrungen induziert, das heißt, die Konsumenten versetzen sich in Zustände die dem Sterben nicht unähnlich sein sollen. Beschrieben werden unter anderem folgende Erfahrungsstufen: Lostgelöstsein vom Körper, Gehen durch einen Tunnel, Wahrnehmung einer Lichtquelle, Eintreten in das Licht, Empfinden tiefen Friedens". Und es wird hinzugefügt: „Vernachlässigt werden dabei jedoch die erheblichen Risiken, durch einen ketaminbedingten Atemstillstand den Weg aus dem Hades nicht mehr zurückzufinden".[9]

Was bedeutet das für die Beurteilung von Nahtoderfahrungen? Vordergründig könnte man argumentieren: Derartige Erfahrungen sind Nebeneffekte von Vorgängen im Gehirn, die sich auch durch chemische Reize mit Hilfe von Drogen erzeugen lassen oder sich in bestimmten Situationen durch körpereigene chemische Prozesse von selbst einstellen. – Achtet man indessen auf den letzten Satz im Bericht des Ärzteblattes, dann bietet sich eine andere Deutung an: Diejenigen, die Ketamin einnehmen begeben sich ebenso in die Todeszone wie diejenigen, die einen Suizidversuch unternehmen. Auch ein Verkehrsunfall ist ein äußerer Vorgang, der ein Nahtoderlebnis auslösen kann. Insofern ist die Todesnähe für das Nahtodgeschehen entscheidend, nicht die spezielle Wirkungsweise der Droge. Trotzdem besteht die Frage, welche Rolle die von außen oder von innen in Gang gesetzten chemisch-physiologischen Prozesse in Nahtod-Erlebnissen spielen.
In extremer Form vertritt die englische Psychologin Susan Blackmore die Ansicht, dass Nahtoderlebnisse „weiter nichts" seien als chemisch-hirnphysiologisch erklärbare Vorgänge. Dazu sei hier nur einiges angemerkt[10]: Zum einen gibt es zahlreiche Ungereimtheiten in Blackmores Behauptungen. So ist ihr Versuch, das „Tunnel-Licht-Erlebnis" mit Sauerstoffmangel im Gehirn zu erklären, schon deshalb unzureichend, weil fast die Hälfte der Nahtoderfahrungen nicht wirklich in Todesnähe auftreten. Ähnliche Erlebnisse können sogar bei verstärkter Sauerstoffzufuhr ins Gehirn stimuliert werden. Auch ist der Tunnelausgang nicht immer rund, wie er nach Blackmore sein müsste: Bei Dagmar Eucker (s. 1.7) beispielsweise tritt eine „feuchte, dunkle Wand" an die Stelle des Tunnels und bei Dr. Karl Rosenfeld (s. 1.18) handelte es sich um einen Säulengang. Wichtiger aber ist ein zweites Argument. Dass bei Nahtoderfahrungen wie beim Stresserlebnis eines Langstreckenläufers Endorphine und andere chemische Substanzen ausgeschüttet werden, die zu eupho-

rischen Zuständen beitragen, ist unbestritten, sagt aber so gut wie nichts über das Verstehen von Nahtoderfahrungen aus. Bei den meisten Gefühlserregungen werden entsprechende Substanzen im Gehirn ausgeschüttet. Wir würden aber niemals das Verliebtsein eines Menschen damit erklären, es sei weiter nichts als ein chemischer Hirnprozess.

Das Zitat aus dem Ärzteblatt ist indessen aus ganz anderem Grund von hohem Interesse für unsere weiteren Überlegungen. Wenn eine Verhaltensweise von Lebewesen unter denselben äußeren Bedingungen immer wieder in ähnlicher Form auftritt, dann nehmen wir an, das Verhalten wurde irgendwann im Laufe der Evolution erworben und ist nunmehr genetisch programmiert, also im Erbgut des Menschen festgeschrieben. Zu solchen Verhaltensweisen gehört der Reflex, dass man die Hand zurückzieht, wenn sie einen heissen Gegenstand berührt. Aber auch viel komplexere Fähigkeiten des Menschen sind von dieser Art, etwa die Sprache. Die Sprachzentren im Gehirn und die Stimmbänder im Kehlkopf sind angeboren. Wie N. Chomsky herausgefunden hat, sind sogar bestimmte Grundstrukturen der Grammatik genetisch vorgegeben und daher unabhängig von der gesprochenen Sprache.[11]

So stellt sich die Frage: Sind die Grundbausteine, die Grundfähigkeiten von Nahtoderfahrungen ebenfalls angeboren? Sie wären dann im Laufe der Evolution erworben worden, und wir stehen vor dem interessanten Problem, was für Evolutionsprozesse das gewesen sind. Die „Natürlichkeit" von Bausteinen der Nahtoderlebnisse wie Tunnel-Licht-Erfahrung, Außer-Körper-Erlebnis, Lebenspanorama ist derjenigen von Sprache oder Geist vergleichbar. Sie erklärt aber ebenso wenig die Nahtoderfahrung als lebendiges, je einmaliges Ereignis mit einer bestimmten Bedeutung wie die Fähigkeit zur Sprache den Inhalt und die Bedeutung von Sprache bestimmt. Durch die Einnahme von Ketamin werden Nahtoderlebnisse nicht verursacht, sondern ausgelöst, und das sind zwei verschiedene Dinge.

Nun ist Ketamin ein Extrembeispiel, da es Todesnähe erzeugt. Daneben gibt es viele halluzinogene Drogen, die ungewöhnliche Vorstellungsinhalte hervorrufen. Der Heidelberger Psychiater M. Schröter-Kunhardt hat den Unterschied zwischen solchen Vorstellungen und Nahtoderlebnissen eingehend untersucht; sein Fazit ist folgendes:

„Im Gegensatz zu den vielen subjektiv unterschiedlichen, unkontrollierbaren Nebenwirkungen bei Halluzinogen-Einnahme und den psychopathologischen Symptomen bzw. Folgen der Freisetzung körpereigener ‚Drogen' im Rahmen psychiatrischer Erkrankungen kommt es jedoch beim NDE (= near-death-experience = Nahtoderfahrung) zu einer außerordentlich sinnvollen, ähnlich strukturierten Erlebnisfolge mit weitreichenden heilsamen Folgen ohne Halluzinogen-typische Nebenwirkungen. Auch evozieren die (genannten) Halluzinogene immer nur NDE-Bruchstücke, nie jedoch die typische NDE-Sequenz. Neben den deutlichen phänomenologischen Unterschieden zwischen irgendwelchen psychotischen Halluzinationen und den universell ähnlich strukturierten NDEs zeigt sich somit ein weiteres Mal, dass NDEs eine äußerst selektive, (genetisch) programmierte Aktivierung bestimmter neuronaler Bahnen und Transmitter bedeuten, angesichts deren Komplexität und Effizienz unser diesbezügliches neurophysiologisches Wissen nur stümperhaft genannt werden kann".[12]

Nahtoderfahrungen sind nach Schröter-Kunhardt „Höchstleistungen des menschlichen Gehirns überhaupt". Ihr begleitendes Geschehen im Gehirn „setzt die Aktivierung einer komplexen Struktur hierarchischer neuronaler Verschaltungen voraus, deren Effektivität und Genialität eine biologisch-genetische Basis für diesen Schaltplan implizieren".[13] Aus diesem Schaltplan kann man aber das Nahtod-Geschehen selbst ebenso wenig ablesen wie das Fernsehprogramm aus dem Schaltplan des Fernsehapparates. Ein neuerer Computer mag Bilder in seinem Speicher enthalten, die man „abrufen" und in die Gestaltung von Geburtstagsgrüssen einbauen kann. So werden etwa im „Panorama-Erlebnis" im Gedächtnis gespeicherte Erinnerungsbilder außerordentlich schnell zusammengesetzt. Aber er verursacht nicht solche Bilder. Besonders erstaunlich sind die Leistungen des Gehirns, wenn es um so genannte übersinnliche Wahrnehmungen geht, ohne deren Einbeziehung man Nahtodvisionen nicht verstehen kann. Wir betrachten zunächst diese Phänomene allgemein.

2.6 Der Fernfühler im Gehirn

Zwar gehört es zu unseren Alltagserfahrungen, dass jemand plötzlich „weiß", einem Verwandten oder Freund sei etwas zugestossen. Wir sprechen von „Gedankenübertragung", wenn eine Person, an die wir denken,

kurz später anruft. In der Regel halten wir das jedoch – oft zu Recht – für Zufall. Aber es gibt auffällige „telepathische" Ereignisse, bei denen das Zufallsargument nicht einleuchtet. Als naturwissenschaftlich gebildete Menschen haben wir Schwierigkeiten, sie in unser Weltbild einzuordnen. Zwar zeigt uns die Technik, dass es unerwartete Dinge gibt: Vor zwei Jahrhunderten hätte jemand ungläubig mit dem Kopf geschüttelt, hätte man ihm erzählt, demnächst sei es möglich, dass sich ein Mensch in Europa mit einem Menschen in Australien mittels eines „Fernsprechers" unterhalten könne, und kurz darauf sei es möglich, mit einem „Fernseher" zuzuschauen, was am anderen Ende der Erde passiert. Dass aber ein „Fernfühlen" (Tele-pathie) möglich sei, und zwar ohne technische Hilfsmittel, geht uns heute noch schwer ein. Für die Naturwissenschaften ist es weitgehend ein Tabu, Telepathie und andere „übersinnliche" Wahrnehmungen als real existierend anzunehmen.
Elke K., die weiter oben über ein Nahtoderlebnis ihres verstorbenen Mannes berichtete (*„Keine Schmerzen mehr"*, s. 1.17), erzählt aus eigener Erfahrung das folgende telepathische Erlebnis:

> *„Mein Opa starb im Februar 1993. Nachts um 1 Uhr ging das Telefon nur einmal. Ich wurde wach und dachte ‚Opa'. Dann schlief ich wieder ein. Als meine Mutter mir die Todesnachricht brachte, sagte ich ihr: ‚Er ist um 1 Uhr gestorben'. Meine Mutter erschrak und fragte mich, woher ich das wüsste. Ich erzählte ihr von dem Telefon. Meine Mutter meinte dann, dass Opa sich verabschiedet hätte."*

Ein englischer Biologe, Rupert Sheldrake, hat in 1999 unter dem Titel „Der siebte Sinn der Tiere. Warum Ihre Katze weiß, wann Sie nach Hause kommen, und andere unerklärte Fähigkeiten der Tiere" eine bemerkenswerte Dokumentation herausgebracht, die Telepathie nicht nur zwischen Menschen, sondern vor allem zwischen Menschen und Tieren und unter Tieren behandelt. Zwar ist Sheldrake in wissenschaftlichen Kreisen umstritten, und man kann über viele seiner Anschauungen die Nase rümpfen. So halte ich seinen Begriff des „morphischen Feldes" („Gestaltfeldes"), mit dem er sowohl Telepathie wie Gestaltbildung in der Natur zu erklären versucht, eher für eine Metapher als für einen wissenschaftlichen Begriff. Sheldrake umschreibt damit Unverstandenes bildhaft, in Analogie zum magnetischen Feld, mit dem die Ausrichtung einer Magnetnadel physikalisch begründet wird. Was aber seine Zusammenstel-

lung von Berichten und Experimenten über Telepathie betrifft, so ist sie sauber recherchiert und wissenschaftlich seriös dargeboten. Schliesslich ist Sheldrake Cambridge-Biologe und hat in Cambridge eine Zeit lang als Direktor für Biochemie und Zellbiologie gearbeitet. Wir entnehmen seinem Buch einige interessante Beispiele:
Wenn ein Hund in Erwartung von Frauchen oder Herrchen zu einem Zeitpunkt an die Tür läuft, in dem wir noch nichts von der Ankunft bemerken, so führen wir das gewöhnlich auf das außerordentlich gute Gehör von Hunden zurück. Man hat aber festgestellt, dass manche Hunde schon reagieren, wenn Frauchen oder Herrchen noch etliche Kilometer entfernt, eine akustische Wahrnehmung also unmöglich ist. Sheldrake hat, in Zusammenarbeit mit dem Österreichischen Fernsehen, Experimente angestellt, die Details dieser Fernwahrnehmung verdeutlichen.
In einem Vorort von Manchester wohnt Pamela Smart und hat einen Terriermischling namens Jaytee. Wenn sie zur Arbeit geht, lässt sie Jaytee meistens bei ihren nebenan wohnenden Eltern. Diese beobachteten, wie der Hund stets 45–60 Minuten, ehe Frauchen Pamela nach Hause kam, schon zur Terrassentür lief. Da die Fahrzeit des Autos ebenso lang dauerte, war es also offensichtlich der Augenblick, in dem Pam aufbrach. Man installierte nun eine auf die Terrassentür gerichtete Kamera in der Wohnung von Pamelas Eltern und simultan eine Kamera in Pams Büro, beide mit Langzeitlauf. So konnte man dann im Fernsehen gut die Bilder nebeneinander schalten und jeweils den Augenblick zeigen, in dem Frauchen sich entschloss, nach Hause zu fahren. Jedes Mal erschien gleichzeitig Jaytee an der Terrassentür, wo er sich sonst kaum aufhielt. Um Gewohnheitszeiten auszuschliessen, suchte Sheldrake durch Würfeln Zufallszeiten aus, zu denen er Pamela anrufen liess, sie möge nach Hause kommen. Jaytee reagierte immer auf die Absicht Frauchens loszufahren. Das Signal muss also „von Gehirn zu Gehirn" gelangt sein.[14]
Auch bei anderen Tieren gibt es telepathische Bindungen zu vertrauten Menschen, wenngleich nicht so ausgeprägt wie bei Hunden, etwa bei Katzen, Schafen, Kaninchen oder Papageien. Sheldrake berichtet Folgendes von einem Pferd:

„Herminia Denot wuchs auf einer Ranch in Argentinien auf und lernte reiten, fast bevor sie gehen konnte. Sie war ihrem Pferd Pampero sehr zugetan, musste es aber zurücklassen, als sie aufs Gymnasium in Buenos Aires ging, von wo sie nur in den Ferien zur Ranch der Familie zurückkehrte. Der Gaucho, der sich um ihr Pferd kümmerte, bemerkte, dass Pampero um die Zeit ihrer bevorstehenden Rückkehr ‚verrückt spielte. Wiehernd galoppierte er auf der Koppel herum.' Am Tag vor ihrer Ankunft sei er dann am Gatter stehen geblieben und habe nach Norden in Richtung Bahnhof geschaut. Aber einmal holten ihre Eltern Herminia mit dem Auto nach Hause, und diesmal überraschte Pampero den Gaucho, indem er nach Südosten und nicht nach Norden schaute, wo die Züge fuhren. Im Süden lag nämlich die Straße, auf der sie mit dem Auto nach Hause kam."[15]

Aber auch zwischen Menschen findet man solche Erwartungshaltungen. In Norwegen gibt es ein eigenes Wort dafür, das „vardøger-Phänomen", übersetzt etwa „warnende Seele" oder „Laut, der jemand ankündigt, bevor er selbst eintrifft". Es ist von einem Osloer Wissenschaftler an Dutzenden von Beispielen untersucht worden. Sheldrake beschreibt es so: Jemand hört

„zu Hause eine Person, die zum Haus geht oder fährt, hereinkommt und und ihren Mantel aufhängt. Doch niemand ist da. Etwa 10 bis 30 Minuten später werden erneut ähnliche Laute vernommen, aber diesmal kommt die Person tatsächlich. ‚Die Leute sind dies gewöhnt. Hausfrauen stellen den Wasserkessel auf, wenn sie den vardøger vernehmen, denn sie wissen, dass ihr Mann gleich nach Hause kommen wird'".[16]

Es handelt sich wieder um Telepathie, und wie man herausgefunden hat, genügt wie bei Pam und Jaytee die Absicht, nach Hause zu fahren, um einen vardøger dort auszulösen, auch dann, wenn der Mann es sich danach noch einmal anders überlegt.
Ein junger Europäer berichtet von einem Stamm im südlichen Sudan, mit dem er eine Weile lebte. Als er einmal unterwegs war und zwei Pfeilspitzen einsteckte, die er fand, sprachen ihn nach seiner Rückkehr zwei Stammesangehörige an und baten ihn, die für sie unsichtbaren Pfeilspitzen untersuchen zu dürfen.[17] Es gibt zahllose Beobachtungen ähnlicher Art, und es wäre wirklich merkwürdig, wenn es sich dabei um lauter freie Erfindungen handelte. Man kann annehmen, dass sie ebenso stimmen wie die experimentell nachgewiesene Telepathie bei dem Hund Jaytee. Dass es sich dabei nicht um ein Phänomen der höheren Geistigkeit des Menschen oder um die magischen Kräfte von „Zauberern" handelt, zei-

gen die telepathischen Fähigkeiten von Tieren. Dabei ist für unsere weiteren Überlegungen die Frage interessant, ob nur höhere Säugetiere telepathische Fähigkeiten haben können oder ob deren Entstehung noch tiefer in die Naturgeschichte hinabreicht. In der Tat findet man entsprechende Phänomene schon bei Ameisen und Termiten. Wahrscheinlich sind sie für deren Millionenvölker das entscheidende Kommunikationsmittel. Es scheint, dass die Errichtung der eindrucksvollen Termitenbauten und die Organisation des Lebens darin von der „Zentrale" im Hirn der Königin aus gesteuert wird. Man kann das aus einem – sehr hässlichen – Versuch schliessen: Wird die Königin getötet, ruht augenblicklich die gesamte Arbeit im Termitenbau.
Wie könnte Telepathie, wenn man sie physikalisch betrachtet, zu verstehen sein? In den zwanziger Jahren des 20. Jahrhunderts spekulierte man bereits – vor allem in der Sowjetunion – dass es sich um noch unbekannte elektromagnetische Wellen handle, wurde aber eines besseren belehrt, als sich herausstellte, dass telepathische Signale auch „Faraday-Käfige" durchdringen, also Metallhüllen, die elektromagnetische Strahlen jeder Art abschirmen. Möglicherweise wird hier die moderne Quantenphysik weiterhelfen, die Strahlungen kennt (etwa Neutrinostrahlen), die meterdicke Metallplatten durchdringen. Aber das ist einstweilen Spekulation. Einen naturwissenschaftlichen Denkansatz für die Erklärung von Telepathie haben wir bisher nicht. Das ändert aber nichts an der Tatsache, dass die Existenz von Telepathie einwandfrei nachgewiesen ist.
Eng verwandt mit dem Phänomen Telepathie ist das, was traditionell „Hellsehen" genannt wird. Man kann es als „Sehen ohne die Retina des Auges" kennzeichnen. Der schwedische Philosoph Swedenborg „sah" 1756 von Göteborg aus, wie Stockholm brannte, die Frau des amerikanischen Schriftstellers Upton Sinclair „sah" Handskizzen von Upton, die sie nie zu Gesicht bekommen hatte.[18] Es ist schwer auszumachen, wie stark auch bei Telepathie hellseherische Elemente beteiligt sind. Beispielsweise können die oben genannten Eingeborenen im Sudan die Pfeilspitzen in der Tasche des Europäers „gesehen" oder auch „von Gehirn zu Gehirn" wahrgenommen haben. Zum Schluss seien noch zwei Berichte über telepathische Erlebnisse wiedergegeben, die mir Frau Elfriede Thanisch aus Hamburg zugeschickt hat.

„Im Alter von 18 Jahren, direkt nach dem Krieg, war ich krank. Mein Arzt nannte es ‚innersekretorische Störungen'. Alle Spritzen halfen nicht.

Mit dem Arzt und seiner Familie verband mich auch privat ein gutes Verhältnis. Der Arzt meinte, dass mir Luftveränderung gut tun würde. Er hatte Urlaub auf Norderney gebucht, wovon ich nichts wusste. Genau in dieser Zeit gelang es mir, in Westerland ein Zimmer zu ergattern. Die Reise erfüllte auch wirklich ihren Zweck. Zu Hause angekommen wachte ich in der Nacht auf und s a h meinen Arzt mit zwei Damen in einem Lokal sitzen, in trüber Stimmung, den Kopf geneigt. Die Wirtschaft roch nach kaltem Rauch, die Stühle wurden vom Personal hoch gestellt. Alles war schal. Monate später erfuhr ich von einer Kollegin, dass mein Doktor im Urlaub gleich zwei Frauen im Schlepptau gehabt habe... Und mein Arzt sagte mir, als ich wieder in die Praxis kam, er habe für mich ein Zimmer gefunden und sei jeden Tag zur Fähre gelaufen, um mich abzuholen. Seinen Brief mit der Aufforderung zu kommen hatte er jemand zum Festland mitgegeben zum Einstecken. Der Mann vergass aber den Brief total. Der Arzt wusste nicht, warum ich nicht kam, und ich hatte vorerst vom Ganzen überhaupt keine Ahnung. Dass ich ihn mit zwei Frauen sitzen sah und davon aufwachte, war sicher Gedankenübertragung.“

Wie Elfriede hinzufügt, spielten die Frauen hinsichtlich ihres Aussehens keine Rolle. Sie fasst ihre Vision nicht als hellseherisch, sondern als Telepathie auf, wobei die Anwesenheit zweier Frauen eingeschlossen war. Ein zweites telepathisches Erlebnis hatte Elfriede gemeinsam mit ihrem Mann:

„Mitte der fünfziger Jahre war ich in Santiago/Chile verheiratet, und zwar mit einem eiskalten Intellektuellen, der sich noch nie mit PSI befasst hatte. Mein Mann und ich arbeiteten in der gleichen Firma, die einem Hamburger Kaufmann gehörte. Unser Chef erkrankte und flog wegen einer Operation in unsere Heimatstadt Hamburg. Eines nachts wachten mein Mann und ich auf. Wir waren hellwach, ohne dass es ein störendes Geräusch gegeben hätte. Ich sah auch nach der Uhr. Wie wir später errechnen konnten, war es die Todesstunde unseres Chefs gewesen. Wir denken, er hatte an uns alle gedacht, denn die Firma war sein Lebensinhalt.“

2.7 Die Vorboten erkannt

Hier soll uns nicht beschäftigen, was es mit den vielen Arten, die Zukunft vorauszusagen, auf sich hat: Astrologie, Pendeln, Handlesen, Prophetien und andere. Vielmehr befassen wir uns mit einer Form der außersinnlichen Wahrnehmung, die Zukünftiges betrifft und sich in unmittelbarer Nachbarschaft von Telepathie befindet, aber weit mehr Rätsel aufgibt als diese.

Um diese Nachbarschaft zu präzisieren, greifen wir zuerst wieder auf Beispiele des Sheldrakeschen Buches „Der siebte Sinn der Tiere" zurück, betrachten also das Phänomen zunächst auf seinem naturgeschichtlichen Hintergrund.

Als in 1997 das italienische Assissi und seine Umgebung durch ein schweres Erdbeben verwüstet worden waren, erzählte man sich hinterher, wie sich vor dem Erdbeben Hunde, Katzen und Vögel merkwürdig verhielten und schon eine Woche vorher Ratten in Scharen aus ihren unterirdischen Gängen auf die Erdoberfläche kamen. Waren das nachträgliche Phantasien? Wahrscheinlich nicht, denn ähnliche Ereignisse sind von vielen anderen Erdbeben bekannt. Man hat schon lange darüber debattiert, ob diese Reaktion von Tieren nicht in die Erdbebenvorhersage einbezogen werden soll. Die westlichen Seismologen wehrten das jedoch stets als unwissenschaftlich ab und arbeiteten nur an der Verbesserung ihrer technischen Vorhersagemethoden.

Anders verhielt sich die Volksrepublik China. Schon in den siebziger Jahren hat man mehr als 100 000 Menschen im Rahmen der Erdbebenprognose dafür ausgebildet, auf ungewöhnliches Verhalten von Tieren zu achten. Und in der Tat: Ende 1974 und Anfang 1975 mehrten sich in der Gegend von Haicheng entsprechende Berichte. „Gänse flogen in die Bäume, Hunde bellten wie verrückt, Schweine bissen einander oder unterwühlten die Zäune ihrer Pferche, Hühner weigerten sich, in ihre Ställe zu gehen, Kühe zerrissen ihre Halfter und flüchteten, Ratten tauchten auf und benahmen sich wie trunken..."[19] So beschloss man am 4. Februar, trotz harten Winters die Halbmillionenstadt zu evakuieren. Um 19.36 Uhr desselben Tages kam das grosse Beben (7,3 auf der Richterskala). Es gab nur wenige Opfer. – Seither kann China immer wieder solche Erfolge verbuchen, zuletzt 1997.

Um was für eine Art von Vorahnung mag es sich bei den Tieren handeln? Natürlich bietet sich die Annahme an, dass einem Erdbeben Spannun-

gen in entsprechenden tektonischen Schichten vorausgehen, bei denen es wahrscheinlich Tage oder Wochen vorher „knistert“, ehe es zur Entladung der Spannung kommt. Unsere technischen Messgeräte sind viel zu grob, um die feinen Wellen, die beim „Knistern“ ausgesandt werden, zu registrieren. Um was für eine Art Wellen es sich aber handeln soll, bleibt im Dunkeln. Sind es überhaupt Wellen, die sich im Gestein fortpflanzen? Oder handelt es sich um eine Art von Strahlungen, die das Gestein durchdringen? Eine Ähnlichkeit zum Phänomen des Hellsehens ist zwar vorhanden, da es auch bei diesem um „Nachrichten“ geht, die von einem Objekt in das Gehirn eines Lebewesens geschickt werden. Aber wir wissen nicht, welcher Art das Phänomen wirklich ist. Immerhin besteht eine gewisse Hoffnung, dass es sich eines Tages naturwissenschaftlich aufklären lässt.
Folgende Art von Vorwissen bei Tieren zeigt grosse Nähe zur Telepathie und wird, der Erdbebenvorhersage in China vergleichbar, auch praktisch eingesetzt. Es gibt Hunde, die epileptische Anfälle vorausahnen. Durch geeignete Signale können sie den Betroffenen helfen, sich vor einem Sturz oder einem anderen Unfall beizeiten in Sicherheit zu bringen. Antonia Brown-Griffin aus Kent etwa hat sich eigens wegen ihrer Anfälle einen Rettungshund angeschafft. Sie schreibt:

„Er kann bis zu fünfzig Minuten vorher spüren, dass ich einen Anfall haben werde und tippt mich zweimal mit der Pfote an, was mir Zeit lässt, mich irgendwo in Sicherheit zu bringen. Er kann auch auf einen Knopf an meinem Telefon drücken und bellen, wenn am anderen Ende abgehoben wird, um Hilfe herbeizurufen, und wenn er meint, dass ich einen Anfall haben werde, während ich in der Badewanne bin, zieht er den Stöpsel heraus. Ein Leben ohne ihn kann ich mir einfach nicht mehr vorstellen“.[20]

Verschiedene Organisationen in England und den USA trainieren entsprechend sensible Hunde auf die Warnung vor epileptischen Anfällen und stellen sie als Diensthunde zur Verfügung. Offensichtlich gehen einem epileptischen Anfall vorbereitende Prozesse im Gehirn des Epileptikers voraus, die von dem sensiblen Hund ähnlich wahrgenommen werden wie die Absicht von Frauchen oder Herrchen, nach Hause zu kommen. Dennoch ist erstaunlich, mit welcher Betroffenheit und welchem „Mitgefühl“ die Tiere reagieren. Auch bei Tauben hat man präkognitive

Fähigkeiten festgestellt. In Bochum spielte sich während des zweiten Weltkriegs eine groteske Geschichte ab, die das erläutert. Heinz Peteri wohnte (als Bombenentschärfer) in einem kleinen Zimmer des Polizeigebäudes. Von dort aus beobachtete er, wie regelmäßig etwa eine halbe Stunde vor einem Bombenangriff die Tauben von den Dächern der Umgebung davonflogen. Er nutzte diese Beobachtung, um seine Umgebung vor Bombenangriffen zu warnen – mit der Folge, dass dieses der Gestapo zu Ohren kam und er wegen Spionageverdacht verhaftet wurde.[21] Wie konnten die Tauben von dem bevorstehenden Bombenangriff wissen? Zwar können wir wieder nur spekulieren. Aber es bietet sich in Analogie zu telepathischen Prozessen an, dass die Absicht der Bomberpiloten, auf Bochum zuzufliegen, das Studium entsprechender Landkarten und Funksignale, bei den sensiblen Tauben eine Resonanz gefunden hat.
Noch schwieriger ist die Erklärung von Vorauswissen, bei dem Tiere den Tod eines Menchen vorausahnen, der gesund erscheint und bei dem auch sonst keine Lebensgefahr zu erwarten ist. Wir geben folgendes Beispiel wieder, das Christine Vickery aus Kalifornien erzählt, wo sie 1995 mit ihrem sehr sportlichen und fit aussehenden Mann (52 Jahre alt) lebte:

„Am 1. Dezember kam er wie üblich um 17.30 Uhr nach Hause. Statt loszulaufen, um ihn zu begrüssen, blieben meine Hunde Smokie und Pobsie in ihren Körben in einem anderen Raum. Er rief nach ihnen. Sie rührten sich nicht vom Fleck. Gegen 9 Uhr abends kamen die Hunde ins Wohnzimmer, liessen sich zu Füssen meines Mannes nieder und starrten zu ihm hoch. Mein Mann war verärgert und wollte erfahren, was sie wussten, wovon er keine Ahnung habe, wie er sagte. Dieses seltsame Ritual behielten sie die nächsten fünf Tage bei. Am Abend des 6. Dezember strich Smokie, der ältere Hund, sanft mit der Nase über das Bein meines Mannes. Popsie gab ihm Pfötchen. Am 7. Dezember starb mein Mann um 1.30 Uhr im Schlaf. Ich beneidete meine Hunde. Sie hatten es irgendwie gewusst und ihm Lebewohl gesagt“.[22]

Immerhin ist denkbar, dass sich bei dem Mann medizinische Vorboten seines Todes ankündigten, die er selbst und seine Mitmenschen nicht bemerkten, von den Hunden aber ähnlich wahrgenommen wurden wie heraufziehende epileptische Anfälle. Auch dann ist ihre Reaktion noch bemerkenswert. Insgesamt gesehen scheint Präkognition bei Tieren durchweg wenigstens im Prinzip mit Hilfe von Telepathie – relativ – erklärbar zu sein. Hier aber ist nun ein Unterschied zu Menschen festzustellen. Wenn auch bei diesen teilweise dasselbe gilt, so nicht in allen Fällen. Das wird uns nun beschäftigen.

2.8 Geträumte Zukunft

Wir kommen zu einer letzten Art des Vorauswissens. Es wird vielleicht nie sein Geheimnis einem wissenschaftlichen Verstehen preisgeben, wir wissen es nicht. Jedenfalls ist es mit Telepathie nicht mehr zu erklären. Gemeint sind die Zukunftsvisionen im Traum, „präkognitive Träume". Da wir keinerlei Anhaltspunkte dafür haben, dass es Ähnliches in der Tierwelt gibt, sprechen wir nun, im Unterschied von den vorigen Abschnitten, von einem spezifisch menschlichen Phänomen. Rita Engel aus Gütersloh, der wir auch den Nahtodbericht in 1.11 *(„Nicht ins Leben zurückholen")* verdanken, erzählt aus eigener Erfahrung Folgendes:

> *„Ich träumte eines Nachts, dass ich mit meinem PKW an einem rechts – parallel zur Straße – geparkten LKW vorbei fahre, als plötzlich von rechts – durch den geparkten LKW verdeckt – ein anderer LKW auf meine Fahrbahn rollt und ich im allerletzten Moment ausweichen kann und dadurch verhindere, unter den LKW zu geraten. Am Frühstückstisch erzähle ich von diesem komischen Traum, vergesse ihn dann aber auch bald wieder. Als ich später zur Uni fahre, registriere ich beim Vorüberfahren an einem rechts geparkten LKW, dass mich das sehr an meinen Traum erinnert. Daraufhin nehme ich die Geschwindigkeit zurück und schaue nach rechts, um zu sehen, ob von dort vielleicht ein LKW kommt. Und tatsächlich, wie ich es geträumt hatte, erscheint er plötzlich auf meiner Fahrbahn und ich kann noch früh genug ausweichen. Was wäre passiert, wenn ich nicht vorgewarnt gewesen wäre?"*

Zunächst stellen sich elementare Fragen: Parkt vielleicht öfter ein LKW auf der Strecke, die sie regelmäßig befährt, und schlug sich die Situation, die sie vielleicht immer wieder erlebt hatte, nur im Traum nieder? Dass es an jenem Morgen passierte, hielte sich dann in den normalen Grenzen des Zufalls. – Ich habe Rita Engel darnach befragt; sie hat mir versichert, dass noch nie vorher ein LKW an einer ähnlichen Stelle parkte. Ferner

war es das einzige Mal, dass sie einen derartigen Traum hatte. Auch wollte ich wissen, ob sie mit dem Erlebnis religiöse Vorstellungen der „Bewahrung“ verbindet. Sie hat das verneint, weil sie nicht religiös ist.
Anders verhält es sich da bei Christine de Graat, die wir ebenfalls aus dem ersten Kapitel kennen (*„Ich hatte Ballett so sehr gemocht“*, s. 1.5, *„Seine Lippen waren fleischiger als die eines Westeuropäers“*, s. 1.6). Sie berichtet von einem präkognitiven Traum, der in ein Jesuserlebnis eingebettet war:

> *„Vor zwei Jahren suchte ich eine Gemeinde in München. Jeden Sonntag ging ich in eine andere Kirche, aber das, was ich brauchte, konnte ich nicht finden. Also habe ich, als ich an einem Sonntag nach Hause kam, Jesus gebeten, mir zu helfen. Ich sagte ihm, dass ich ihm näher sein möchte und dass ich mich unter Katholiken vielleicht besser fühlen würde. (Vorher hatte ich nur evangelische Gemeinden besucht.) Und da Jesus Jude ist, habe ich ihm gesagt, dass ich gern mehr über seine Religion, das Judentum, wissen würde. Das nächste Wochenende wollte ich in Paris verbringen.*
> *In der Nacht vom Donnerstag zum Freitag hatte ich einen seltsamen Traum. Im Traum war ich schon im Flugzeug und sass neben dem Gang. Der Platz in der Mitte war frei und am Fenster sass ein Mann, der ganz in Schwarz gekleidet war und weiße Haare hatte. Sein Gesicht konnte ich nur schlecht erkennen. Er erzählte mir, er sei ein katholischer französischer Priester und redete die ganze Zeit über die Religion der Juden, das Judentum. Aber ich verstand nicht gut, was er sagte.*
> *Ich wachte etwas überrascht auf und fuhr zum Flughafen, um das Flugzeug nach Paris zu nehmen. Und dort erwartete mich die echte Überraschung. Denn im Flugzeug war es genau wie im Traum: Ich sass neben dem Gang und ein schwarz gekleideter Mann hatte den Platz am Fenster. Der Sitz zwischen uns war frei. Der Mann begann zu reden. Er sei ein katholischer französischer Priester und er redete fast während des ganzen Flugs über das Judentum. Am Ende gab er mir die Adresse unserer katholischen Gemeinde in München. Und so hatte ich in München eine katholische Gemeinde gefunden, in der man sich auch für das Judentum interessiert.“*

Für Christine de Graat war also der präkognitive Traum Teil einer Gebetserhörung. Aber auch das erklärt nicht, warum es eines solchen Traumes bedurfte. Es hätte einfachere Wege gegeben, zu der betreffenden

Gemeinde in München geführt zu werden. Stand schlicht ein jenseitiger Wille hinter der Flugzeuggeschichte? Bisher sind jedenfalls keine „diesseitigen" Erklärungsmöglichkeiten in Sicht außer Zufall oder Täuschung, und diese sind beide nicht überzeugend. Wie steht es aber dann mit der Erfahrung von Rita Engel? Mancher würde auch bei ihr von einem „Schutzengel" reden, der unabhängig von religiösem Verhalten da ist. „Jenseitige" Erklärungen werfen natürlich neue Fragen auf und führen über die naturwissenschaftliche Betrachtungsweise, die wir in diesem Kapitel verfolgen, hinaus.

Schliesslich dokumentieren wir noch ein präkognitives Visionserlebnis von Bernd A. aus Schleswig-Holstein, dessen Frau Renate wir schon aus einem Nahtodbericht kennen (*„Die Frau stirbt diese Nacht"*, s. 1.14). In dem Erlebnis, von dem Bernd sagt *„Es war kein Traum, es war real"* spielt Renate eine wichtige Rolle. Bernd war zu jener Zeit 24 Jahre alt.

„Zur damaligen Zeit lebte ich bei meinem Vater in Dillingen/Saar. Mit meinem gleichaltrigen Nachbarn Manfred war ich nun seit ca. drei Jahren befreundet. Dass die Mutter von Manfred krank war, wusste ich, Nach ihrem Tod wurde mir gesagt, dass sie Krebs hatte sowie einen zweiten Ausgang. Sie hatte oft ein schmerzverzerrtes Gesicht. Sie war immer sehr freundlich und sah es wohl gerne, dass ich mit ihrem Sohn befreundet war. Ich war in meinem Zimmer im 1. Stock und war am Lesen, Wild West. Mit anspruchsvoller Lektüre hatte ich nichts im Sinn. Wenn mir jemand über unser heutiges Thema etwas berichtet hätte, den hätte ich belächelt, obwohl ich mit sieben Jahren schon mal ein besonderes Erlebnis hatte. Aber das hatte ich vergessen. Beim Lesen meines Romans wurde mir auf einmal schwindlig. Ich sah auf meine Armbanduhr: 12.47 Uhr. Ich hatte das Gefühl, als würde ich mich rechts drehen wie auf einem Karussell. Das Zimmer drehte sich links und wurde immer schneller. Ich erhob mich vom Stuhl und legte mich aufs Bett. Ich drehte mich mit dem Bett nach rechts. Das Zimmer drehte sich nun rasend nach links… Auf einmal war die Mutter meines Freundes Manfred in meinem Zimmer. (Jetzt nahm ich keine Drehbewegung mehr wahr). Mir war sofort klar, sie war tot. Ich hatte menschliche Gefühle wie Angst, nicht begreifend, was da vor sich ging. Ich war mir bewusst, dass ich auf meinem Bett lag. Ich hatte das Gefühl, als sei ich in einer ganz anderen Welt, war aber ganz ich. Sie sagte: ‚Ich will mich von dir verabschieden, was Manfred betrifft'. Was sie über Manfred sagen wollte, be-

kam ich nicht mit. Sie redete ganz ruhig auf mich ein. ‚Hab keine Angst!' Ich dachte eine Frage, sie gab mir Antwort, die ich vom Mund ablesen konnte.
Sie hatte ein weisses Kleid an mit hellblauem Muster, das ab der Hüfte in einem weissen Schweif endete. Sie hatte ein gütiges, liebevolles Gesicht, ohne Schmerzen, wie ich es sonst kannte. Ich wurde auf einmal ganz ruhig, als wenn das alles selbstverständlich wäre. Ich glaubte auf einmal zu wissen, dass sie alles weiß. Ich hatte eine Freundin, die etwas älter war als ich, die ich sehr liebte. Ich fragte: ‚Wann werden wir heiraten?' Antwort: ‚Diese Frau wirst du nicht heiraten.' (Ich glaubte ihr nicht). Frage: ‚Werde ich überhaupt heiraten?' Antwort: ‚Ja'. Frage: ‚Wer ist diese Frau?' Antwort: ‚Darf ich dir nicht sagen'. Dann sagte ich sehr eindringlich: ‚Bitte, sag es mir'. Über ihrer Schulter wurde ein Bild in einem Bilderrahmen sichtbar. Ich sagte erstaunt: ‚Das ist doch meine Freundin!' Sie lächelte, das Bild kam auf mich zu, ich sah nun ganz deutlich ein junges Mädchen, das eine Ähnlichkeit hatte mit meiner Freundin, aber viel jünger war. Ich fing an zu vergleichen und kam mir schäbig vor. Verrat an meiner Freundin, die ich sehr liebte!
Frage: ‚Das soll meine Frau werden?' Keine Antwort, ein gütiges Lächeln mit einem leichten Nicken des Kopfes. Das Bild meiner späteren Frau verschwand vor meinen Augen. Frage: Wann werde ich diese Frau kennen lernen? Antwort: ‚Nach menschlichem Ermessen wird es noch lange dauern'. Frage: ‚Wie alt werde ich?' Antwort: ‚Darf ich dir nicht sagen'. (Ich spürte, die Antwort war endgültig). Ich hatte keine Angst, diese Frage zu stellen. Sie sprach weiter ‚Ich muss nun gehen, man ruft mich. Was Manfred betrifft: Er ist unschuldig.' (Was sie damit sagen wollte, weiß ich nicht). Sie entschwebte nach oben, ich sah ihr nach. Ich sah eine runde, sehr helle Öffnung, sehr weit und dennoch nah. Am Rande dieser Öffnung stand, wie ich vermute, ein Mann, der ihr zuwinkte. Im Hintergrund eine Wiese, ein Bach, ein Baum. Beim Baum hinter dem Bach, wie ich vermute, eine Frau, die mit etwas spielte, ich glaube mit einem Kleinkind. Das Kind sah ich nur sehr undeutlich. Ich sah wieder auf meine Nachbarin. Sie winkte mir zu. Dann glaubte ich zu hören, ob ich mitkommen will? Ich bekam Angst, sperrte meine Gedanken. Nein! Sie entschwand in der hellen Öffnung, vor die sich jetzt etwas wie eine dunkle Wolke schob. Ich sah alles wieder normal. Die Sonne, die schief in mein Zimmer schien, blendete mich etwas. Ich dachte über das Erlebte nach. Da klingelte es an der Haustür, ca. 13.30 Uhr. Mein Vater im Erdge-

schoss öffnete. Ich hörte ihn mit meinem Freund sprechen, der sagte, dass seine Mutter verstorben sei. Später sagte er mir, es war ca. 12.45. Mit der Zeit glaubte ich an Gedankenübertragung zum Zeitpunkt ihres Todes.
Vier Jahre später hat sich meine Freundin von mir getrennt. Meine heutige Frau lernte ich kennen, da war ich 42. Ich hatte sie vorher nie bewusst gesehen. Mit 44, im April, habe ich sie geheiratet. Im Herbst übernachtete ich mit meiner Frau im Gästezimmer meiner Schwiegermutter. Nach dem Frühstück ging ich in das Gästezimmer zurück, um mir Zigaretten zu holen. Beim Rausgehen aus dem Zimmer fiel mein Blick auf ein Bild. Es war das Bild, das ich mit 24 Jahren gesehen hatte. Sogar der Rahmen stimmte... Meine Frau rief nach mir. Ich gab keine Antwort. In meinen Gedanken lief das ganze Geschehen wieder ab. Sie wusste, wohl, wo ich war, kam ins Zimmer und sagte: ‚Warum gibst du keine Antwort? Warum starrst du auf das Bild?' Ich sagte, auf das Bild deutend: ‚Wer ist diese Frau?' Meine Frau lachte und sprach: ‚Erkennst du mich denn nicht, das bin doch ich.' Ich fragte: ‚Wie alt warst du damals?' und erfuhr, ca. 17 bis 18. Als ich ihr alles berichtet hatte, fragte ich sie, ob sie meine Nachbarin gekannt hätte. Ein ganz klares Nein."

Was den präkognitiven Teil des Traumes angeht, in dem Bernd das Bild von Renate sieht, die er 18 Jahre später kennen lernt und heiratet, so stellt sich zunächst die Frage: Gibt es irgendeine Möglichkeit, dieses Ereignis „natürlich" zu verstehen? In der Tat bietet sich eine psychologische Erklärung an: Bernd hat geahnt, dass sein damaliges Verhältnis zu seiner Freundin auseinander gehen und die Tatsache, dass er sie sehr liebte, zu einem langen Warten danach führen würde. Offensichtlich ähnelten sich die Bilder: Dasjenige seiner damaligen Freundin und das nach Bernds eigenen Worten im Traum gesehene, und das Jugendbild Renates konnte ja von ihrem späteren Aussehen nicht allzu sehr abweichen. Dass Bernd nach einer neuen Freundin suchen würde, die seiner ersten ähnlich ist, lag nahe. Kein Wunder, dass das Traumbild mit der neuen Wirklichkeit übereinstimmte! Es war „self-fulfilling prophecy", unbewusste Verwirklichung eines „traumhaften" Wunsches. Bernd wendet gegen diese Erklärung ein: *„Meine Frau, wie ich sie kenne, ist in allem von meiner damaligen Freundin grundverschieden. Es besteht keine Ähnlichkeit"*. Es bleibt zu beachten, dass die Vorhersage im Kontext der visionären Begegnung mit einer sterbenden Frau steht. Auch die Übereinstimmung der Bilderrahmen gibt zu denken, wenngleich sich Bilderrahmen oft ähneln und so

ein Zufall nicht weit hergeholt ist. Letztlich müssen wir jedoch offen lassen, ob es eine psychologische Erklärung gibt.
Über Totenerscheinungen wird viel erzählt und geschrieben – wir greifen in diesem Buch das Thema nicht auf. Erlebte aber Bernd nicht im Traum eine Totenerscheinung, nämlich die seiner Nachbarin? Das kann man in Frage stellen. Bernd vermutete später selbst, dass es sich um „Gedankenübertragung zum Zeitpunkt des Todes" der Nachbarin handelte, wenn er auch zunächst annahm, sie sei tot. Man kann sich denken, dass in Todesnähe eine telepathische Ausstrahlung geschah, die sich auf Bernd „richtete", möglicherweise weil die Nachbarin wusste, wie die Freundschaft mit Bernd ihrem Sohn eine Stütze sein würde.

2.9 Das Übersinnliche in Nahtoderlebnissen

Dass Nahtoderfahrungen von den Betroffenen zumeist ausdrücklich von Träumen unterschieden werden, hat möglicherweise einen biologischen Grund darin, dass es sich teilweise um übersinnliche Phänomene handelt. In ihnen spielen hellseherische, telepathische und gelegentlich präkognitive Anteile eine entscheidende Rolle. Da übersinnliche Erfahrungen jedoch keineswegs von der klassischen Biologie, Hirnphysiologie oder Psychologie als empirisch-naturwissenschaftliche Vorgänge angesehen werden, haben wir sie in den vorigen Abschnitten zuerst einmal an Beispielen dargelegt, die Zweifel an ihrer realen Existenz kaum noch zulassen. Wir haben auch gesehen, dass sie bis ins Tierreich hinabreichen, also von der Natur des Menschen unabhängig betrachtet werden müssen.
Kehren wir nun zu den Nahtoderlebnissen zurück und untersuchen die besondere Erscheinungsform, mit der uns die „übersinnlichen" Phänomene entgegentreten. Hierbei kommt es entscheidend darauf an, wie weit der Begriff „übersinnlich" gefasst wird. Wie wir noch sehen werden, gehen die Meinungsverschiedenheiten hinsichtlich der Interpretation von Nahtoderfahrungen teilweise auf unterschiedliche Auffassungen dessen zurück, was man übersinnlich nennen kann. Ähnlich steht es mit den analogen Begriffen „außersinnlich", „paranormal", „parapsychologisch", die teilweise synonym mit „übersinnlich", teilweise nur ähnlich verwendet werden. Wie schillernd beispielsweise der viel benutzte Begriff „außersinnliche Wahrnehmung (ASW)" ist, zeigt eine Bemerkung im „Lexikon der Psychologie": Der Begriff ASW hat „wahrscheinlich den

Unterschied zwischen der Parapsychologie und den angrenzenden Gebieten der Normalpsychologie zu stark betont. Offensichtlich gibt es auch einen Mangel an positiven Kriterien der ASW-Phänomene, und es scheint berechtigt zu sein, diesen Mangel zum Teil auf den negativen Kern des Begriffes ASW zurückzuführen".[23] Auch weist der entsprechende Artikel mit Recht darauf hin, dass nicht einmal die Sinneswahrnehmungen bisher völlig verstanden sind und so auch nicht gesagt werden kann, was „außersinnliche Wahrnehmung" ist. „Übersinnlich" drückt immerhin sprachlich gesehen weniger eine Abgrenzung aus, sondern weist darauf hin, dass das betrachtete Phänomen über die normale Sinneswahrnehmung hinausreicht. Mit diesen begrifflichen Vorbehalten erläutern wir den übersinnlichen Charakter von Nahtodvisionen anhand von sechs Aspekten:

Erstens ist die Außerkörpererfahrung ein besonders ausgeprägter Bestandteil vieler Nahtoderfahrungen und tritt auch unabhängig von diesen auf. In den Nahtoderfahrungen ist sie oft nicht von Anfang an da, sondern wird durch ein „Verlassen des Körpers" eingeleitet. So sei an Christine de Graat erinnert, die davon spricht, dass sie ihren Körper verliess und dass dieses *„Ausleiben"* etwa eine Sekunde dauerte. Es fühlte sich an *„wie das Ausziehen eines Kleides über den Kopf"* (s. 1.5). Dagmar Eucker *„erhebt sich"* von ihrem hellblauen Sofa (s. 1.7), Stefanie Erl schreibt von zwei Lichtwesen, die sie *„mit einer sanften und lieben Art aus meinem Körper geholt haben"* (s. 1.10), und Helga S. spürt einen Sog, ein *„Abheben"* (s. 1.21).

Das wirft die Frage auf, ob hier eine neue Leiblichkeit erfahren wird, die auch nach dem Tod bestehen bleiben wird. Wir kommen auf diese Frage zurück. Bleiben wir hier bei dem Erleben selbst: Es ist so etwas wie eine „Seele", als die sich ein Betroffener fühlt, aber in einem Sinn, der sich deutlich von der platonischen Seelenvorstellung unterscheidet. Die Seele fliegt nicht aus ihrem Kerker des Leibes davon, in dem sie gefangen war und mit dem sie jetzt nichts mehr zu tun hat. Die neue Leiblichkeit ist vielmehr mit einem vollen Identitätsbewusstsein verbunden: *„Da unten, das bin ich"*. Christine de Graat fügt hinzu: *„Es tut da unten weh"* und erläutert, wie sie nur über gedankliche Rekonstruktion die Schmerzen in ihrem blutverschmierten Körper nacherleben kann. (s. 1.5) Immerhin ist es ihr möglich, sich in dieser Weise mit sich selbst zu identifizieren. In ihrem Bewusstsein ist ihr „irdisches" Leben gegenwärtig.

Welche Beziehung hat nun das „Sehen" im Außerkörpererlebnis zum

Hellsehen? Beim Hellsehen von Swedenborg oder Craig Sinclair handelt es sich um ein „Sehen", in dem die „irdische" Person etwas wahrnimmt. Im Außerkörpererlebnis erkennt aber nur das abgelöste Ich etwas, oft den eigenen Körper und dessen Umgebung. Dieser Unterschied wird dadurch relativiert, dass beispielsweise Craig Sinclair, bevor sie die von Upton angefertigten Handskizzen, ohne sie gesehen zu haben, nachzeichnete, sich entspannte und durch meditative Übungen in einen besonderen Bewusstseinszustand versetzte.[24] Von anderen Hellsehern weiß man Ähnliches, und auch Mystiker beherrschen die Klaviatur mystischer „Versenkung". Craigs Zeichnungen und dem Sehen im Außerkörpererlebnis ist gemeinsam, dass sie sich auf Dinge beziehen, reale Figuren im einen Fall, den realen eigenen Körper im andern Fall. Dass es sich im letzteren Fall wirklich um eine Wahrnehmung objektiver Gegebenheiten handelt, ist durch die Beobachtung, dass von Geburt an blinde Menschen im Nahtoderlebnis sehen können, einwandfrei belegt. Man kann dann auch dem Glauben schenken, was etwa Günter Düthorn (*„Wie Wachs im heißen Wüstensand"*, s. 1.3) von den Autokennzeichen erzählt, die er in einer Außerkörpererfahrung wahrnahm und hinterher nachprüfte, oder was Lieselotte D. (*„In meiner Lichthülle über dem Kleiderschrank"*, s. 1.8) über ihre ungehörte Antwort auf Mamis Rufen berichtet.

Es wird sich herausstellen müssen, ob eine quantenphysikalisch erweiterte Neurobiologie wenigstens in Ansätzen ein naturwissenschaftliches Modell für Hellsehen im Allgemeinen und Außerkörpererlebnisse im Besonderen finden wird. Als empirische Gegebenheiten sind beide kaum zu bestreiten.

Z w e i t e n s geht vielfach das außerkörperliche Sehen unmittelbar in die Tunnel- und Lichtvision über. Das losgelöste Ich erkennt aber dann nicht mehr Dinge der physikalischen Welt, sondern visionäres Licht, das außerordentlich hell leuchtet ohne zu blenden, exotische Landschaften, unbekannte Farben und schließlich Lichtgestalten oder bereits verstorbene vertraute Menschen. Man kann also annehmen, dass das außerkörperliche Sehen seinen Gegenstand zu wechseln vermag, von den irdisch-realen hinüber zu anderen, über das Alltagsleben hinausreichenden.

Bei Dagmar Eucker (s. 1.7) geschieht der Wechsel mittels einer dunklen Wand, durch die sie hindurchschwebt. Günter Düthorn (s. 1.2) beobachtet zunächst von oben, was nach seinem Fahrradunfall um ihn herum und mit ihm geschieht, um dann durch einen dunklen Tunnel dem Licht zuzuschweben. Man könnte also im „Tunnelerlebnis" (das Schweben durch eine dunkle Wand eingeschlossen) allgemein den Übergang zwischen beiden Gegenstandsbereichen sehen. Auch das ist jedoch zu relativieren. Stefanie Erl (s. 1.10) erkennt auch zuerst ihren Körper von oben und wird dann in einen Tunnel geführt, sieht sich aber von Anfang an von zwei „Lichtwesen" begleitet, die nicht der materiellen Welt zuzurechnen sind. Wir können also nicht ganz streng das „Sehen" von Realem und von Visionärem voneinander trennen. Das ist insofern nicht ungewöhnlich, als wir eine ähnliche Mischung aus dem Übergang vom Traum zum wachen Leben oder aus Tagträumen kennen.

Drittens finden wir in der Begegnung mit Lichtgestalten und den verstorbenen Verwandten oder Freunden eine Art der Telepathie, allerdings mit starken Besonderheiten. Wenn wir sonst von Telepathie reden, befinden sich die „Gesprächspartner" stets in Distanz zueinander. Hier ist das aber nicht der Fall. Entweder spielt sich ein „Miteinander-Reden ohne Worte" ab, also Kommunikation mit dem Gegenüber, das nicht nur durch Mimik und Gestik Gefühle überträgt, sondern auch Informationen vermittelt, die sonst der Worte bedürften. Günter Düthorn nennt es einen *„Gedankenaustausch ohne Worte"* (s. 1.2).

Oder aber „verbale" Mitteilungen werden übertragen („du musst noch einmal zurück"). Doch auch dann können wir nicht von einem akustischen Vorgang sprechen. Das ist uns zwar aus Träumen vertraut. In den Nahtoderfahrungen aber haben wir es mit Begegnungen zu tun, die für das spätere Leben (oder überhaupt die Rückkehr ins Leben) außerordentlich bedeutsam sind und somit Traumerlebnisse überragen. Geht man zudem davon aus, dass die übersinnlich erlebten Gestalten mehr als traumartige Bilder aus dem Unbewussten sind, dann haben wir es wieder mit einer übersinnlichen Gedankenübermittlung zu tun, deren Natur uns ebenso unbekannt ist wie diejenige des Sehens ohne die Retina des Auges.

Der Unterschied zwischen dem „Gedankenaustausch ohne Worte" und dem übersinnlichen „verbalen" Austausch ist nicht gravierend; man weiß aus vielen Berichten, dass er fliessend ist.

Die „Gesprächspartner" sind nur das losgelöste Ich und die Lichtgestalten oder verstorbene Personen. Eine Verständigung mit Lebenden stösst ausdrücklich auf Hindernisse: In dem von Rita Engel berichteten Erlebnis (s. 1.11) sieht der Betroffene zwar im Außerkörpererlebnis, was die Ärzte mit ihm tun, kann sich ihnen aber nicht verständlich machen. Bei Lieselotte D. (s. 1.8) hatten wir Ähnliches festgestellt.

Man kann natürlich fragen, ob die Verständigung auf einer „abgehobenen Ebene“ noch Telepathie genannt werden kann. Das ist eine Frage der Bezeichnung. Es handelt sich jedenfalls um Kommunikation, und die ist ein zentrales Kennzeichen für Telepathie. Insofern besteht eine Ähnlichkeit.

Viertens sei die außerordentliche Gedächtnisleistung hervorgehoben, die im so genannten Panorama oder Lebensfilm zutage tritt. Damit ist jene Phase in manchen Nahtoderlebnissen gemeint, in der die Betroffenen viele Stationen ihres Lebens wie in einem Zeitrafferfilm ablaufen sehen oder auch gleichzeitig, panoramahaft wahrnehmen. In unseren Beispielen sind nur zwei solche Erlebnisse erwähnt, nämlich von Günter Düthorn (s. 1.1 und 1.2). Er sieht Ereignisse seines Lebens in so dichter Bildfolge, dass das einzelne Ereignis wie eine „Standaufnahme“ erscheint. In einem hier nicht aufgeführten Bericht schrieb mir Inge Drees aus dem Rheinland über ihre Nahtoderfahrung und den folgenden Ablauf innerhalb ihrer Lichtvision: „Während ich auf das ‚Licht‘ zuschwebte… erlebte ich mein Leben völlig neu, in lauter bewegten Bildern. Es war aber nicht wie im Film, sondern alles geschah gleichzeitig…“.[25] Nun ist objektiv schwer abzuschätzen, wie lange ein subjektiv wahrgenommener Lebensfilm wirklich gedauert hat. Einen Anhaltspunkt liefert das, was ein Bergsteiger (Hias Rebitsch) in einer Bergsteigerzeitschrift publiziert hat. Rebitsch überlebte einen Absturz, der nur wenige Sekunden gedauert haben kann:

Von drei Sicherungshaken löste sich der erste und Hias stürzte rücklings ab. „Noch erfasse ich voll“, schreibt er,

„nehme die Vorgänge um mich her noch bewusst auf: ein kurzer Bremsruck. Ich registriere: Der erste Haken ist gegangen. Der Zweite. Ich schlage an den Fels, schleife an ihm entlang hinab, will mich noch wehren, an ihm verkrallen. Aber unaufhaltsam schleudert mich eine wilde Gewalt weiter hinab. Verloren. Aus. Doch jetzt fühle ich keine Angst mehr. Die Todesfurcht weicht. Alles Gefühl, jede Wahrnehmung ist ausgelöscht. Nur mehr Leere, völlige Ergebenheit in mir und Nacht um mich her. Ich stürze auch nicht mehr. Ich sinke sanft auf einer Wolke durch den Raum, ergeben, erlöst. Habe ich das Tor zum Schattenreich schon durchschritten? In die Finsternis kommt plötzlich Licht und Bewegung. Verschwommene Gestalten lösen sich aus mir heraus, werden immer klarer. Auf einer Leinwand in mir leuchtet ein Film auf: Ich sehe mich in ihm wieder, wie ich, erst drei Jahre alt, zum Krämer nebenan tippele. In der Hand halte ich den Kreuzer fest umschlossen, den mir meine Mutter gegeben hatte, damit ich mir ein paar Zuckerl kaufe. Dann sehe ich mich als Kind, sehe mich, wie ich mit dem rechten Bein unter eine stürzende Bretterlage gerate. Der Grossvater müht sich ab, die Bretter hochzuheben. Mutter kühlt und streichelt den gequetschten Fuß... Immer mehr Bilder aus meinem Leben flimmern auf, werden durcheinander geschüttelt... Das Filmband ist gerissen. Lichterschlangen fahren wie Blitze durch den leeren, schwarzen Hintergrund, Feuerkreise, sprühende Funken, flackernde Irrlichter... Wieder stehe ich vor mir selber. Ich kann mich physisch nicht in dieser Gestalt erkennen, aber ich weiß, ich bin es... Plötzlich ein Ruf aus weiter Ferne: Hias! Und wieder: Hias! Hias! Ein Anruf aus meinem Innern?... Auf einmal übersonnter Fels und Licht und Ruhe vor meinen Augen. Sie haben sich geöffnet. Das Fenster der Vergangenheit war aufgestossen worden. Jetzt ist es wieder verschlossen. Und noch einmal der angstvolle Schrei. Er kommt aus dieser Welt, von oben... Erst jetzt kommt mir zu Bewusstsein: Ich habe gerade einen Sturz überstanden, bin von langer Reise rückwärts durch mein Leben, aus einem früheren Dasein zurückgekehrt, bin wieder in meine Haut hineingeschlüpft. Am Seil arbeite ich mich die zwanzig Meter hinauf... Der letzte Haken hatte gehalten."[26]

Man kann annehmen, dass in dem Augenblick das Filmband gerissen ist und „Feuerkreise, sprühende Funken" auftauchten, als sich das Seil straffte und ein starker Ruck durch Hias' Körper ging. Dann ist der Lebensfilm während des Fallens abgelaufen. Bei einer Fallhöhe von 20 Metern ergibt das nach dem Fallgesetz (Länge des Fallweges gleich halbe Erdbeschleunigung mal Quadrat der Fallzeit) eine „Laufzeit" des Filmes von etwa zwei Sekunden. In diesem Tempo kann man einen gewöhnlichen Kinofilm mit den genannten Ereignissen nicht wahrnehmen. Folglich handelt es sich um einen außergewöhnlichen Vorgang, den wir „übersinnlich" nennen können. Das wird auch durch die Art des Erlebens unterstützt: „Ich sinke wie auf einer Wolke durch den Raum", ein Zustand, der auf ein Nahtoderlebnis hinweist. Dabei ist zu bedenken, dass sich Hias objektiv gesehen nicht in Todesnähe befunden hat und auch nicht schwer verletzt war: Er konnte sich ja noch selbst wieder am Seil emporarbeiten.

F ü n f t e n s finden sich auch präkognitive Visionen in Nahtoderfah-

rungen. Sie sind zwar selten, dann aber bemerkenswert. In unseren Dokumenten haben wir ein Beispiel. Stefanie Erl (s. 1.10.) erblickt am Ende des Tunnels zugleich mit dem Licht ihre Großeltern väterlicherseits. *„So im Vorbeigehen sagten sie mir, dass sie nicht mich, sondern ihre Tochter abholen wollten…“* Die Tante Stefanies ist dann tatsächlich zwei Tage später gestorben.
Man kann allerhand Vermutungen anstellen, wie diese Vision zustandegekommen ist, etwa die folgende: Die Schwester von Stefanies Vater trug den Todeskeim schon in sich und übertrug ihre Todesahnung telepathisch auf Stephanie. Dies schlug sich in Stefanies Nahtoderlebnis nieder. – Die Präkognition wäre dann wenigstens auf die uns relativ besser verständliche Telepathie zurückgeführt. Aber das ist reine Spekulation. Wir müssen offen lassen, wie die Botschaft der Großeltern zustandegekommen ist. Wie in vorausgehenden Beispielen stellt sich uns immer wieder die Frage, ob die Begegnung mit verstorbenen Verwandten in der Nahtodvision mehr darstellt als Bilder, die aus dem eigenen Unbewussten stammen.
Sechstens geben die Spuren, die Nahtodvisionen meistens im Leben der Betroffenen hinterlassen, zu denken. Die Spuren selbst sind nicht übersinnlich, aber sie verraten ihren übersinnlichen Ursprung. Zwar hinterlassen auch andere Erlebnisse oft nachhaltige Wirkungen, etwa eine schwere Krankheit, spontanes Verlieben, ein Theaterbesuch oder ein intensiver Traum. Aber die Folgen der Nahtoderfahrungen sind intensiver, nachhaltiger und verblassen weniger leicht. Oft dringt eine neue Botschaft ins Leben ein, die Maßstäbe und Lebensweise verändert und auch Anschauungen neu prägt, wie etwa die über das Leben nach dem Tod oder den Sinn des Lebens. Dabei ist ein Paradox festzustellen. Auf der einen Seite wird die Rückkehr aus dem ekstatischen Glücklichsein ins „normale“ Leben als Ausgestoßenwerden erlebt und betrauert oder gar aggressiv beantwortet wie etwa im Beispiel von Dr. Karl Rosenfeld (s. 1.18), der seine Retter beschimpfte und sich ertränken wollte. Auf der anderen Seite finden viele Betroffene ein neues, positives Verhältnis zum Leben, nehmen neue Aufgaben wahr und strahlen Zufriedenheit aus.
Eine allgemeinere Bemerkung sei angefügt. Wir haben einen Bericht von Christoph Wohlgemuth aus Landshut (*„Mein Leben hat sich sehr verändert“*, s. 1.25) als Nahtoderlebnis aufgenommen, obwohl er keines der Phänomene Außerkörpererfahrung, Tunnel, Lichtvision, Lebensfilm enthält, sondern nur eine Veränderung seines Lebens nach einem Koma, die derjenigen vergleichbar ist, wie sie viele Menschen als Folge von Nahtod-

erlebnissen erzählen. Wir stützen uns also nur auf die „Spuren", wenn wir auf ein Nahtoderlebnis schliessen. Nun gibt es aber auch andere Wandlungen im Leben vieler Menschen, die weder auf eine Koma-Erfahrung noch auf ein anderes Augenblickserlebnis zurückgehen, sondern auf eine in die Tiefe gehende Besinnung, sei es durch intensive Meditation oder als Gotteserlebnis im Gefolge christlicher Verkündigung. Auch wenn wir hierbei nicht auf ein Nahtoderlebnis zurückschließen, so besteht doch eine Parallele. Diese zeigt vor allem, dass Fragen nach den letzten Dingen nicht nur durch Nahtodvisionen aufbrechen, sondern in vielfältiger Weise. Nahtoderfahrungen zeichnen sich dadurch aus, dass sie uns – sofern sie die Betroffenen nicht für sich behalten – Einblicke in Einzelheiten des inneren Geschehens in den Grenzbereichen unseres Lebens vermitteln.

2.10 Die Evolution der Nahtodvisionen

Wir haben weiter oben festgestellt, dass die Grundbestandteile oder „Bausteine" von Nahtoderfahrungen angeboren, also im genetischen Code des Menschen programmiert sind, ebenso wie die Sprachfähigkeit, das Sehvermögen oder das Bewusstsein. Für die Biologie stellt sich dann die Frage, wie solche Bausteine übersinnlicher Prozesse in der Evolution, dem Werden von Natur über viele Jahrmillionen hinweg, entstanden sind.
Gewöhnlich konkretisiert man diese Frage so: Welchen Überlebensvorteil bot die zu untersuchende Eigenschaft, so dass ihre Träger bei der Fortpflanzung begünstigt waren und die Eigenschaft fester Bestandteil des Erbgutes wurde? Zur Erläuterung zieht man gern den langen Hals der Giraffen heran: Diejenigen Giraffen, die zufällig einen etwas längeren Hals besassen, konnten in Wüstengegenden mit wenig Bäumen höher hinauflangen und noch Blätter fressen, wo die kleineren Artgenossen schon hungern mussten. Das führte zu einer „Auslese" der Giraffen mit längerem Hals.
Mit diesem Ausleseprinzip kann man in der Tat für eine große Fülle von Eigenschaften der Lebewesen erklären, wie sie zustandegekommen sind. Das führte zu der Hypothese, dass die gesamte Naturentwicklung mit dem Ausleseprinzip erklärbar sei, also auch die Entstehung von Leben, Geist und Bewusstsein. Hier sind zunächst einige kritische Anmerkungen vonnöten.

Was bei Diskussionen zum Thema Evolution oft übersehen wird, sind die Bedingungen, unter denen Evolution geschieht. Ehe ein Giraffe bei der Geburt zufällig mit einem verlängerten Hals ausgestattet werden kann, muss es den Geburtsvorgang schon geben, und ehe die Blätter von einem Baum gefressen werden, muss der Baum schon da sein. Wollte man zu einer vollständigen Erklärung der Natur als Evolutionsprozess gelangen, müsste man jeweils die vorausgesetzten Bedingungen wieder mit Zufall und Auslese begründen. Das führt jedoch an Grenzen. Die raffinierte Statik des Knochenbaus beispielsweise wird man vielleicht hinsichtlich ihrer schrittweisen Verbesserung erklären können, kaum aber, wie die Idee dazu entstanden ist und wo die ausgefallenen Materialien herkommen, mit der sie verwirklicht wird. Ähnlich kann man fragen: Wie kommt die Befestigung von Muskeln an Knochen zustande? Woher haben die Nervenfasern den chemisch kompliziert gebauten Isolierstoff Myelin her, ohne den sie nicht funktionierten? Wer hat das Zusammenwirken von Adenin, Thymin, Cytosin und Guanin – chemisch komplexen Verbindungen – als „Buchstaben“ der „Schrift“ in den Genen unseres Erbguts ausprobiert, und wer hat diese Stoffe zur Verfügung gestellt? Man gerät schnell ins Absurde, will man jede dieser Detailfragen mit dem Ausleseprinzip beantworten. Die Anzahl der Fragen ginge in die Millionen und schon eine quantitative Abschätzung käme zu dem Schluss, dass eine Erdgeschichte von einigen Milliarden Jahren nicht ausreichte, mit Hilfe von materiellen Zufallsprozessen und Auswahl überlebensgünstiger Stoffe und Strukturen die Menschwerdung zu begründen. Es bleibt großer Erklärungsbedarf. Die Hypothese einer vollständigen Erklärung der Natur als Evolutionsvorgang hat keinen festen Boden unter den Füßen.

Man kann noch etwas stärker philosophisch argumentieren. Der Frankfurter Naturphilosoph Hans-Dieter Mutschler hat herausgearbeitet, wie die Naturwissenschaft seit Galilei keineswegs die vom altgriechischen Philosophen Aristoteles eingeführten vier Ursachen „materielle Ursache“, „Wirkursache“, „Formursache“ und „Zweckursache“ für eine Naturerklärung völlig überflüssig gemacht hat, auch wenn wir über die einzelnen Naturvorstellungen des Aristoteles nur lächeln können und keiner Erneuerung mittelalterlicher „Scholastik“ (die auf Aristoteles gründet) das Wort reden wollen. Zwar ist nur die Wirkursache, das Kausalprinzip Fundament der naturwissenschaftlichen Methodik. Naturgesetze ruhen auf diesem Fundament. „Zielgerichtetheit“, Finalität, also Zweckgerich-

tetheit gehören nicht zum Vokabular eines kritischen Naturforschers. Die Frage ist nur, ob man die Natur mit der naturwissenschaftlichen Methodik vollständig erklären kann. Mutschler argumentiert etwa so: Im Bereich der Technik verwenden wir mit Selbstverständlichkeit, wenngleich unausgesprochen, die vier Ursachen des Aristoteles. Wird ein Haus gebaut, dann muss der Zweck klar sein: Soll es ein Wohnhaus, eine Fabrik, ein Schulhaus oder eine Feuerwache werden? Die „Zweckursache" steht also am Anfang. Diese wird umgesetzt in eine Vorstellung von der Gestalt, der Form des Hauses. Das ist die „Formursache". Für ihre Ausführung bedarf es eines Bauplans, also der „Wirkursache". Das Haus bleibt dann immer noch ein Hirngespinst, sofern nicht das nötige Material beschafft werden kann, also die „materielle Ursache" realisiert ist.[27]
In den Naturwissenschaften, insbesondere in der Evolutionsbiologie sind wir nur mit den Wirkursachen, mit den Verfahren beschäftigt, wie aus weniger komplexen Gebilden komplexere entstehen. Dabei werden technische Vorstellungen auf die Natur übertragen, und das ist auch in Ordnung so. Will man aber die Gesamtgestalt oder gar den Sinn von Natur erfassen, ist man veranlasst, auch die drei anderen Ursachen von der technischen Welt auf die Natur zu übertragen. Wer nimmt dann aber die Stelle des Bauherrn oder Architekten ein? Er müsste sich jenseits der Natur befinden, damit die Analogie gewahrt bleibt. Niemand verlangt von einem Biologen, dass er die Natur insgesamt erklärt. Versucht dieser es dennoch, so hat er sich den aristotelischen Fragen zu stellen. Oft geschieht das mit vagen, schwammigen Aussagen wie „die Natur gibt sich selbst ihren Sinn", die nun wahrlich nicht mehr naturwissenschaftlich sind. Die biologische Evolutionstheorie kann immer nur Teilaspekte der Lebens-und Gestaltentstehung beschreiben. Was letztlich zum Selbstbewusstsein des Menschen geführt hat und was unter „Geist" wirklich zu verstehen ist, vermag die Evolutionstheorie nicht zu sagen.
Hinzu kommt, dass wir übersinnliche Phänomene einbeziehen müssen, mit denen sich die Evolutionsbiologie bislang überhaupt nicht beschäftigt hat. Da, wie wir gesehen haben, die Bausteine der Nahtoderfahrungen übersinnlichen Charakter haben und zugleich im Erbgut programmiert sind, steht die Frage einer Evolution von übersinnlichen Phänomenen für naturwissenschaftliche Untersuchungen an. Dabei ist Folgendes zu beachten. Gewöhnlich redet man – auch bei Kontroversen zur Gentechnologie – meist nur von der Schrift, mit der Erbanlagen im Genom „aufgeschrieben" sind, und zwar in einem Vierbuchstabenalphabet mit

den oben genannten vier Buchstaben. Indessen steckt noch ungeahnt reiche Information in der Art und Weise, wie die „Perlenschnur" mit den aufgereihten Buchstaben gefaltet ist. Würde man die „Perlenschnur" eines menschlichen Genoms auseinander ziehen und straffen, hätte sie eine Länge von mehreren Metern. Die Art und Weise aber, wie sie in einer kleinen – mit dem bloßen Auge nicht zu erkennenden – Zelle „zusammengeknüllt ist", unterliegt nicht dem Zufall, sondern ist planmäßig und enthält eine weitere Information. (Die genetische Manipulation, die nur die Reihenfolge der Buchstaben beachtet, kann deshalb unvorhergesehene Folgen haben). Es ist denkbar, dass diese Information gerade bei den „feineren" Prozessen, etwa geistigen und übersinnlichen, eine besonders starke Rolle spielt. Man weiß so gut wie nichts darüber. Offen ist auch, wie die bei Hellsehen und Telepathie beobachteten Prozesse, die über den Körper weit hinausreichen, „gespeichert" sind. Vermutlich sind sehr komplexe Quantenprozesse mit im Spiel. Schliesslich stellt sich die Frage nach dem „ablösbaren Ich", das uns in der Außerkörpererfahrung begegnet und als wahrnehmendes Gegenüber nicht nur psychologischer Art ist. Nachdem man zweihundert Jahre lang vergebens versucht hat, das „Ich" im Gehirn zu lokalisieren, erhält die Suche nach dem „Ich" in Verbindung mit dem „ablösbaren Ich" eine neue Qualität. Ob diese nur mit Hilfe des Dualismus bearbeitet werden kann, wie ihn der Hirnforscher und Nobelpreisträger John C. Eccles vorgeschlagen hat, wird eine noch zu führende Diskussion zeigen müssen.[28]

Kehren wir zurück zur Frage, ob es im Rahmen der „klassischen" Evolutionstheorie überhaupt Ansatzpunkte für die Entstehung von Telepathie, Hellsehen oder einen der Bausteine von Nahtoderlebnissen gibt. Das kann man durchaus bejahen, wenn auch nur in sehr begrenztem Umfang und eher beschreibend als erklärend. Telepathie, so hatten wir gesehen, ist eine Form der Kommunikation. Folgen wir der Vermutung von Sigmund Freud, dass sie bei der Organisation und Lenkung von Insektenstaaten eine Rolle spielt[29], insbesondere bei den blinden Termiten, dann beinhaltet ihre Verstärkung evolutionsgeschichtlich gesehen Überlebensvorteile, die sich im Erbprogramm niedergeschlagen haben. Auch bei Zugvögeln hat sich möglicherweise telepathische Kommunikation – neben der Orientierung am Magnetfeld der Erde und an Sternkonstellationen – durch Selektion entwickelt. Und schliesslich kann bei Säugetieren und Vögeln die telepathische Verbindung zwischen Muttertier und Jungem in der Phase vor einer Ausbildung der Stimmbänder entscheidend

für das Überleben gewesen sein. Was später Pieptöne oder Warnlaute leisteten, geschah dann vorher – und geschieht unbemerkt vielleicht teilweise heute noch – auf telepathischem oder hellseherischem Weg.
Indessen wird die klassische Evolutionstheorie nicht ausreichen, um die Bedeutung der Nahtodbausteine im Umfeld des Todes aufzuklären. Evolutionsbiologisch hat man keine Anhaltspunkte für ein „Sterbeprogramm" im genetischen Code. Es kommt zu einem Zerfall, der genetisch nicht aufgehalten wird. (In der Gentechnologie gibt es Spekulationen, dass man das Lebensalter von Menschen erhöhen kann, indem man einen entsprechenden Programmteil einfügt). Bei den Nahtoderfahrungen wird jedoch sichtbar, dass sich im Augenblick des Todes noch weit mehr abspielt und das keineswegs losgelöst von – geeignet weit gefassten – biologischen, natürlichen Kategorien. Ähnlich wie das Zustandekommen menschlichen Selbstbewusstseins nicht als zufälliges Nebenprodukt biologischer Evolution sinnvoll gedeutet werden kann, sondern tiefere Hintergründe hat, bleibt uns, einstweilen oder für immer, verborgen, wie das Sensorium von Sterbenden in der Naturgeschichte gewachsen und im Erbgut der Lebenden gespeichert worden ist. Evolution geschieht in bisheriger Sicht nur als Evolution der Art, nicht des Individuums. Ein angemessenes Menschenverständnis verlangt aber nach einer Evolutionstheorie des Individuums. Eine solche Theorie existiert bisher nur in Anfängen.

3 Nahtod und Kultur

3.1 Die Konstanzer Herausforderung

Die Beschäftigung mit Nahtoderlebnissen hat in den siebziger Jahren des 20. Jahrhunderts durch den amerikanischen Philosophen und Arzt Raimond A. Moody einen außerordentlich starken Impuls erhalten. Moodys Bücher wurden weltweit millionenfach verkauft und haben eine große Anzahl weiterer Untersuchungen angeregt, so diejenigen des Psychologen Kenneth Ring, des Kardiologen Michael Sabom und des Psychologen Bruce Greyson. Auch die Sterbeforscherin Elisabeth Kübler-Ross hat durch ihre Interviews mit Sterbenden viel zur Öffnung für die Nahtod-Frage beigetragen.[1] Die vielen Berichte, die so der Öffentlichkeit bekannt wurden, stammen vorwiegend aus den USA. Dass hierdurch Fragen nach dem kulturübergreifenden Charakter von Nahtoderfahrungen aufkommen würden, war den genannten Autoren durchaus bewusst, und sie wiesen auf parallele Phänomene in anderen Ländern und in der Kulturgeschichte hin. Gleichwohl wurde die Vorstellung, worum es bei Nahtodvisionen geht, zunächst sehr stark von den amerikanischen Beispielen geprägt. Ferner behandelte Moody den Jenseitsbezug von solchen Erlebnissen etwas leichtfüßig und mit Sympathien für eine esoterische Interpretation. Dem haben auch seither zahlreiche Publikationen Rechnung getragen. In vielen Ländern begann man, sich mit dem Phänomen zu befassen, wenn auch das amerikanische Vorbild durch die populär gewordenen Bücher von Moody, Ring und Kübler-Ross eine Dominanz behielt.

So ist es begrüßenswert, dass eine Gruppe von Soziologen an der Universität Konstanz unter der Leitung von Hubert Knoblauch vor einigen Jahren in einer repräsentativen Umfrage in Deutschland der Frage nachgegangen ist, wie häufig hierzulande Nahtoderlebnisse vorkommen und welche Gestalt sie aufweisen. Die Ergebnisse wurden 1999 veröffentlicht, einerseits in einem Übersichtsbuch von Knoblauch („Berichte aus dem Jenseits“), zum andern in einem Sammelband „Todesnähe“, von Knoblauch und Soeffner herausgegeben, der auch Stellungnahmen anderer Nahtodforscher mit unterschiedlichen Auffassungen enthält.[2] Folgt man einigen Thesen dieser Veröffentlichungen – und ihrem Echo in der Presse – dann haben Knoblauch und Mitarbeiter nunmehr mit einem Mythos aufgeräumt, den Moody und andere in die Welt gesetzt und mit dem sie ihr Millionenpublikum jahrzehntelang in die Irre geführt haben. Nahtoderfahrungen sind demnach nicht, wie behauptet, ein Universalphänomen, das allen Menschengruppen gemein ist, sondern eine Kulturerscheinung, für die es keinen gemeinsamen Nenner gibt.

Schauen wir uns das etwas genauer an! Einer der Hauptangriffspunkte für Knoblauch ist das so genannte „Standardmodell“ von Nahtoderfahrungen, das er als Mythos entlarven möchte. In seiner bekanntesten Form, so Knoblauch,

„wird dieses Standardmodell der Nahtoderfahrung von dem Amerikaner Raymond Moody formuliert. Moody hat zahlreiche Gespräche mit Menschen geführt, die in der Nähe des Todes waren. Aufgrund eines Vergleiches aller dieser Berichte kommt er zu dem Schluss, die Struktur der Todesnäheerfahrung weise immer dieselben Elemente auf. Diese fasst er in einer Standarderfahrung zusammen…“.

Es erscheint sinnvoll, dass wir diese „Standarderfahrung" hier vollständig wiedergeben, zumal sie eine Zusammenfassung von Moodys ersten Beobachtungen (1975) in einer idealisierten Nahtoderfahrung darstellt:

„Ein Mensch liegt im Sterben. Während seine körperliche Bedrängnis sich ihrem Höhepunkt nähert, hört er, wie der Arzt ihn für tot erklärt. Mit einemmal nimmt er ein unangenehmes Geräusch wahr, ein durchdringendes Läuten oder Brummen, und zugleich hat er das Gefühl, dass er sich sehr rasch durch einen langen, dunklen Tunnel bewegt. Danach befindet er sich plötzlich außerhalb seines Körpers, jedoch in derselben Umgebung wie zuvor. Als ob er ein Beobachter wäre, blickt er nun aus einiger Entfernung auf seinen eigenen Körper. In seinen Gefühlen zutiefst aufgewühlt, wohnt er von diesem seltsamen Beobachtungsposten aus den Wiederbelebungsversuchen bei. Nach einiger Zeit fängt er sich und beginnt, sich immer mehr an seinen merkwürdign Zustand zu gewöhnen. Wie er entdeckt, besitzt er noch immer einen ‚Körper', der sich jedoch sowohl seiner Beschaffenheit als auch seinen Fähigkeiten nach wesentlich von dem physischen Körper, den er zurückgelassen hat, unterscheidet. Bald kommt es zu neuen Ereignissen. Andere Wesen nähern sich dem Sterbenden, um ihn zu begrüssen und ihm zu helfen. Er erblickt die Geistwesen bereits verstorbener Verwandter und Freunde, und ein Liebe und Wärme ausstrahlendes Wesen, wie er es noch nie gesehen hat, ein Lichtwesen, erscheint vor ihm. Dieses Wesen richtet – ohne Worte zu gebrauchen – eine Frage an ihn, die ihn dazu bewegen soll, sein Leben als Ganzes zu bewerten. Es hilft ihm dabei, indem es das Panorama der wichtigsten Stationen seines Lebens in einer blitzschnellen Rückschau an ihm vorüberziehen lässt. Einmal scheint es dem Sterbenden, als ob er sich einer Art Schranke oder Grenze näherte, die offenbar die Scheidelinie zwischen dem irdischen und dem folgenden Leben darstellt. Doch wird ihm klar, dass er zur Erde zurückkehren muss, da der Zeitpunkt seines Todes noch nicht gekommen ist. Er sträubt sich dagegen, denn seine Erfahrungen mit dem jenseitigen Leben haben ihn so sehr gefangen genommen, dass er nun nicht mehr umkehren möchte. Er ist von überwältigenden Gefühlen der Freude, der Liebe und des Friedens erfüllt. Trotz seines inneren Widerstandes – und ohne zu wissen, wie – vereinigt er sich dennoch wieder mit seinem physischen Körper und lebt weiter.

Bei seinen späteren Versuchen, anderen Menschen von seinem Erlebnis zu berichten, trifft er auf grosse Schwierigkeiten. Zunächst einmal vermag er keine menschlichen Worte zu finden, mit denen sich überirdische Geschehnisse dieser Art angemessen ausdrücken ließen. Da er zudem entdeckt, dass man ihm mit Spott begegnet, gibt er es ganz auf, anderen davon zu erzählen. Dennoch hinterlässt das Erlebnis tiefe Spuren in seinem Leben; es beeinflusst namentlich die Art, wie der jeweilige Mensch dem Tod gegenübersteht und dessen Beziehungen zum Leben auffasst."[3]

Moody bemerkt zu diesem „vollständigen Erfahrungsmodell": „Es enthält sämtliche Elemente, die in typischen Todesnähe-Erfahrungen regelmäßig vorkommen".[4] Man hat den Eindruck, dass Knoblauch diesen Satz falsch gelesen hat. Moody sagt nicht, dass in jeder Todesnähe-Erfahrung alle die im Standardmodell genannten Elemente vorkommen. Keine zwei der von ihm berichteten Erfahrungen gleichen sich und enthalten im Allgemeinen nur einige Elemente der idealisierten Gesamterfahrung. Das „Standardmodell" sammelt die in den einzelnen Erlebnissen regelmäßig wiederkehrenden Bausteine. Knoblauch unterstellt jedoch, die Nahtoderfahrungen würden nach Moody „immer demselben Muster folgen", eben dem Standardmodell. Demgegenüber stellt er fest: „Anhand von Beispielen aus der Geschichte, aus anderen Kulturen und von Berichten von Menschen, mit denen ich selbst gesprochen habe, wird sich … sehr deutlich zeigen lassen: Nahtoderfahrungen sind keineswegs immer gleich".[5] Als ob Moody oder ein anderer Nahtodforscher das behauptet hätte!
Bemerkenswert ist auch, dass Knoblauch als Quelle für das wiedergegebene Moody-Zitat das Buch „Nachgedanken über das Leben nach dem Tod" angibt (1977), in dessen Einleitung Moody das ursprünglich in „Leben nach dem Tod" (1975) formulierte Erfahrungsmodell noch einmal anführt. Der Zweck des neuen Buches ist aber gerade zu zeigen, dass die im „Standardmodell" genannten Merkmale von Nahtoderfahrungen nicht ausreichen und Moody nun weitere nennen möchte. Wenn Knoblauch also Moody auf das – missverstandene – Standardmodell festlegt, hat er offensichtlich nicht einmal die von ihm zitierte Quelle richtig zur Kenntnis genommen.
Gewiss wünschte man sich, dass Moody genauer sagen würde, welche minimalen Bedingungen erfüllt sein müssen, damit von einem Nahtoderlebnis die Rede sein kann. Diesem Wunsch hat Bruce Greyson Rechnung getragen. Er listet einige Merkmale auf und legt fest – willkürlich,

aber wenigstens eindeutig – dass dann eine Nahtoderfahrung vorliegt, wenn mehr als 7 Prozent dieser Merkmale zutreffen.[6] Die einschlägigen Arbeiten von Greyson scheint Knoblauch nicht zu kennen. Er zitiert Greyson nur mit einem kleinen Artikel und unterstellt ihm, ähnlich wie Moody dem Standardmodell zu folgen, allerdings mit veränderten und auf sieben beschränkten Elementen.
Neben dem Mythos vom Standardmodell möchte Knoblauch noch zwei andere „Glaubenssätze" der amerikanischen Autoren widerlegen. Der eine ist die „Behauptung vom schönen Tod". Knoblauch meint dazu: „Folgt man den Schilderungen Moodys, Rings und anderer, dann erscheint der Tod in bezauberndem Licht, so dass manch kerngesunder Mensch ihn herbeisehnen möchte".[7] Auch hierzu hat sich Moody schon in den „Nachgedanken" einschränkend geäußert. Unter den „anderen" haben etwa Bruce Greyson und Nancy Bush einen erhellenden Beitrag mit dem Titel „Distressing Near-Death-Experiences" geschrieben. Der zweite „Glaubenssatz" wird von Knoblauch wie folgt abgehandelt:

„Auch eine dritte verbreitete Annahme entpuppt sich als Mythos. Das mag auf den ersten Blick fast wie ein Widerspruch klingen. Denn behauptet wird, dass vor allem die Menschen eine Nahtoderfahrung machen, deren Organismus *im biologischen oder im medizinischen Sinn („klinisch") tot* ist. Vor allem auf der Grundlage einer breit angelegten gesamtdeutschen Umfrage fanden wir aber heraus, dass es sich bei denjenigen, die – biologisch oder klinisch – tot waren, als sie eine Nahtoderfahrung machten, um eine kleine Minderheit handelt. Noch überraschender ist die Erkenntnis, dass die meisten Menschen, die eine Nahtoderfahrung machen, sich dabei nicht einmal in der Nähe des – biologischen oder medizinisch definierten – Todes befinden".[8]

Das ist ebenfalls nicht neu. Beispielsweise seien die Arbeiten von M. Schröter-Kunhardt erwähnt (siehe Literaturliste), in denen sich präzise Aussagen hierzu finden. Eine differenzierte Auseinandersetzung mit amerikanischen Autoren und den aufgeworfenen Fragen ist dringend geboten. Dabei sollte man jedoch den Boden der Sachlichkeit nicht verlassen. Der Frontalangriff der Konstanzer Gruppe auf den „Mythos" des Standardmodells und anderer „Glaubenssätze" endet wie das Hornberger Schießen. Trotzdem sollen die konstruktiven Teile der Konstanzer Untersuchung im Folgenden Beachtung finden und kritisch reflektiert werden.

3.2 Ein soziologischer Begriff der „Nahtoderfahrung"

In einem Beitrag des Bandes „Todesnähe" geben H. Knoblauch, B. Schnettler und H.G. Soeffner ihren eigenen Begriff von „Nahtoderfahrung" an, den sie dem „Standardmodell" Moodys entgegensetzen. Was den Ausgangspunkt angeht, so stimmen sie allerdings mit Moody und anderen Nahtodforschern überein:

„Die Ergebnisse unserer Untersuchungen belegen zwar eine erstaunliche Variation der Erlebnisinhalte, auf die wir später noch eingehen werden. Zugleich aber weisen sie darauf hin, dass das *Auftreten* von Todesnäheerfahrungen relativ unabhängig ist von vordergründigen kulturellen (Religionszugehörigkeit, Ausbildung, ästhetischer Geschmack) wie von soziodemographischen Einflüssen (etwa Alter, Geschlecht, soziale Schicht, Religionszugehörigkeit oder regionale Herkunft). Wie der Fall materialistischer atheistischer Kulturen zeigt, machen Menschen auch in solchen Kulturen eine Todesnäheerfahrung, in denen über diese Erfahrungen nichts gewusst und nicht kommuniziert wird...".[9]

Das könnte so auch bei den amerikanischen Autoren stehen. Die Mitglieder der Konstanzer Gruppe betonen allerdings besonders stark die verschiedenartige Motivation und Ausfüllung der Erfahrungen in verschiedenen Kulturen. Um einen Rahmenbegriff zu erhalten, der von der inhaltlichen Ausfüllung und kultureller Prägung unabhängig ist, geben sie folgende Definition an, die sie *formal-noetisch* nennen, also das „Wie" der Erfahrung betreffend. (Den Moodyschen Begriff der Nahtoderfahrung bezeichnen sie demgegenüber als *motivisch-substantialistisch*). Sie umschreiben zu diesem Zweck einen „Erkenntnisstil" (oder eine „Sinnprovinz") mit Hilfe von acht Merkmalen. Die beiden ersten sind Folgende:

- Subjektive Empfindung biologischer Todesnähe.
- Todesbegegnung, das heisst, subjektive Überzeugung, dem eigenen Tod gegenüberzustehen.

Dass hierbei keine objektive Todesnähe zu bestehen braucht, ist vielfach belegt. – Indessen treffen die beiden Merkmale nicht für Nahtoderfahrungen von Kleinkindern zu. Man hat Anhaltspunkte dafür, dass schon zweijährige Kinder Nahtoderlebnisse haben können. In unseren Beispielen berichtet Günter B. (s. 1.16), wie er als Fünfjähriger in einen Teich gefallen ist und sich „von einer Lichthülle umgeben" furchtlos fühlte, wahrscheinlich auch kein Todesbewusstsein hatte. Nach Untersuchungen der Psychologen tritt das Todesbewusstsein nicht vor dem fünften Lebensjahr auf.

Das dritte und das vierte Merkmal des betrachteten „Erkenntnisstils“ lauten:

- Außergewöhnliche und herausragende Erfahrung.
- Ungewöhnliche Elemente und Intensität der Erfahrung, die grösser als diejenige ekstatischer Erfahrungen ist.

Das wird in der Tat von den meisten Betroffenen so erlebt. Indessen sind die Grenzen dessen sehr unscharf, was man „herausragend“ oder „außergewöhnlich“ nennt. Die wichtigen Erwägungen zum übersinnlichen Charakter der Nahtoderfahrungen fehlen bei den Konstanzer Wissenschaftlern völlig.

Auch die nächsten drei Merkmale sind plausibel:

- Präzise Erinnerung, die weit stärker ist als die an Träume und Jahrzehnte andauern kann.
- Im Unterschied zu Träumen Wachheit und Bewusstheit, starke Aufmerksamkeit und überlegtes Handeln.
- Starke emotionale Erfahrungen, die nicht nur positiver, sondern auch negativer Art sein können.

Das achte und letzte Merkmal zitieren wir ausführlich:

- „Die betroffene Person erlebt sich selbst als noch weiterlebend (existierend), während sie von anderen für bereits tot – oder bewusstlos – gehalten wird. Sie macht sogar noch spezifische Wahrnehmungen, sieht, hört, fühlt, wenngleich möglicherweise transformiert. Es besteht eine *Kontinuität ihres Ich.*“[10]

Wann eine Wahrnehmung „transformiert“ ist, wird nicht gesagt. Deutlicher wäre hier wiederum, die telepathisch-hellseherische Wahrnehmung der sinnlichen gegenüberzustellen. Die „Kontinuität des Ich“ betrifft in besonderer Weise die Außerkörpererfahrungen. Deshalb wäre es sinnvoll, diese unter die „formal-noetischen“ Merkmale aufzunehmen, mit der Maßgabe, dass Außerkörpererlebnisse – ebenso wenig wie die anderen Merkmale – nicht in allen Nahtoderfahrungen vorkommen müssen.

Knoblauch, Schnettler und Soeffner räumen ein, dass ihre Liste unvollständig ist und dass man noch klären muss, wie viele Merkmale notwendig sind, um von einer Nahtoderfahrung zu sprechen. Auch weisen sie darauf hin, dass ihre Merkmale zu neurophysiologischen Eigenschaften des Menschen in Beziehung gesetzt werden müssen. Dabei dürfte heraus-

kommen, dass man Nahtoderfahrungen durch ihre dem Menschen angeborenen „Bausteine“ charakterisieren kann, wie wir sie schon früher angesprochen haben: Fähigkeit zum Außerkörpererlebnis, Fähigkeit zur ungewöhnlichen Tunnel- und Lichterfahrung, zum Panoramaerlebnis, zu ekstatischen Glücksgefühlen, Fähigkeit zur Wahrnehmung von Lichtgestalten und schliesslich der verändernde Einfluss auf das weitere Leben. Mit etwas gutem Willen kann man den meisten amerikanischen Autoren unterstellen, dass sie Nahtoderlebnisse ebenfalls so verstehen. Die inhaltlichen Bestimmungen lassen sich als erläuternde Beispiele auffassen, die in anderen Kulturen durch veränderte Beispiele ersetzt werden können. Weitergehende Deutungen bleiben davon unberührt.
Jedem Versuch, das Phänomen der Nahtoderlebnisse einzugrenzen, haftet Willkür und Vorläufigkeit an. Man kann das mit den Versuchen vergleichen, den Begriff „Intelligenz“ streng zu fassen. Eine Zeit lang glaubte man sogar, mit dem Intelligenzquotienten (IQ) ein Maß für die Intelligenz gefunden zu haben, bis sich die Erkenntnis durchsetzte, dass man damit einigen speziellen Fähigkeiten gerecht wird, nicht aber dem vollen Umfang von Denkfähigkeit und Kreativität, der mit „Intelligenz“ angesprochen ist. In noch höherem Maß sind Nahtoderfahrungen letztlich nur von ihrer Gesamtbedeutung im Leben eines Menschen her zu verstehen. Ebenso wie im Beispiel der Intelligenz verbinden sich in Nahtodvisionen angeborene Möglichkeiten mit dem sozialen und kulturellen Umfeld. Wie weit die angeborenen Möglichkeiten reichen, wird allerdings verschieden eingeschätzt und ist – auch bei scheinbar „wissenschaftlicher“ Objektivität – von der jeweiligen Weltauffassung abhängig. Bei Susan Blackmore ist diese materialistisch, bei Knoblauch sicher nicht, wie aus folgender Äußerung hervorgeht, der wir voll zustimmen können: „*Dass* Menschen Nahtoderfahrungen machen, scheint ein dem Menschen eigenes Vermögen zu sein, des Vermögens, eine transzendente Wirklichkeit wahrzunehmen, die anders ist als das, was unser Organismus an Reizen aufnimmt. Dieses Vermögen scheint zum Wesen des Menschen zu gehören.“[11]

3.3 Schreckliche und wunderbare Erfahrungen

Was sind nun die wichtigsten Ergebnisse der Konstanzer Soziologen? Größtes Interesse beansprucht die Feststellung, dass zwischen vier und fünf Prozent aller Deutschen in Ost und West Nahtoderlebnisse hatten – im Sinne des „formal-noetischen“ Begriffs von Nahtoderfahrung. Besonders erstaunlich ist dabei, dass der Prozentsatz in Ost und West ziemlich genau der gleiche ist. Unterschiede ergeben sich erst bei Inhalten der Erlebnisse; hierbei spielt sicher der benutzte Begriff von Nahtoderfahrung eine starke Rolle. Besonders auffällig ist, was deutsche Nahtod-Betroffene auf die Frage antworteten, ob sie „schreckliche“ oder „wunderbare“ Gefühle hatten. 60 Prozent der Ostdeutschen gaben „schrecklich“ an, 40 Prozent „wunderbar“; bei den Westdeutschen war es umgekehrt. Das weicht auch für Westdeutsche übermäßig von anderen Beobachtungen bei uns ab und widerspricht dem, was man in amerikanischen Untersuchungen – nicht nur denjenigen von R. A. Moody – gefunden hat.[12]

Um das Konstanzer Ergebnis besser zu verstehen, ist es nützlich, die Methode der Umfrage genauer zu betrachten.[13] Man befragte 2044 repräsentativ ausgewählte Personen in Deutschland zuerst nach außergewöhnlichen Erfahrungen, die mit dem Tod zusammenhängen, ob sie etwa schon einmal den Tod eines Menschen geahnt haben, bei einer Sterbebettvision zugegen waren oder übersinnliche Phänomene erlebt haben. Als vierte, „Filterfrage“ baten die Interviewer, folgende Feststellung mit „ja“, „nein“ oder „ich bin mir nicht sicher“ zu beantworten:

„Ich selbst hatte schon einmal ein intensives Erlebnis, das weder ein Traum noch eine Halluzination war, und bei dem ich glaubte, dass ich gerade sterbe, dass ich in der Nähe des Todes bin oder bei dem ich das Gefühl hatte, tot zu sein (z. B. auch durch Unfall oder schwere Krankheit)“. Diejenigen 118 Personen, die mit „ja“ oder „ich bin mir nicht sicher“ antworteten, erhielten einen Fragebogen. Nach kritischer Sichtung blieben 82 Teilnehmer, bei denen man ein Nahtoderlebnis feststellte. Im Fragebogen erkundigte sich Frage 9 nach 14 möglichen Erlebnissen innerhalb der Nahtoderfahrung, darunter

- „Ich hatte ein wunderbares Gefühl des Friedens, Glücks und/oder Wohlbehagens“,
- „Ich befand mich in einer Welt, die mir himmlisch oder wunderbar erschien“,
- „Ich hatte ein schreckliches und/oder quälendes Gefühl der Angst, des Entsetzens oder Schreckens“.

Auf den Antworten „trifft (sinngemäß) zu“, „trifft (sinngemäß) nicht zu“ gründet die oben genannte statistische Aussage. – Hierzu sind einige kritische Bemerkungen angebracht. Zunächst schließt die Filterfrage alle

diejenigen aus, die als Kleinkind ein Nahtoderlebnis hatten, sich also nicht in Todesnähe wähnten. Wir bemerkten schon, dass solche bei zweijährigen Kindern festgestellt wurden. Auch bei Erwachsenen gibt es Nahtodvisionen, die weder objektiv noch subjektiv mit Todesnähe verbunden sind. (Siehe etwa den Bericht von Margrit Schwenzner in 1.20). Mehr noch hat möglicherweise eine mangelnde Differenzierung bei der Alternative „schrecklich-wunderbar" auf die Ergebnisse Einfluss. Erinnern wir uns etwa an die Erlebnisse von Annelore Göbel in der *„Webergasse"* (s. 1.26): Diese waren zum größten Teil schrecklich, führten aber schließlich zu einem kurzen wunderbaren Lichterlebnis. Was hätte Annelore im Fragebogen wohl angekreuzt? Oder denken wir an die bittere Enttäuschung derer, die „noch einmal zurück mussten" und das schrecklich fanden. Welchem Gefühl geben sie im Fragebogen Ausdruck? Wenn manche beide Erlebnisformen angekreuzt haben, müsste das gesagt werden.
Der Heidelberger Psychiater und Nahtod-Forscher M. Schröter-Kunhardt bemerkt, dass angesichts der Vielfalt von Interpretationsmöglichkeiten die Zahl von 82 Personen zu klein ist.[14] Er selbst hat mehr als 200 Beispiele aus Deutschland eingehend untersucht. Diese sind zwar nicht durch eine repräsentative Umfrage zustandegekommen, aber durch jahrelange intensive ärztliche Begegnung mit vielen Betroffenen gestützt. Die Erkenntnisse Schröter-Kunhardts unterscheiden sich deutlich von denen der Konstanzer Erhebung und weisen grössere Nähe zu den amerikanischen Untersuchungen auf – wenngleich sie kritischer und stärker medizinisch fundiert sind als diese. Unsere im ersten Kapitel dokumentierten Berichte weisen in die Schröter-Kunhardtsche Richtung.

3.4 Nach dem Erdbeben von Tangshan

Wir bemerkten früher, dass in China die Erdbebenvorhersage besser entwickelt ist als in westlichen Ländern, besonders deshalb, weil man telepathische und andere Signale von Tieren beachtet. Allerdings gab es auch Fehlschläge. Bei einem großen Beben in 1976 in Tangsham südöstlich von Peking kamen mehr als 240 000 Menschen ums Leben. 1987 stellten der Chefarzt und ein weiterer Arzt der psychiatrischen Klinik von Tianjin, Feng Zhi-ying und Liu Jian-xun, unter den Überlebenden

eine Untersuchung über Nahtoderfahrungen an. Wir haben also ein konkretes Beispiel zur Verfügung, in dem man vergleichen kann, wie sich unterschiedliche kulturelle und religiöse Bedingungen auf Nahtodvisionen auswirken. 1976 war noch die Zeit der Kulturrevolution Maos, so dass sich in extremer Form gesellschaftliche Bedingungen und historisch-kultureller Hintergrund von denen in westlichen Ländern unterschieden.
Die chinesischen Wissenschaftler knüpften an amerikanische Untersuchungen an und übernahmen teilweise einen Fragebogen von Bruce Greyson. Knoblauch erwähnt die Untersuchung als krasses Beispiel für die Kulturabhängigkeit von Nahtoderfahrungen. Zwar gab es auch „Motive wie Außerkörperlichkeit, Tunnel, Friedfertigkeit, Lebenspanoramen usw.". Aus genaueren Studien ergab sich jedoch das

„verblüffende Ergebnis: Die befragten Chinesen und Chinesinnen gaben an, dass sie den Eindruck hatten, die Erde sei ausgelöscht worden. Andere fühlten sich schwerelos, wieder andere nahmen eigenartige Gerüche wahr. Einige der Befragten meinten gar, eine andere Person geworden zu sein. Vorherrschend war bei vielen daneben das Gefühl, fremd im eigenen Körper zu sein, so als ob er jemand anderem gehöre."[15]

Es lohnt sich indessen nachzusehen, was in der Arbeit von Zhi-ying und Jian-xun noch alles steht. Die Forscher befragten 81 Nahtod-Betroffene – fast alle teilweise oder ganz querschnittsgelähmt (11 Verwaltungsangestellte oder Techniker, 27 Arbeiter, 12 Bauern, 31 Hausfrauen oder „studierte Jugendliche, die dem Ruf des Vorsitzenden Mao gefolgt waren, sich auf dem Land niederzulassen, um die neue Bauernklasse zu bilden") – drei Stunden lang und hielten das Ergebnis in Fragebögen fest. Diese enthielten insgesamt 40 Merkmale des Nahtoderlebens, die mit „ja" oder „nein" bewertet wurden. Darunter befanden sich alle die von Bruce Greyson zugrundegelegten Merkmale, aber auch neue wie das „Gefühl, dem eigenen Körper entfremdet worden zu sein". Das Ergebnis ist so eindrucksvoll, dass wir diese Tabelle mit den 40 Merkmalen und den Prozentzahlen der „JA"-Antworten hier wiedergeben:

Tabelle der Häufigkeit von Nahtodphänomenen bei 81 Überlebenden des Erdbebens von Tangsham 1976 (Angaben in Prozent der Betroffenen)

1.	Gefühl der Entfremdung vom Körper	68 %
2.	Ungewöhnlich lebhafte Gedanken	65 %
3.	Verlust von Gefühlen	63 %
4.	Ungewöhnliche körperliche Empfindungen	60 %
5.	Leben erscheint wie ein Traum	58 %
6.	Gefühl des Sterbens	57 %
7.	Gefühl des Friedens oder der Euphorie	52 %
8.	Lebensrückblick oder „panoramische Erinnerung“	51 %
9.	Ungewöhnlich schnelles Denken	51 %
10.	Zeit scheint schneller zu vergehen als gewöhnlich	43 %
11.	Außer-Körper-Erfahrung	43 %
12.	Empfindung, die Welt werde ausgelöscht	42 %
13.	Gefühl der Schwerelosigkeit	40 %
14.	Unwirkliches Gefühl vom eigenen Selbst	33 %
15.	Sinne ungewöhnlich lebhaft	28 %
16.	Plötzliches Verstehen	28 %
17.	Erblicken Verstorbener oder religiöser Gestalten	28 %
18.	Gedanke, man habe das Geschehen nicht unter bewusster Konnrolle	28 %
19.	Gefühl, gezogen oder zusammengedrückt zu werden	28 %
20.	Eine außerirdische Umgebung des Existierens	26 %
21.	Durch eine äußere Macht überwacht werden	23 %
22.	Sinne getrübt oder abgestumpft	23 %
23.	Zwiespältige Einstellung zum Tod	23 %
24.	Gefühl, von seiner Umgebung losgelöst zu sein	22 %
25.	Gerichtet oder zur Verantwortung gezogen werden	22 %
26.	Die Welt erscheint unwirklich	21 %
27.	Die Zeit scheint sich zu verlangsamen oder stehen zu bleiben	20 %
28.	Zukunftsvisionen	17 %
29.	Ein Gefühl kosmischer Einheit	16 %
30.	Ein tunnelartiger dunkler Bereich	16 %
31.	Denken getrübt oder abgestumpft	16 %
32.	Grenze oder point of no return	15 %
33.	Ein unnatürlich brillantes Licht	15 %
34.	Gefühl, tot gewesen zu sein	15 %

35.	Außersinnliche Wahrnehmung (ESP)	14 %
36.	Bedeutungsvolle Klänge	12 %
37.	Gefühl der Freude oder des Wohlbefindens	10 %
38.	Bedeutungsvolle Visionen	9 %
39.	Gefühl, eine andere Person zu sein	6 %
40.	Ungewöhnliche Gerüche	1 %

Was ergibt sich aus dieser Liste, insbesondere im interkulturellen Vergleich? Zunächst fällt auf, dass die Feststellung der Körperentfremdung an erster Stelle rangiert. Die Autoren bemerken dazu: „Die vorherrschenden phänomenologischen Merkmale in unsrer Serie waren Gefühle, vom eigenen Körper entfremdet zu sein, als ob er jemand anderem gehöre…“.[16] Es wird also nicht gesagt, dass die Betroffenen den eigenen Körper nicht wieder erkannten; sie fühlten sich so anders „als ob“ der alte Körper nicht mehr der ihre sei. Das kann verschiedene Gründe haben: Es kann Reaktion auf die Querschnittslähmung bedeutet haben. Es kann aber auch eine Umschreibung der Außerkörperlichkeit mit einem Begriff gewesen sein, der dem marxistischen Sprachgebrauch angehört („Entfremdung“): In der neuen Leiblichkeit tritt das Ich dem alten Körper gegenüber wie die vorrevolutionäre Arbeiter- und Bauernklasse dem Produkt ihrer Arbeit, nämlich entfremdet, ohne Verfügung darüber, weil sie anderen gehört. Es wäre in anderer Sprache, den gesellschaftlichen Bedingungen angepasst, eine Beschreibung der Außerkörpererfahrung. Leider erfährt man aus der Untersuchung nicht, ob die 43 Prozent Betroffenen mit Außerkörpererlebnis auch die Entfremdungsfrage mit „ja“ beantwortet haben; zu vermuten ist das.

Nicht sehr verblüffend erscheint die Weltuntergangsstimmung, die im Gefühl, die Erde werde ausgelöscht, zum Vorschein kommt, handelte es sich doch um ein außerordentlich schweres Erdbeben. Dass 42 Prozent dieses Gefühl hatten, sagt nichts über ein durchschnittliches Nahtoderlebnis von Chinesen. Das Gefühl war situations- , nicht kulturbedingt.

Trotzdem sei nicht bestritten, dass Tradition und politische Verhältnisse die Ausgestaltung von Nahtoderlebnissen beeinflussen und die chinesische Studie etwas davon zeigt. Das eigentlich „Verblüffende“ scheint mir jedoch nicht der Unterschied, sondern die Übereinstimmung mit Beobachtungen in westlichen Ländern zu sein. Mehr als die Hälfte der Betroffenen (52 Prozent) spürte Frieden oder Euphorie, hatte also ein „wun-

derbares“ Erlebnis – mehr als Knoblauch den Ostdeutschen bescheinigt und kaum weniger als er bei den Westdeutschen festgestellt hat.
Immerhin noch mehr als ein Viertel sahen verstorbene Personen oder religiöse Gestalten – vergleichbar viele wie in unseren Berichten im ersten Kapitel. Dass sich andererseits die schönen Gefühle weniger in Tunnel- und Lichterfahrungen niedergeschlagen haben als hierzulande, ist bemerkenswert. Es wäre interessant zu erfahren, ob das mit dem Erdbeben zusammenhängt oder allgemeine Gründe hat. Die vierzig Merkmale und die dazu geäußerten Reaktionen zeigen insgesamt dieselbe bunte Vielfalt wie die in amerikanischen und europäischen Gefilden. Sie verweisen auf die vielen je einzelnen Lebensschicksale der Betroffenen. Das große Beben von Tangshan war sicherlich für die meisten Überlebenden eine innere Zäsur. In den dokumentierten Nahtoderlebnissen erfahren wir ein wenig davon.
Schließlich verdient die folgende Konsequenz Beachtung, die die chinesischen Autoren aus ihrer Untersuchung ziehen:

„Keines der 40 phänomenologischen Merkmale von Nahtoderfahrungen war korreliert mit Alter, Geschlecht, Familienstatus, Erziehungsniveau, beruflicher Qualifikation, Interessengebiete, Introvertiertheit-Extravertiertheit, Vorhandensein eines Gehirntraumas, Glaube an Geister, Gespenster, Gott oder Schicksal, oder vorausgehendem Wissen über Nahtoderlebnisse.“[17]

3.5 Buddhismus der kleinen Leute

Wenn in Geschichtsbüchern oder anderer Literatur von religiösen Menschen die Rede ist, dann sind das fast immer herausragende Gestalten: Könige, Propheten, Priester, Mönche, Buddhas oder wenigstens Erleuchtete, die sich über die Niederungen des Alltags erheben. Was einfache Menschen in alten Zeiten religiös erlebten, ist gewöhnlich unbekannt. Man erfährt nur, dass in festen religiösen Gemeinschaften, meist mit Stammesgemeinschaften identisch, alle Mitglieder durch Rituale eingebunden sind. Sie akzeptieren, was „von oben“ gelehrt oder befohlen wird. Religion mag dabei gewachsen und so Teil der allgemein akzeptierten sozialen Bindung sein. Oft ist sie jedoch aufgezwungen, sei es durch Fremdherrschaft nach einem Krieg oder kriegerischem Überfall (noch im

Augsburger Religionsfrieden 1555 und im Westfälischen Frieden 1648 bestimmte der Herrscher die Religion – *„Cuius regio, eius religio"*), oder auch infolge diktatorischer Herrschaft über Sklaven oder wie Sklaven gehaltene Untertanen. Wir bewundern die ägyptischen Pyramiden und erfahren viel über die Auferstehungsvorstellungen der gottähnlichen Pharaonen. Aber wir wissen nur wenig über die Menschenschinderei, die der Pyramidenbau mit sich brachte. Ob die Geschundenen ihr Schicksal immer religiös ergeben hinnahmen, kann bezweifelt werden.

Umso erfreulicher ist eine Entwicklung im chinesischen Buddhismus, die den Weg der Elite-Religion verlassen hat. Ist von Buddhismus die Rede, so haben wir zwar zunächst die Lehre Buddhas vom Nirwana vor Augen, der letztendlichen Erkenntnis, dass alles nur Illusion ist und im Nichts, im Nirwana mündet. Wir sehen meditierende Mönche vor uns, die nach innerer Erleuchtung streben, auch ihre westlichen Gefolgsleute. Was jedoch oft nicht bedacht wird, sind die Strömungen im Buddhismus, die weit von der ursprünglichen Lehre Buddhas weggeführt haben und noch heute weit verbreitet sind, besonders unter einfachen Menschen, ein Buddhismus der kleinen Leute. Besonders ausgeprägt gilt das für den so genannten Amida-Buddhismus oder „Reines-Land-Buddhismus" in China und Japan. In Japan allein zählte man 1931 eine Anhängerschaft von 16 Millionen, etwa die Hälfte aller Buddhisten des Landes. Das Erstaunliche an dieser auf die Zeit um Christi Geburt zurückgehende Variante des Buddhismus ist die Lehre vom Paradies, das an die Stelle des Nirwana tritt, sowie die selig machende Rolle des Glaubens, der auch den „Nichterleuchteten" den Weg ins himmlische „Reine Land" eröffnet. Die Nähe zum Christentum ist so gross, dass man eine Weile annahm, der Amida-Buddhismus sei auf frühchristliche Einflüsse zurückzuführen. Das hat sich aber nicht bestätigt.

Dagegen hat Carl B. Becker, Philosoph und China-Spezialist an der Southern Illinois University, eine These aufgestellt und in einer Untersuchung begründet, die uns aufhorchen lässt. Sie wird schon im Titel der Untersuchung ausgedrückt: „Die zentrale Bedeutung von Nahtoderfahrungen im chinesischen Reines-Land-Buddhismus". Es heisst darin: „Im Reines-Land-Buddhismus haben wir eine Religion vor uns, die nicht nur Nahtoderlebnisse zulässt, sondern philosophisch auf deren Wirklichkeit und Zugänglichkeit für alle Menschen gründet".[18]

Wie ist das zu verstehen und wie ist es dazu gekommen? Offensichtlich begann schon 100 bis 200 Jahre nach der Wirksamkeit des ursprünglichen Buddha Gautama (um 500 v. Chr.) eine Diskussion um die Exklusivität, die mit dem Status des Erleuchteten verbunden ist und es entstand das Bedürfnis, die „große Versammlung“ der Menschheit einzubeziehen. Eine Bewegung entstand, die das zu verwirklichen suchte (die „Mahasanghikas“ in Indien). Edward Conze schreibt in seinem Buddhismus-Buch dazu:

„Infolge ihrer liberaleren Haltung und einiger Besonderheiten ihrer Theorie wurde die Bewegung der Mahasanghikas zum Ausgangspunkt für die Entwicklung des Mahayana. Die Mahasanghikas waren in jeder Beziehung liberaler als ihre Gegner. Sie waren weniger streng in der Auslegung der disziplinarischen Vorschriften, weniger exklusiv in Bezug auf Besitzende, dachten freundlicher über die geistigen Fähigkeiten der Frauen und der unbegabten Mönche und waren eher bereit, spätere Zusätze zu den heiligen Schriften als authentisch zu betrachten. Einige der wesentlichen Züge des Bodhisattva-Ideals des Mahayana wurden von ihnen zuerst ausgearbeitet, und manche ihrer Lehren trugen entscheidend dazu bei, die buddhistische Tradition von der historischen Erscheinung Buddhas zu lösen. Das ist geschichtlich von größter Bedeutung, da durch diesen Schritt der Grundsatz, nur das anzuerkennen, was der Buddha selbst geäußert habe, den Charakter eines unumgänglichen Gebotes verlor“.[19]

Das Mahayana („großes Fahrzeug“) gewann in den folgenden Jahrhunderten zunehmend an Einfluss. Es ging zwar von führenden Gestalten, Mönchen des Buddhismus aus, drang aber in die Breite vor. „Die neue Weisheitslehre“, so Conze, „war die Bewegung einer Elite, welche die Interessen der Massen des Volkes aus Mitgefühl als ihre eigenen ansah“.[20] Der Bodhisattva – der Erleuchtete auf dem Weg zur Buddhaschaft – sah sich in einer neuen Situation:

„Er konnte sich unmöglich darauf beschränken, anderen zur Erlösung zu verhelfen, indem er ihnen riet, über die Leere zu meditieren. Sonst hätte er die Mehrzahl der Menschen übergehen müssen, die durch das Fehlen der metaphysischen Veranlagung, durch den Zwang, sich zunächst einmal ihren Lebensunterhalt zu verdienen, und durch ihre tief verwurzelte Bindung an Eigentum, Familie und Heim von diesem Wege ausgeschlossen waren. Da aber der Laie ebenfalls in das Leiden verstrickt ist und, seinem göttlichen Ursprung entsprechend, geistliches Verlangen und geistliche Möglichkeiten besitzt, so ist das Wort des Buddha auch an ihn gerichtet. Der Weisheit unfähig, muss er den Weg des Glaubens gehen. Die transzendentale Weisheit wird durch den Glauben (Bhakti) ergänzt."[21]

Hier zeigten sich die Mahayana-Buddhisten bereit, die vorbuddhistische Volksfrömmigkeit in Indien zu integrieren, wie sie schon seit etwa 400 v. Chr. in der Bewegung der Bhakti zum Ausdruck kam. „Bhakti bedeutet liebevolle, persönliche Verehrung der angebeteten Gottheiten, die man sich in menschlicher Form vorstellte".[22] Es entstand der so genannte „Buddhismus des Glaubens". Er verstand sich durchaus als Konsequenz der Lehren Buddhas. Conze fasst lakonisch zusammen: „Ist das Mit-Leid des Buddha unbegrenzt, so muss er auch die Dummen retten".[23]
Zur vollen Blüte gelangte der Glaubensbuddhismus – zunächst noch in Indien – im Amitabha-Buddhismus oder Amidismus. Seine Breitenwirkung erreichte der Amidismus jedoch erst, als er in den ersten Jahrhunderten n. Chr. nach China und Japan vordrang und dort bei den Massen Zulauf erhielt. Hatte der Glaubensbuddhismus neben der Weisheit der Erleuchteten den Glauben als gleichwertig für einen Zugang zum Nirwana erklärt, so kam nun ein entscheidender Schritt neu hinzu: Das Nirwana wurde durch einen Himmel ersetzt. Die Reinkarnation erfolgte nicht auf die Erde zurück, sondern in den Himmel, kurz gesagt, sie wurde zu einem Auferstehungsglauben. Dieser neue Schritt ist mit einem Bodhisattva verbunden, der auch als Buddha bezeichnet wird, also die Buddhaschaft erreicht hat, nämlich Amida oder Amitabha (amita = das Unendliche, abha = das Licht), ein „goldener Buddha des unendlichen Lichtes, der in einem Himmel voll von Gold, Juwelen und allen Arten wunderschöner Blumen und Brunnquellen regiert, wo man die Tage in unaufhörlichem Lobpreis und Wiederholung der Sutras verbringt".[24] Amida herrscht, wie es in anderer Darstellung heißt, „über das Reine Land im Westen, ein unbeflecktes Königreich" .[25] (Offensichtlich sind hier persische Einflüsse im Spiel). Vielleicht wäre der Amidismus eine kleine Sekte des Buddhismus geblieben, hätten nicht einige herausragende Gestalten in China seine Ausbreitung bewirkt, insbesondere Hui-yuan, der 402 n. Chr. die „Weißer-Lotus-Gemeinschaft" gründete. Hui-yuan versammelte damals 123 seiner Schüler, Mönche und Laien, vor einer Amida-Statue. Sie legten ein Gelübde ab, dass sie, Amida ergeben, nach Wiedergeburt

im Reinen Land streben und in Verbindung damit allen ihren Mitmenschen helfen wollten, ebenfalls dieses Ziel zu erreichen. Die daraus hervorgegangene Bewegung wird auch „Amida-Pietismus" genannt.
Hier setzt nun die These Carl Beckers an: Die große Ausstrahlung von Hui-yuan gründete in seinen Nahtoderfahrungen, wie sie aus Schilderungen im Zusammenhang mit Krankheiten, die er erlitt, zu entnehmen sind. Er erzählte nicht nur davon, sondern nahm sie zum Anlass, mit seinen Schülern auf ähnliche Visionen hin zu meditieren. „Hui-yuan suchte Verbindung zum Bodhisattva (in diesem Fall Amida) nicht nur im Tod, sondern durch Meditation noch zu Lebzeiten".[26] Obwohl Hui-yuan oft krank und zur Zeit des Gelübdes schon 70 Jahre alt war, vermochte er mit klarem Kopf seine Anhänger in die neue Erlebniswelt einzuführen. Sie erreichten durch Meditation – teilweise auch in Verbindung mit Krankheiten – ähnliche Visionen wie ihr Meister.
Beckers These ist nicht so zu verstehen, dass Nahtodvisionen ursächlich den Amidismus oder wenigstens den Amida-Pietismus hervorgebracht haben – wobei wir offen lassen, inwieweit im allgemeineren Sinn Nahtoderlebnisse mit an der Wiege des Buddhismus standen. Vielmehr sprach Hui-yuans glühende Überzeugung von der Erlösung im Reinen Land, das allen zugänglich ist, und die Fundierung dieser Überzeugung durch Nahtodvisionen die chinesischen Menschen an und führte zu einer millionenfachen Anhängerschaft des Amida-Buddhismus.
Becker weist darauf hin, dass die Verbindung von Amida-Pietismus und Nahtoderfahrungen noch mehrfach durch überragende Persönlichkeiten erneuert wurde – was auf die ständige Bedeutung der Nahtodvisionen schliessen lässt. Wir greifen nur ein Beispiel heraus: Um 530 n. Chr. hatte ein Nordchinese, T'an-luan, ein Erlebnis, das wie folgt beschrieben wird: „Eines Tages erholte er sich gerade von einer schweren Krankheit, als er plötzlich eine goldene Pforte geöffnet vor sich sah. Mit dieser Erfahrung begann er, nach einem Wundermittel zu suchen, das ihm ewiges Leben bringen würde."[27]
Offensichtlich handelte es sich um eine Lichterfahrungen im Nahtod und deren Nachwirkung. T'an-luan begann, 52 Jahre alt, eine lange Wanderung nach Süden. Er begegnete auf seiner Suche Amida-Pietisten und widmete, von diesen überzeugt, den Rest seines Lebens der Aufgabe, die Botschaft von der Erlösung im Reinen Land ins nördliche China zu tragen. Er hob dabei besonders hervor, dass man nicht durch eigene Kraft, sondern durch göttliche Macht erlöst wird. Die Anrufung des

Amida-Namens spielte daher eine grosse Rolle. T'an-luan sah im Amidismus keinen Widerspruch zu den ursprünglichen Lehren Buddhas, sondern eine Konkretisierung derselben. Er fand damit bei seinen chinesischen Mitmenschen außerordentlich starke Resonanz.
Unser Anliegen war es, die Bedeutung von Nahtoderfahrungen in einer anderen Kultur und zu einer anderen Zeit als der unsren darzustellen und deren Nähe zu Erfahrungen bei uns heute hervorzuheben. Wir sind dabei schon tief in religiöse Aspekte der Nahtodvisionen hineingeraten, die uns in den folgenden Kapiteln intensiver beschäftigen sollen.

4 Das Phänomen des Heiligen

4.1 Religion und Ratio

Wir haben immer wieder betont, dass Nahtoderfahrungen sehr tief in der menschlichen Natur verankert sind und zugleich über unser biologisches Leben hinausweisen. Sie stellen uns vor Grundfragen der Religion. Was aber ist Religion in einem so umfassenden Sinn, dass Nahtodvisionen in christlich wie in buddhistisch oder atheistisch geprägten Ländern Beziehung zu Religion haben? Welches Verhältnis hat Religion zur Natur und zur naturwissenschaftlichen Betrachtung der Welt? Eine heute noch verbreitete Meinung besagt: Natur ist ein nach Naturgesetzen ablaufendes Geschehen; von einem außerweltlichen Gott zu reden, der die Welt erschaffen hat oder auf sie einwirkt, ist durch die Naturwissenschaft überholt. Dieses Weltverständnis wurde in der so genannten Aufklärung des 18. Jahrhunderts angesichts der aufkommenden modernen Naturforschung mit lauten Trompeten in die Welt hineinposaunt. Blitz und Donner, das war doch klar, entstehen nicht, indem Wotan seinen Hammer vom Himmel herunterschleudert. Sie sind Ergebnisse elektrischer Entladungen, die wir im Labor, wenn auch in Miniaturform, experimentell herstellen und wissenschaftlich erforschen können. „Gott" ist eine unnötige Hypothese für die Erklärung bisher nicht verstandener Naturprozesse. Überall, wo man ihn als „Lückenbüßer" bei Versagen wissenschaftlicher Methoden einsetzt, wird er nach einiger Zeit wieder vertrieben. Die Rede vom Weltschöpfer ist so etwas wie die Behauptung, kleine Kinder würden vom Storch gebracht. Wir sind aber inzwischen „aufgeklärt" und kennen die biomedizinischen Ursachen der Geburt.

Aus dieser Sicht erscheinen die Naturwissenschaften wie Bulldozer, die jedes religiöse Gebäude niederreissen, es sei denn, dort wird die weisse Fahne gehisst und vor der Ratio, dem Verstand mit der Beteuerung kapituliert: „Wir betrachten Religion nur als Angelegenheit des ‚inneren Menschen'; Religion hat mit Physik und Biologie nichts zu tun, außer, dass sie ein Kulturphänomen in der auf verstehbare Weise biologisch zustandegekommenen Menschheit darstellt." Manche religiöse Gruppen flüchten dann auf Inseln, wo sie mit ihrem Glauben an einen Schöpfergott unbehelligt bleiben. Jede Gruppe hat ihre eigene Insel, und diese Inselwelt trägt wenig zur Klärung des Verhältnisses von Naturwissenschaft und Religion bei. Gesellen wir uns lieber zu den wenigen religiösen Denkern, die auf dem Festland bleiben und die Bulldozer „ins Moor locken", ihnen klar machen, dass sie nur auf dem trockenen Boden der Ratio, des verstandesmäßig Fassbaren funktionieren, aber keineswegs zu jedem Ort im Kosmos alles Natürlichen gelangen können.
Einer dieser Denker war der protestantische Theologe Rudolf Otto. Er veröffentlichte bereits 1917 ein Buch, das bis in die Gegenwart immer neu aufgelegt wird und von dem inzwischen mehr als 50 000 Exemplare verkauft worden sind – erstaunlich für ein trocken-akademisch geschriebenes Werk. Sein Titel lautet „Das Heilige. Über das Irrationale in der Idee des Göttlichen und sein Verhältnis zum Rationalen."[1] Versuchen wir zunächst, einige der Grundüberlegungen Ottos zu verstehen!

4.2 Das Numinose

Wenn in religiösen Lehren von „Gott" oder „dem Göttlichen" die Rede ist, geschieht das meistens in rationalen Begriffen, die innerweltlich verständliche Merkmale (wie „Allmacht" oder „Liebe"), überhöht gedacht, als göttliche Merkmale verwenden. Zwar wird gern betont, dass Gott eigentlich „unsagbar" ist. Aber Dogmen wollen wörtlich genommen sein und beschwören so ein Dilemma herauf, nämlich das Dilemma der begrifflich erklärenden Sprache. Diese ist immer rational. Religiöse Lehren können nur schwer der Gefahr entrinnen, das Göttliche im Rationalen zu verendlichen und so ad absurdum zu führen. Sie fügen den materiellen Götzen geistige Götzen hinzu, die man leicht mit Argumenten zerschlagen kann.
Otto ist sich dieser Schwierigkeit bewusst und thematisiert sie von An-

fang an. Niemand hat bisher den Beweis erbracht, dass man alles, was uns begegnet oder zur Natur gehört, in rationale Begriffe fassen kann, und es ist anzunehmen, dass dieser Nachweis niemals gelingen wird. Kann man aber vom Nicht-Rationalen begrifflich reden? Verfällt man, indem Sprache benutzt wird, nicht von vorneherein ins Rationale und steckt in einem Widerspruch?

Das ist, wie Otto betont, nicht immer der Fall. Um andere als rationale Erkenntnisweisen in uns zu bewirken, kann Sprache durchaus ein Auslöser sein, der über die Rationalität der Sprache selbst hinausführt. Man kann Sprache mit den Hebeln vergleichen, die beim Stapellauf eines Schiffes die Sperrmechanismen lösen und es dem Schiff ermöglichen, ins Wasser zu gleiten. Die Kraft, die man zum Betätigen der Hebel benötigt, ist nicht die Schwerkraft, die mit ungleich grösserem Energieaufwand das Schiff dorthin führt, wo es schwimmen kann. Sprache kann in entsprechender Weise etwas bei uns bewegen, was sich einer rationalen Merkmalsdefinition entzieht. Sie lässt uns dann in das Meer des Irrationalen gezielt, an der richtigen Stelle hineingleiten. Selbst Mystiker bedienen sich in diesem Sinne der Sprache. „Gerade die Mystik ist meistens sehr beredt gewesen“.[2]

Als zentralen Begriff im Raum des Religiösen betrachtet Otto denjenigen des Heiligen. Er ist umfassender als der Begriff „Gott“ oder „das Göttliche“, weil „Gott“ meistens als personale Gestalt („anthropomorph“) gedacht wird und beispielsweise im Buddhismus so nicht vorkommt. Das „Heilige“ markiert also zunächst ein unbestimmtes Wort, mit dem etwas Umfassendes, nicht rational Greifbares angesprochen wird. Um dieses Ansprechen konkret werden zu lassen, konzentriert sich Otto auf einen Aspekt des Heiligen, der für die Erlebnis- und Gefühlswelt des Menschen eine grosse Rolle spielt. Von der ethischen Seite, die das Heilige auch hat, wird abgesehen, ja von den rationalen Momenten überhaupt. Um für den irrationalen Aspekt einen eigenen Namen zu haben, führt Otto die Bezeichnung „das Numinose“ ein. So, wie man aus „Omen“ das Adjektiv „ominös“ herleitet, bildet Otto zum (lateinischen) Substantiv „numen“ („Gottheit“ oder „Präsenz Gottes“) das Eigenschaftswort „numinös“, substantivisch „das Numinöse“. Meist wird „ö“ durch „o“ ersetzt, so dass wir vom „Numinosen“ sprechen.

„Das wovon wir reden“, so Otto, „und was wir versuchen wollen anzugeben, nämlich zu Gefühl zu bringen, lebt in *allen* Religionen als ihr eigentlich Innerstes und ohne es wären sie gar nicht Religion“.[3] Man beachte, dass etwas „zu Gefühl" gebracht werden soll, nicht „auf den Begriff". Otto stellt die Grundkategorie des Gefühls als Reaktion auf das Numinose neben die Verstandeskategorien im Sinne des Philosophen Kant. Die Verstandeskategorien sind rational und das, was aus ihnen abgeleitet wird, ist ebenfalls rational. Da das Numinose nicht rational ist, sind auch die Gefühlskategorien, die zu ihm hinführen, nicht aus den Verstandeskategorien ableitbar. Sie sind eigener Art.

4.3 Kreaturgefühl und schauervolles Geheimnis

Worum geht es aber nun inhaltlich bei dem Numinosen, was sind die „Momente des Numinosen", wie Otto sagt? Da sind zunächst die „ganz artbesonderen Züge des ‚Feierlichen'", das „‚Solemne' der seltsamen und nur hier so vorkommenden Ergriffenheit" in religiösen Erlebnissen. Sie verbinden sich mit einem Gefühl der „schlecht-hinnigen Abhängigkeit" (Schleiermacher[4]), das „viel mehr und zugleich qualitativ etwas anderes ist als alle natürlichen Abhängigkeitsgefühle". Otto nennt es das „Kreaturgefühl – das Gefühl der Kreatur die in ihrem eigenen Nichts versinkt und vergeht gegenüber dem was über aller Kreatur ist".[5] Es ist nicht in psychologischem Sinn ein Minderwertigkeitsgefühl, zerrt nicht nach unten. Es zieht „nach oben", verweist auf das Numinose als Gegenwart, die meinem Leben so etwas wie Unendlichkeit verleiht. Ein z w e i t e s Moment des Numinosen schliesst sich an. Nach dem ersten Überwältigtwerden richtet sich das Gefühl auf das Numinose selbt. Was ist dieses Objektive, außer mir Gefühlte? Es wird als ein „schauervolles Geheimnis", ein *„mysterium tremendum"* erlebt. Otto beschreibt es so:

„Das Gefühl davon kann mit milder Flut das Gemüt durchziehen in der Form schwebender ruhender Stimmung versunkener Andacht: Es kann so übergehen in eine stetig fliessende Gestimmtheit der Seele die lange fortwährt und nachzittert bis sie endlich abklingt und die Seele wieder im Profanen lässt. Es kann auch mit Stössen und Zuckungen plötzlich aus der Seele hervorbrechen. Es kann zu seltsamen Aufgeregtheiten, zu Rausch Verzückung und Ekstase führen. Es hat seine wilden und dämonischen Formen. Es kann zu fast gespenstischem Grausen und Schauder herabsinken. Es hat seine rohen und barbarischen Vorstufen und Äußerungen. Und es hat seine Entwicklung ins Feine, Geläuterte und Verklärte. Es kann zu dem stillen demütigen Erzittern und Verstummen der Kreatur werden vor dem – ja wovor? Vor dem was im unsagbaren *Geheimnis* über aller Kreatur ist."[6]

Nach dieser Beschreibung hält Otto inne und reflektiert noch einmal kurz die Tatsache, dass er Sprache benutzt und etwas aussagt, obwohl man eigentlich nichts sagen kann. Vom Verborgenen, Geheimnisvollen zu reden, ist indessen nur eine negative Bestimmung. „Negativ" bezieht sich jedoch auf den Begriff, nicht auf das Gefühl:

„Mysterium benennt ja *begrifflich* nichts weiter als das Verborgene, das heißt das nicht Offenkundige, nicht Begriffene und Verstandene, nicht Alltägliche, nicht Vertraute, ohne dieses selber näher zu bezeichnen nach seinem Wie. *Gemeint* ist damit aber etwas schlechterdings Positives. Sein Positives wird erlebt rein in Gefühlen."[7]

Das Schauervolle des Mysteriums besteht nicht in gewöhnlicher Angst oder Furcht. Es hat, wie in der Rede vom „heiligen Schauer" zum Ausdruck kommt, erhebenden Charakter. Verwandt damit ist der Ausdruck „heilige Scheu"; „Schauer" und „Scheu" haben den gleichen Wortstamm. Wenn wir etwas schaurig nennen, so kann das als negatives Gefühl gemeint sein. Oft aber ist schon umgangssprachlich „Schauer" oder „Gruseln" ein Furcht erregender und zugleich faszinierender Zustand. In viel höherem Mass ist die numinose Scheu eine Verbindung von Angst und Anziehung, ein lustvolles Fürchten des Numinosen. Was aber ist überhaupt ein Mysterium, ob schauervoll oder nicht? Im Sanskrit gibt es das Wort Muš („verborgenes, verstecktes, geheimes Treiben"), von dem wahrscheinlich Mysterium und Mystik abgeleitet sind.

„Mysterium, im allgemeinen Sinn genommen, heißt zunächst nur Geheimnis im Sinne des Fremdartigen, Unverstandenen, Unerklärten überhaupt und insofern ist selbst mysterium für das von uns *Gemeinte* nur ein Analogiebegriff aus dem Bereich des Natürlichen, der sich zur Bezeichnung anbietet, eben um einer gewissen Analogie willen ohne die Sache wirklich zu erschöpfen. Diese selber aber, nämlich das *religiös* Mysteriöse, das echte Mirum, ist, um es vielleicht am treffendsten auszudrücken, das ‚*Ganz andere*', ... das Fremde und Befremdende, das aus dem Bereich des Gewohnten, Verstandenen und Vertrauten und darum

‚Heimlichen' überhaupt Herausfallende und zu ihm in Gegensatz sich setzende und *darum* das Gemüt mit starrem Staunen Erfüllende."[8]

Symbolhaft werden dann auch numinose, „heilige" Gegenstände oder Personen abgesondert, abgehoben, jenseits des Gewöhnlichen stehend erlebt. Mystik steigert dann das „versteckte, geheime Treiben", wie es im irrationalen Moment des Religiösen verborgen ist.

„Die Mystik setzt diese Entgegensetzung des numinosen Objektes als des ‚Ganz anderen' fort bis zum Äußersten, indem sie sich nämlich nicht begnügt, es allem Natürlichen und Weltlichen gegenzusetzen, sondern schliesslich dem ‚Sein' und dem ‚Seienden' selber. Sie nennt es schliesslich ‚das Nichts' selbst. Sie meint mit dem Nichts nicht nur das was durch nichts besagbar ist sondern das schlechthin und wesentlich Andere und Gegensätzliche zu allem was ist und gedacht werden kann. Indem sie aber so die Verneinung, die Gegensetzung, die das einzige ist was hier der *Begriff* leisten kann um das Moment des ‚Mysterium' zu fassen, bis zum Paradoxen steigert, wird ihr dann das positive Wie des ‚Ganz anderen' zugleich höchst lebendig im Gefühl, und zwar im Gefühlsüberschwang."[9]

Hier schlägt Otto nun eine beachtenswerte Brücke zum buddhistischen Nirwana-Verständnis. Dieses besitzt viel grössere Nähe zur christlichen Mystik, als man gemeinhin annimmt: Das „Nichts" des „Nirwana" ist ein Nichts des Begrifflichen, Rationalen, hebt aber keineswegs ein irrationales Sein auf, wie es im numinos begründeten Gefühl erfasst wird:

„Was so von dem sonderbaren ‚Nihil' unserer westlichen Mystiker gilt, das gilt ganz gleichermassen… von dem ‚Leeren' und der ‚Leere' der buddhistischen Mystiker. Demjenigen der für die Mysteriensprache und für die Ideogramme oder Deutezeichen der Mystik die innere Führung nicht hat, muss dieses Trachten buddhistischer Frommer nach dem ‚Leeren' und ‚Leerwerden' ganz ebenso wie das Trachten unserer Mystiker nach dem Nichts und nach dem zu-Nichte-werden wie eine Art Tollheit erscheinen, und damit das Buddhatum selber wie ein gemütskranker ‚Nihilismus'. Aber wie das ‚Nichts' so ist das ‚Leere' in Wahrheit ein numinoses Ideogramm des ‚Ganz Anderen'."[10]

Nirwana ist ein extremer, puristischer Ausdruck für die Unsagbarkeit des Numinosen, die Endlichkeit alles Begrifflichen. Das grosse Licht tiefster Erleuchtung zerstrahlt das Niedrige unseres sinnlichen – und auch geistigen – Erlebens ins Nichts, in die Leere, entlarvt sie als illusionär. Dennoch bleibt das Mysterium, das Ganz Andere, das uns jenseits des begrifflich Seienden erfasst.

4.4 Numinos begründete Glückseligkeit

Als drittes Moment des Numinosen beschreibt Otto kurz eine hymnische Erregung, wie sie in religiösen Gesängen zu finden ist. Das numinose Gefühlserleben entlädt sich sozusagen im gesungenen oder gesprochenen Lobpreis Gottes. Als namhaftes Beispiel wird ein Hymnus von E. Lange angeführt: „Vor dir erbebt der Engel Chor, sie schlagen Aug' und Antlitz nieder, so schrecklich kommst du ihnen vor. Und davon schallen ihre Lieder. Die Kreatur erstarrt vor deiner Gegenwart,... Bei dir ist Majestät, die über alles geht, und heilig, heilig, heilig heißet."[11] Hier wird indessen das „dreimal heilig" aus Jesaja 6 in einen Text eingebaut, der sich in „Du"-Form an Gott richtet, während die Engel gemäß Jesaja 6 von Jahwe in der dritten Person reden. „Trotz seiner ‚Erstarrung' singt auch Lange zehn lange Strophen – die Engel knapp zwei Verse", bemerkt Otto und verweist auf eine Äußerung Goethes: „Die Leute traktieren den göttlichen Namen, als wäre das unbegreifliche gar nicht auszudenkende höchste Wesen nicht viel mehr als ihresgleichen. Sie würden sonst nicht sagen: Der Herrgott, der liebe Gott, der gute Gott. Wären sie durchdrungen von seiner Größe, sie würden verstummen und ihn vor Verehrung nicht nennen mögen."[12]
Größeren Raum widmet Otto dem vierten numinosen Moment, das er als *„das Fascinans"* überschreibt. Es deutete sich schon an, als im „schauervollen Geheimnis" (dem zweiten Moment des Numinosen) von der Spannung zwischen dem Furchterregenden und dem Lustvollen im Mysterium die Rede war.

„Wie die religiöse Unseligkeit – als Erlebnis der *‚ira'* – tief irrationale Momente in sich hat so auch ihr Gegenstück, die religiöse Seligkeit. Beseligung ist mehr, viel mehr, als blosses natürliches Getröstet-sein, Zuversicht-haben, Liebesglück, auch in noch so hohen Steigerungen".[13]

Die Seligkeit, das Wunderbare überstrahlt dabei die Unseligkeit, steigert sich zum Wundervollen. Neben das „Sinn-verwirrende tritt das Sinn-berückende, Hinreissende, seltsam Entzückende, das oft genug zum Taumel und Rausch sich Steigernde, das Dionysische der Wirkungen des numen.“[14] Otto verweist insbesondere auf die Berichte von persönlichen Bekehrungserfahrungen, „in denen religiöses Erleben in typischer Reinheit und gesteigertem Akt auftritt und in denen es sich mit greifbarerer Deutlichkeit sich zeigt als in der weniger typischen Formruhig anerzogener Frömmigkeit: der Erlebnisse der ‚Gnade‘, der ‚Bekehrung‘, der ‚Wiedergeburt‘.“ (Hierbei ist „Wiedergeburt“ nicht im Sinne von „Reinkarnation“ verstanden, sondern im Sinne des neutestamentlichen „wiedergeboren aus dem Geist“). Man kann hier an das Beispiel des Mathematikers und Theologen Blaise Pascal denken, der in seinem „Memorial“ (1654) von „Freude, Freude, Freude und Tränen der Freude“ geschrieben hat. Hier ein Auszug:

„Seit ungefähr abends zehneinhalb bis ungefähr eine halbe Stude nach Mitternacht.

FEUER

‚Gott Abrahams, Isaaks, Gott Jakobs‘, nicht der Philosophen und Gelehrten.

Gewissheit, Gewissheit, Empfinden: Freude, Friede.

Gott Jesu Christi

Deum meum et Deum vestrum…“.[15]

Otto führt ein Zitat des Mystikers Jakob Böhme an: „Was aber für ein Triumphieren in dem Geiste gewesen sei, kann ich nicht schreiben noch reden. Es lässt sich mit nichts vergleichen als nur mit dem, wo mitten im Tode das Leben geboren wird, und es vergleicht sich der Auferstehung von den Toten.“[16]Auch von ähnlichen Erfahrungen im Buddhismus ist die Rede, wenn auch durchaus verschieden von den im Christentum erlebten. Sie sind aber „hinsichtlich der Intensität des Erlebens überall ziemlich gleich… Nur dem Begriffe nach ist Nirvana ein Negativum, dem Gefühl nach ein Positivum stärkster Form und ein *fascinans,* das auch seine Verehrer zum Schwärmen bringen kann“.[17]

4.5 Weihe, Reinheit und Sühne

Als fünftes Moment des Numinosen beschreibt Otto kurz ein Gefühl, das schon im numinosen Schauer als das Unheimliche anklingt, sich aber nun verdichtet und näher kommt im Erlebnis des Ungeheuren, ganz Grossen, Unfasslichen. Es bereitet dem sechsten (und letzten) Moment den Boden, in dem jetzt ein unmittelbares Verhältnis zu dem Grossen, Ungeheuren thematisiert wird, nämlich ein Gefühl, dem Erhabenen nicht würdig zu sein, es zu beflecken, wenn es näherrückt. „Ich bin unreiner Lippen und aus einem unreinen Volk", wird Jesaja zitiert, oder Petrus, wenn er zu Jesus sagt: „Herr gehe von mir hinaus, ich bin ein sündiger Mensch".[18] Das Unreine, die Sünde sind hier nicht nur ethische Qualitäten. Sie reichen tiefer, wenn sie dann auch moralische Konsequenzen nach sich ziehen können wie bei jenem Zöllner, der, überrascht und überwältigt, dass Jesus ihn besucht, unaufgefordert erklärt, er wolle seine Betrügereien wieder gut machen. Er will sich als würdig erweisen – was bei ihm vornehmlich das Geld betrifft – und wenigstens im Nachhinein „gereinigt" dastehen. Man denke an einen Besuch im Museum: Würde ich ein wertvolles Gemälde oder anderes Kunstobjekt auch nur mit dem Finger berühren, kämen sofort die Aufseher herbeigestürzt: Das Wertvolle darf nicht durch meine Berührung beschädigt werden. Es muss „unangetastet" bleiben. Konkret wird dieses Erleben des Numinosen im sakralen Ritus, wo der „geheiligte Bezirk", die geweihten Geräte, schmuckvolle Gewänder, rituelle Waschungen eine Grenze zwischen „heilig" und „profan" markieren. Es geht aber nicht immer um Abgrenzung zum Unnahbaren hin. Auch Gereinigtwerden, Weihe erleben, „ohne Verdienst und Würdigkeit" Angenommensein durch den Ewigen können eine Rolle spielen. Insbesondere wird oft das schon genannte „glückselige" Bekehrungsgeschehen als Reinwaschen erlebt. Vor einigen Jahren ging eine Schlager als „Number one hit" um die Welt mit dem schlichten Text „O happy day when Jesus washed my sins away". Er wurde von dem zunächst unbekannten Chor einer kleinen Kirche schwarzer Amerikaner gesungen. Die sanfte, etwas sentimentale Melodie „ging durch Mark und Bein". Trotzdem löste sicherlich nicht nur die Musik eine so grosse Wirkung aus. Wenn auch wahrscheinlich die meisten Menschen, die den Song mochten, wenig mit dem Text rational anfangen konnten, so kann man doch annehmen, sie haben ein tief gehendes Gefühl (oder den Wunsch) des Reinwerdens verspürt. Sie

fanden sich unversehens und vielleicht ohne darüber nachzudenken in einem numinosen Erleben vor.
Die intellektuell-rationale Abwertung des religiösen Gefühls hat dem Christentum geschadet. Denn es versperrte den Weg in jene numinose Tiefendimensionen, ohne die eine religiöse Lehre leicht zum oberflächlichen Dogmenstreit wird. Das hat Rudolf Otto mit den sechs Momenten des Numinosen – Kreaturgefühl, schauervolles Geheimnis, hymnische Erregung, numinose Glückseligkeit, Unfassbarkeit, Weihe und Reinwerden – herausgearbeitet. Man beachte, dass alle sechs Momente letztlich erhebenden Charakter haben. Das zunächst Angstvolle wird in Überwältigtsein verwandelt, das Unheimliche ins ungeheuer Grosse, die Unwürdigkeit in Angenommenwerden. Glückseligkeit überwiegt die Furcht. Dass der Weg zu dieser Erscheinungsweise des Heiligen, historisch gesehen, steinig war, ist hierbei nicht Gegenstand der Betrachtung. Wie war das mit den teilweise grausamen Opfern, die man darbrachte, um vor dem Numinosen bestehen zu können? Welche Rolle spielten die höllischen Ängste, wie ist die Beziehung zwischen dem Heiligen und der Gewalt? Otto deutet nur an, dass das Gefühl des mysterium tremendum auch „dämonische Formen", seine „rohen und barbarischen Vorstufen und Äußerungen" haben kann. Aber es sind Vorstufen, die nicht ins Zentrum des Heiligen führen. Wir werden auf diese Fragen im nächsten Kapitel zurückkommen, wenn wir über die Evolution des Heiligen sprechen. Bleiben wir zunächst auf der Ebene der Phänomene und fragen, inwiefern Nahtoderlebnisse als numinose Erfahrungen verstanden werden können!

4.6 Das Numinose in Nahtodvisionen

In der Tat ist es erstaunlich, in welchem Maß die Nahtoderfahrungen Züge numinos begründeter Erlebnisse tragen. Schon das Gesamtphänomen des Nahtoderlebens stimmt in zweierlei Hinsicht mit dem überein, was Rudolf Otto über numinose Erfahrungen dargelegt hat: Zum Einen ist es nicht rational fassbar und doch eine bedeutungsvolle Wahrnehmung. Zum Andern handelt es sich nicht um ein gesteigertes Gefühl schlechthin, nicht um eine Art vulkanischem Ausbruch unbewusster Erlebnisinhalte. Vielmehr ist es auf ein verborgenes, objektives Sein bezogen – eben das Numinose – welches oft in einer Lichtgestalt näherrückt, aber nicht verstehbar wird. Nicht selbstbezogene Ekstase, sondern auf das „Licht der Liebe“ ausgerichtete, von mir wegziehende Glückserfahrung ist das Zentrum vieler Nahtoderfahrungen und scheint eine Tendenz derselben anzudeuten, auch dort, wo sie nicht explizit erlebt wird. Während im Sinne von Otto das Irrationale generell im Gefühl seinen Niederschlag findet, entfaltet sich im Nahtoderlebnis das Gefühl weiter in Bildvisionen, übersinnlichen Glückserfahrungen und telepathischen Begegnungen. Numinose Erfahrungen können in mannigfacher Weise auftreten; das Nahtodgeschehen ist dabei eine gesteigerte Form numinos begründeten Erlebens. Wir können das in den Momenten des Numinosen verdeutlichen, wenn wir auf die in den Nahtodberichten geschilderten Erfahrungen zurückgreifen. Im e r s t e n dieser Momente geht es um die Sprachlosigkeit, das Überwältigtsein angesichts des Numinosen. Hier denke man an eine Äußerung von Sigismund Teschner: *„Das Erlebnis für sich selbst ist etwas, als ob man ‚die Unendlichkeit berührt hätte‘“.* (s. 1.13). Christine de Graat erinnert sich an den Augenblick, als sie das *„lebende Licht“* sah: *„Mir blieb vor Erstaunen der Mund offen stehen“.* Zwar finden wir in dem, was erzählt wird, nicht das „in den Staub versinken“ oder ein „gehe weg von mir, denn ich bin ein unreiner Mensch“ wie bei Petrus. Das mag aber daran liegen, dass in unseren Tagen Unterwürfigkeitsgesten nicht mehr so verbreitet sind wie in historischen Zeiten, auch daran, dass die Nahtoderfahrungen bereits mit neuartigen Gefühlsdimensionen ausgestattet sind. Dennoch bietet sich von der verändernden Wirkung her ein Vergleich mit numinosen Gotteserfahrungen an, wie wir sie aus der Religionsgeschichte kennen.

Auch das „Schauervolle“ im „schauervollen Geheimnis“, dem z w e i t e n Moment des Numinosen, tritt in unseren Berichten selten in den Vordergrund. Meistens wird gesagt „ich hatte keine Angst“. Dennoch ist von anderen Berichten bekannt, dass es auch Schreckens- und Angsterlebnisse in Nahtoderfahrungen gibt. Diese können allerdings vielfältiger Art sein; wir hatten uns im zweiten Kapitel unter „Schreckliche und wunderbare Erfahrungen“ damit befasst. Im Hinblick auf das „schauervolle Geheimnis“ interessieren besonders diejenigen negativen Erfahrungen, die dann ins Positive umschlagen, ähnlich wie das nach Otto zur Rolle des Schauervollen im mysterium tremendum gehört.

Als eine derartige Erfahrung kann man das werten, was Frau W. K. von dem Augenblick erzählt, in dem sie eine Höhle betritt: *„In mir war grauenhafte Angst. Rechts und links zu beiden Seiten glitten Raubtiere dahin.*

Und wieder hörte ich die Stimme: ‚Du darfst keine Angst haben'. Und ich überwand alle Furcht und schwebte dahin in einer unendlichen Glückseligkeit…" (s. 1.23). Das Numinose ist hier durch „die Stimme" repräsentiert, die in dem Erzählten immer wieder eine Rolle spielt. Sie bewirkt mit ihrer Aufforderung, die Angst abzulegen, selbst den Wandel vom Schaurigen zur Glückseligkeit. Wenn auch gelegentlich eine Lichtgestalt zu sehen oder eine Stimme zu hören ist, so wird dennoch das Numinose nicht „greifbar", schon gar nicht im Sinne rationalen Verstehens. Nur die Gegenwart des Lichtes wird als Liebe erlebt, manchmal wie ein Auflösen in der Unendlichkeit des Numinosen. (Es gibt sich gut, dass „numen" nicht nur als „das Göttliche", sondern auch als „die Gegenwart des Göttlichen" übersetzt werden kann). Eine Distanz bleibt, insbesondere, wenn es heisst „du musst noch einmal zurück". Auch Moses kam vom „Berg der Verklärung" zurück (und brachte die Zehn Gebote mit). Das Geheimnis des Numinosen oder Gottes bleibt verborgen.
Das d r i t t e Moment des Numinosen, die hymnische Erregung, wird von Otto hauptsächlich im Zusammenhang mit hymnischer Dichtung erwähnt und dürfte deshalb kaum in Nahtoderfahrungen vorkommen. Umso deutlicher finden wir das v i e r t e numinose Moment, die Glückseligkeit, in Nahtoderlebnissen ausgeprägt. *„Es war ein unbeschreibliches Glücksgefühl von Frieden, Harmonie und Einssein mit der gesamten Schöpfung…"* erzählt Erika Herman (s. 1.4); *„Ich hatte ein unsagbares Glücksgefühl"*, erinnert sich Dagmar Eucker (s. 1.7); *„Es war ein Gefühl der Geborgenheit und des Wohlbefindens…"* sagt Herbert Fiedler im Rückblick (s. 1.9) und Sigismund Teschner erfährt trotz seines Suizidversuches ein *„Wahrnehmen von absoluter Liebe, Zufriedenheit, Glücksgefühl und Geborgenheit…"* (s. 1.13). Günter B., als Fünfjähriger ins Wasser gefallen, weiß noch: *„Ich fühlte mich, obwohl es November war, wohlig warm wie von einer Hülle umgeben"* (s. 1.16); Karl Rosenfeld, in der Bretagne während des Krieges verschüttet, *„war von einem unbeschreiblichen Glücks- und Seligkeitsgefühl erfüllt"* (s. 1.18). Margrit Schwenzner *„stand völlig losgelöst in einem herrlichen lichten Raum"*. Und schließlich sei Christoph Wohlgemuth erwähnt, der zwei Wochen im Koma lag und nur die Folgewirkungen dieser im Unbewussten versunkenen Zeit schildert: *„Meine Emotionen, mein Empfinden sind sensibler und sehr viel intensiver geworden… es ist einfach schwer, derartige Momente in Worte zu fassen, aber ich kann Ihnen versichern, es hat mein Leben total verändert…"*. (s. 1.25) Auch in anderen Berichten kommt zum Ausdruck, dass die Be-

troffenen nicht eine kurzzeitige Euphorie erlebten, sondern ihr Leben eine nachhaltige Wandlung erfahren hat. In dieser Weise gesellen sie sich zu denjenigen Menschen, die, wie Otto darlegt, tief gehende Bekehrungserlebnisse hatten.

Wie das „Wunderbare" ins „Wundervolle" übergeht, war Thema des f ü n f t e n numinosen Moments. In vielen Nahtoderlebnissen lässt sich die Vielfalt dieses Wundervollen schon am „Ambiente" des Erlebten veranschaulichen, optisch oder auch akustisch: *„Über mir strahlte, glänzte, leuchtete es bläulich, prismenartig wie ein Diamant"; „... eine wundervolle Strandlandschaft... Die Farben waren unerhört schön, der Boden vielleicht aus Gold, das Meer türkis"; „Es waren Geräusche dort, wie Vogelstimmen, lieblich, leise und sehr harmonisch"; „um mich herum ein warmes, samtweiches Blau"; „... weitergetragen in ein Farbenmeer, das so kraftvoll, so intensiv und doch so zart war"; „Landschaften in skurrilen, noch nie gesehenen bizarren Farben"; „Der Wind und die Bäume spielten eine Melodie, die sie nicht beschreiben kann".* Das Ungeheuerliche landschaftlicher Schönheit gibt die Kulisse, den Hintergrund ab für die Begegnung mit dem meist personalisierten numinosen Licht. Es ist auf seine Weise ein Hymnus, der die Ewigkeitserfahrung begleitet.

Im Hinblick auf das s e c h s t e Moment des Numinosen ist bei Nahtoderfahrungen in besonderer Weise der Unterschied heilig-profan ausgestaltet und mit Inhalt erfüllt. Jedenfalls interpretieren wir so drei Aspekte der Nahtoderlebnisse: Zum einen wird in der Außerkörpererfahrung der „neue Körper" als schmerzfrei, abgehoben, schwerelos, manchmal leuchtend gegenüber dem kranken, blutverschmierten alten Leib erlebt. Von dem Trennungsereignis selbst abgesehen liegt darin etwas Sakrales, über die Niederungen des belasteten Alltags Hinausweisendes. Es ist nicht Ergebnis ritualisierter Bemühungen, sondern erscheint spontan. Unerwartet tritt „das Heilige" im Ich-Erlebnis dem „Profanen" gegenüber.

Dennoch kann auch dieser neue Leib – bei denen, die „zurück müssen" – nicht ins „Allerheiligste" vordringen, wo die Lichtgestalt wohnt und verstorbene Verwandte oder Freunde eine neue Heimat gefunden haben. Wo das „du musst noch einmal zurück" vernommen wird, ist erneut eine Grenze gezogen. So kommt es zum dritten Gegenüber von heilig und profan, sozusagen im äußeren Kreis: Nach Rückkehr in den alten Leib blicken die Betroffenen mit Wehmut – oder auch Zorn – über die Grenze zum „heiligen Bezirk", in dem sie glücklich waren.

Indessen findet man in diesen „Grenzerlebnissen" keine Reinigungszeremonien. Auch die Begründung für das Verlassen des „heiligen Bezirks" ist nicht moralisch, sondern, soweit sie überhaupt angegeben wird, stets konstruktiv formuliert: *„Du hast noch eine Aufgabe zu erfüllen"*. Das bedeutet nun wiederum nicht, dass moralische Wertungen in Nahtoderlebnissen ganz fehlen. Sie treten gelegentlich im Panorama, dem Lebensfilm auf. Günter Düthorn schreibt in seinem zweiten Bericht von einem *„Gedankenaustausch ohne Worte"* mit Geist-Lichtwesen, als es im Panorama um sein Leben ging: *„Wie in einem Film sah ich viele wichtige Stationen meines Lebens vor mir. Parallel zu den Bild-Ereignissen erlebte ich die ‚moralische Wertung' derselben, weniger nach gut und böse, sondern nach dem, was sie an Leid und Freude bei anderen ausgelöst haben"* (s. 1.2).
Wir fügen eine Erfahrung ähnlicher Art hinzu, die ich (am10.8.2000) dem Internet entnommen habe[19]: Eine australische Ärztin jüdischen Glaubens, Dr. Rene Turner, wurde im Februar 1982 nach einem schweren Verkehrsunfall für tot erklärt. Sie überlebte jedoch und lag zehn Tage im Koma. In dieser Zeit hatte sie ein intensives Nahtoderlebnis, in dessen Verlauf die Lichtgestalt sie auf ihren Lebensfilm hinwies:

> *„Er stand neben mir und veranlasste mich, nach links zu schauen, wo die weniger löblichen Augenblicke meines Lebens abgespult wurden. Ich durchlebte jene Augenblicke noch einmal und fühlte nicht nur, was ich getan hatte, sondern auch die Verletzungen, die ich verursacht hatte. Von einigem hätte ich nie gedacht, dass es solchen Schmerz bereitete. Ich war überrascht, dass einige Dinge, über die ich hätte bekümmert sein können, wie etwa ein Ladendiebstahl von Schokolade in meiner Kindheit, nicht zu sehen waren, während gelegentliche Bemerkungen, die mir unbekannte Verletzungen hervorgerufen hatten, nunmehr zählten. Als die Schuld auf mir lastete, wurde ich auf solche Ereignisse gelenkt, die anderen Freude bereitet hatten, obwohl ich mir unwürdig vorkam. Es schien, die Waage schlug zu meinen Gunsten aus. Ich empfing große Liebe."*

Mir ist kein Nahtodbericht bekannt, in dem ein Betroffener wegen moralischer Schuld verurteilt oder bestraft wird. Das besagt nichts über eine mögliche Rechenschaft, die jeder abzulegen hat. Es bedeutet zunächst nur, dass im Todesaugenblick die numinose Liebe alles andere überstrahlt, ein grundlegendes Angenommensein erlebt wird. Das Heilige tritt zwar dem Profanen gegenüber, geht aber – mit „offenen Armen" – auf es zu.

5 Die Evolution des Heiligen

5.1 Naturgeschichte und Religion

Wir hatten im zweiten Kapitel über die Evolution von übersinnlichen Phänomenen und von Bausteinen der Nahtoderfahrungen gesprochen. Es ging dabei um das Sensorium, mit dem die fünf Sinne höherer Lebewesen zu erweitern sind, um der Tiefendimension menschlichen Geistes als Naturphänomen näher zu kommen. Menschliches Bewusstsein ist ein solches Instrument; mit ihm befassen sich Philosophie, Psychologie und Neurobiologie seit langem. Wenn sich ein Schimpanse vor dem Spiegel im Gesicht kratzt, wird das als „Selbsterkennen" beurteilt, als eine Vorstufe von Selbstbewusstsein, wie sie außer beim Menschen nur bei Primaten zu finden ist. Weniger untersucht und sogar weithin von den Naturwissenschaften unbeachtet geblieben sind Telepathie und Hellsehen sowie deren Sonderformen in Grundmustern von Nahtoderlebnissen. Wir sahen, dass Telepathie tief in die Evolution zurückreicht und wahrscheinlich bis in die Insektenwelt hinein einen entscheiden-den Kommunikationsfaktor darstellt. Welche Rolle Telepathie und Hellsehen bis heute in der Tierwelt und beim Menschen spielen, wird von seriöser Wissenschaft nur sehr zögernd als Untersuchungsgegenstand betrachtet. Wahrscheinlich stehen uns noch überraschende Entdeckungen bevor.

Nun aber sollen uns die Spuren von Religion in der Naturgeschichte, insbesondere in der Sichtweise der Evolution, beschäftigen. Wir haben im vorigen Kapitel den Begriff des Heiligen als den zentralen Begriff alles Religiösen betrachtet. Besonders die Erscheinungsform des Heiligen als das Numinose, objektiv-Geheimnisvolle führte uns in die Erkenntniswelt des im Gefühl Wahrnehmbaren, das nicht rational erfassbar ist. Die von Rudolf Otto entfalteten sechs Momente des Numinosen boten uns eine Grundlage, auf der wir die Nähe von Nahtodvisionen zum numinosen Erleben und damit zum Heiligen darlegen konnten.

Wie steht es nun mit einer naturgeschichtlichen und religionsgeschichtlichen Fundierung numinos begründeter Gefühle, von der wir uns ein besseres Verstehen von Religion allgemein und religiöser Aspekte der

Nahtodvisionen im Besonderen erhoffen? Zunächst sei ein mögliches Missverständnis abgewehrt: Kern der Bemühungen Ottos, so kann man einwenden, ist doch gerade, ins Irrationale vorzustossen und diejenigen Momente des Numinosen zu erfassen, die rationalem begrifflichen Denken nicht zugänglich sind. Nun sollen aber naturwissenschaftliche Evolutionstheorie und andere rationale Wissenschaften wie Archäologie und Verhaltensbiologie doch zur Erklärung herangezogen werden. Ist das nicht ein Widerspruch?

In der Tat wäre es ein Widerspruch, würden wir uns auf ein Religionsverständnis einlassen, das es auch gibt, aber von uns nicht geteilt wird. Es ist der Versuch, Religion zu psychologisieren, religiöse Rituale und Jenseitsvorstellungen als „nach aussen gesetzte" Traumsymbole und Wunschvorstellungen zu begreifen. Ein solches Religionsverständnis ist demjenigen von Rudolf Otto diametral entgegengesetzt: Das Numinose wird von Otto als objektiv, wenngleich nicht rational definierbar vorausgesetzt. Der numinose Schauder geht von außen nach innen, nicht von innen nach außen. Nicht die Gefühle sind das Numinose. Numinos ist vielmehr der Grund der Gefühle, das Mysterium, das Ganz Andere außerhalb von uns.[1]

Man kann weder die eine noch die andere Auffassung als „die richtige" erweisen; das müsste rational geschehen, was aber nicht möglich ist. Otto will – und dem schliessen wir uns an – mit Hilfe der Sprache Menschen anregen, sich auf ein Verständnis von Religion einzulassen, das von der Illusion wegführt, wir könnten letztlich alles, auch Religion und den Sinn von Natur, rational verstehen. Das geschieht aber wiederum auf eine Weise,die naturwissenschaftlichem Denken nicht widerspricht. Die natürliche Verankerung auch der numinosen Gefühle im biologisch erfassbaren Teil der Natur wird reflektiert. Auf diese Weise verhindert man, dass die benutzte Sprache in eine Märchen- oder Mythenwelt entführt (die an anderer Stelle ihren Platz in der Religionsgeschichte hat). Gerade in der Anwendung auf Nahtodvisionen wird das plastisch: Wenn ein Mensch, der sich nicht um religöse Fragen schert, nach einem Verkehrsunfall den „Einbruch des Heiligen ins Profane" erlebt, dann kann man nicht sagen, er wolle nur religiöse Mythen erfinden. Sofern er eine Nahtoderfahrung hat, steigen numinose Erlebnisweisen in ihm auf, die – mindestens in vielen Fällen – spontan als Hinweis auf das Ewige und ein Weiterexistieren nach dem Tod erlebt werden. Wir gehen aber noch einen Schritt weiter: Nicht nur soll ein Widerspruch zur (ideologiefreien) Naturwissenschaft verhindert werden. Indem wir die Evolution des Heiligen naturgeschichtlich bedenken, diskutieren wir ein naturphilosophisches Modell des Werdens von Natur, Leben und Geist, in dem das magere Gerippe naturwissenschaftlicher Formeln und Kausalbeschreibungen zu einer lebendigen Gestalt erweitert wird. Es enthält Perspektiven für ein neues Verständnis von Natur, das auch interessante Impulse für die Naturwissenschaft in sich bergen kann.

Eine Gegenüberstellung zu dem Weg, den die Esoterik geht, mag unser Ziel weiter verdeutlichen: Wir stimmen mit der Esoterik darin überein, dass der Gegenstandsbereich klassischer Naturwissenschaft ebenso erweitert werden muss, wie die Methoden, mit denen Natur erkundet wird. Übersinnliche Phänomene bieten hierfür Beispiele. Spiritismus, Theosophie und allgemein Esoterik verstehen jedoch die – auch in „jenseitige" Bereiche – erweiterte Natur wieder als geschlossenes System, dessen Gesetze quasi-rational, „wissenschaftlich" erfasst werden können, etwa die Gesetze der Reinkarnation und der Verarbeitung des „Karma". Glaube soll durch Wissen ersetzt werden. Dabei gibt es privilegiertes Wissen, das nur besonders Erleuchtete besitzen.

Für uns bleiben auch die erweitert gedachte Natur und ein ergänztes Sensorium des Denkens offene Systeme. Die Negation der Abgeschlossenheit ist bereits ein wichtiger Schritt. Unser Kosmos kann zwar als Teil eines umfassenderen Kosmos gedacht werden. Aber der „umfassendere" Kosmos bleibt im rationalen Schema wiederum offen. Das Mysterium dessen, was allumfassend ist, wird nicht enthüllt. Esoterik will das Numinose brechen. Für uns ist es das Nicht-Verfügbare. Wir werden seiner nicht habhaft, sind aber in vielfältiger Hinsicht darauf bezogen. – Übrigens stimmen in diesem Punkt Christentum, Judentum und Islam mit dem Buddhismus überein, während westliche Esoterik im Allgemeinen anti-buddhistisch ist.[2]

5.2 Regentanz der Schimpansen

Gehen wir also auf Spurensuche nach ersten Anzeichen und vorbereitenden Merkmalen von Religion! Nach unseren bisherigen Überlegungen wird das in der Suche nach numinosen Erlebnis- und Gefühlselementen konkret. Rudolf Otto deutet selbst an, dass das numinose Erschaudern in der Naturgeschichte seinen Anfang haben muss. Die „religiöse Scheu" hat im Gefühl für das Unheimliche ihre erste Regung:

„Von dieser ‚Scheu' und ihrer ‚Roh'-Form, von diesem irgendwann einmal in erster Regung durchgebrochenen Gefühle eines ‚Unheimlichen', das fremd und neu in den Gemütern der Urmenschheit auftauchte, ist alle religionsgeschichtliche Entwicklung ausgegangen. Mit seinem Durchbruch begann eine neue Epoche des Menschentums."[3]

Rudolf Otto lässt sich nicht darüber aus, wann dieses „irgendwann" in der Naturgeschichte stattgefunden haben könnte. Heute, mehr als achtzig Jahre später, haben wir über einen derartigen Zeitpunkt bessere Vorstellungen als Otto hätte haben können: Er liegt vermutlich etwa 7,5 Millionen Jahre zurück. Das ergibt sich aus einer Überlegung, die für unbekannte Fernen der Vergangenheit eine mögliche Erkenntnisquelle darstellt: Dort, wo sich die Menschheit oder ihr Vorläufer – kulturell oder biologisch – weiterentwickelt hat, erfasste die Veränderung nicht alle Individuen, die einer Art angehörten oder alle Stammesgruppen. Bei einem Teil blieb alles beim Alten und ist es heute noch. So kann man beispielsweise vermuten, dass schamanische Riten von Indianerstämmen oder religiöse Praktiken der Aborigines sehr alt sind und zur Geschichte vieler Völker gehören, die davon nichts mehr wissen.
Ähnliches gilt für die biologische Verhaltensgeschichte. So hat der Aachener Theologe Georg Baudler (auf den wir uns noch mehrfach beziehen werden) eine interessante Theorie aufgestellt. Sie bringt den sogenannten Regentanz der Schimpansen mit ersten Regungen des numinosen Schauders bei unseren Vorfahren in Zusammenhang. Geben wir zuerst in Baudlers Worten eine Beobachtung der bekannten Primatenforscherin Jane Goodall im afrikanischen Urwald wieder:

„Eine Horde von etwa 6 ausgewachsenen Männchen sowie einigen Weibchen und Jungtieren geriet auf dem Kamm einer Berghöhe in ein tropisches Gewitter. Es goss in Strömen, stürmte, blitzte und donnerte. Ein besonders schwerer Donnerschlag schien Goodalls Beobachtung nach das Signal dafür gewesen zu sein, dass eines der grossen Männchen sich aufrichtete, sich rhythmisch von einem Fuss auf den anderen zu wiegen begann und immer lauter werdende ‚panthoots' (Drohrufe) ausstieß, die sogar den klatschenden Regen übertönten. Plötzlich schoss es wie ein Pfeil den Abhang hinunter, schwang sich um den Stamm eines kleinen Baumes herum und sprang in die unteren Äste. Fast gleichzeitig rannten zwei andere Männchen hinter ihm her, rissen im Laufen herabhängende Äste ab, schwenkten sie durch die Luft und schleuderten sie vor sich her. Ein viertes Männchen sprang in in einen Baum, riss einen grossen Zweig ab, sprang damit auf den Boden und stürmte noch ein Stück weiter. Auch die noch verbliebenen beiden Männchen fielen in das Rasen ein. Mehrmals kletterten sie wieder den Hang hinauf, um von oben her das Imponiergehabe zu erneuern. Die Weibchen und die Jungtiere waren inzwischen in die Bäume geklettert und beobachteten fasziniert das Schauspiel. Erst nach 20 Minuten hatten sich die Schimpansenmännchen ausgetobt und zogen mit ihrer Gruppe davon."[4]

Dieses Verhalten der Schimpansen weist über ein reines Instinktverhalten hinaus, eine „übersteigende Dimension" im Gefühlsverhalten und Reagieren wird sichtbar, die sich nicht mehr mit verhaltensbiologischer Zweckmäßigkeit allein erklären lässt. Baudler erklärt:

„Offenbar haben die Schimpansen jene übersteigende Dimension von Sturm, Donner und Blitz wahrgenommen, die in der Religionsgeschichte die Namen Wotan, Indra, Donar, Zeus und auch Jahwe trägt: Gottheiten, deren Erscheinen mit Sturm, Donner, Blitz und Feuer verbunden ist. Indem sie auf die ihnen mögliche, von der Natur her ihnen zugewachsene Art und Weise auf diese Erscheinung eines Göttlichen reagierten, vollzogen sie auf rudimentäre, noch naturgebundene Art und Weise einen religiösen Kult."[5]

Es gibt sich gut, dass man heute Schimpansen als unsere nächsten tierischen Verwandten betrachtet und annimmt, dass in Ost- oder Südafrika die Wiege der Menschheit gestanden hat. In 1924 entdeckte der Paläontologe Raymond Dart in Südafrika die etwa 3 Millionen Jahre alten Schädelreste eines menschenähnlichen vierjährigen Kindes. Er sprach bei dieser Art von Lebewesen etwas unglücklich von „Südaffen" („Australopithecinen", hat nichts mit „Australien" zu tun).[6] Es hat danach bis in die jüngste Vergangenheit hinein heftige Auseinandersetzungen darüber gegeben, ob hier der Ursprung der Menschheit zu sehen ist. Durch immer neue Funde haben sich die Vorstellungen mehrfach verändert. Aber insgesamt herrscht heute weitgehend Einigkeit darüber, dass die ersten Menschen (wie übrigens schon Darwin vermutet hatte) in Afrika lebten. Eine scheinbare Kleinigkeit ist für uns besonders interessant: Dart fand, als er Knochen von Australopithecinen ausgrub, einen glatt polierten dunklen Stein mit eingehauenen Löchern, der offensichtlich durch Anfassen über Generationen hinweg seine glatte Oberfläche erhielt. Baudler sieht hierin einen frühen Ausdruck dafür, dass im Umgang mit den Dingen der Umwelt die „übersteigende Dimension“ (ein von Müller-Karpe[7] geprägter Begriff) zum Vorschein kommt und somit schon im Tier-Mensch-Übergangsfeld eine Vorstufe von Religion praktiziert wurde. Diese Meinung wird auch dadurch gestützt, dass man bei einer Schimpansin beobachtet hat, wie sie einen im Wasser gerundeten und polierten Stein als eine Art Fetisch (oder gar zu Visionen anregende „Kristallkugel“?) immer mit sich schleppte, auch abends in ihr Nest.[8]

Genauere Untersuchungen haben ergeben, dass sich vor etwa 7,5 Millionen Jahren die zum Menschen führende Entwicklungslinie von den Schimpansen getrennt hat, nachdem sich bereits zwei Millionen Jahren zuvor die Gorillas von der Vor-Menschen-Familie verabschiedet hatten. So erscheint es nicht zufällig, dass die Spuren des Religiösen, wie sie im Regentanz und im Umgang mit fetischartigen Objekten zu finden sind, gerade die Schimpansen als unsere nächsten tierischen Verwandten betreffen.

Bleiben wir noch eine Weile beim Regentanz! Die Schimpansenmännchen geraten zwar außer sich und toben „wie verrückt“ herum. Aber insgesamt handelt es sich um eine friedliche Angelegenheit. Sofern ein Weibchen oder ein Jungtier nicht gerade einem Äste schleudernden Papa in den Weg gerät, bleiben alle unverletzt. Nicht Gewalt oder Zerstörungswut begründen die Szene. Vielmehr ist es ein Imponiergehabe, mit dem nunmehr nicht ein einzelnes Männchen seinen Rivalen und dem umschwärmten Weibchen imponieren will, sondern eine Art Gemeinschaftsunternehmen aller Männchen einem „Anderen“, Unheimlichen, Gewaltigen gegenüber. Wir kennen einen derartigen Kollektivschauder aus eigener Erfahrung, etwa wenn die Nationalhymne erklingt und Deutschland wieder einmal in Form eines Sportlers oder einer Mannschaft Weltmeister geworden ist. „Es läuft einem heiß und kalt den Rükken herunter“, sagt man. Die Verhaltensforscher beschreiben das genauer: Ein Reiz läuft den Rücken hinunter und über die Oberarme hinweg, der bei Tieren dazu führt, dass sich die Haare stellen oder die Federn spreizen. Evolutionsgeschichtlich gesehen ist das eine vorteilhafte, wenn auch nur scheinbare Vergrößerung des Körpers, vorgetäuschte Stärke, mit der man aber seinen Rivalen imponieren kann. Der „heilige Schauder“ im Sinne von Rudolf Otto hat demnach eine recht natürliche Grundlage. Das nimmt ihm jedoch nicht den Bezug zum Numinosen. Vielmehr wird deutlich, dass das Schaudererlebnis als Gefühlsmöglichkeit natürlich gewachsen ist und zur Wahrnehmungsgrundlage eines objektiv Übergreifenden, Mächtigen und Unbegreiflichen wurde. Es folgt damit einem allgemeinen Prinzip des „Übersteigens“, über sich Hinauswachsens, ohne das Evolution ein unverständliches, starres Erklärungsschema bleibt.

Wir sehen aus diesen Überlegungen, dass es sich beim numinosen Schauder nicht um eine passive Angelegenheit handelt, sondern um ein aktives, in gewisser Weise aggresives Reagieren. Das führt zu einer der grundlegenden Fragen in den Betrachtungen des Heiligen: die Beziehung des Heiligen zur Gewalt. Hier scheiden sich die Geister: Gehören Macht und Gewalt wesensmäßig zur Religion oder markieren sie den Sündenfall, der die Welt des Religiösen, des Heiligen pervertiert hat? Sind Tier- und Menschenopfer religiös notwendige Handlungen, um Sünde zu sühnen oder stellen sie selbst eine sündhafte Ausartung von Religion dar?

Von den naturgeschichtlichen Grundlagen aus gesehen erscheint es zur Klärung dieser Fragen hilfreich, wenn man beachtet, dass es biologisch zwei völlig verschiedene Formen von Aggression gibt, deren Verschiedenheit oft übersehen wird und so zu falschen Schlüssen führt.

Den Regentanz der Schimpansen erkannten wir als kollektives Imponiergehabe, das aus dem Balzritual oder dem Wettbewerbsverhalten der Männchen entstanden ist. Er enthält so eine Form der Aggression, die als innerartliche Aggression bezeichnet wird. Diese ist nicht darauf angelegt, schwer zu verletzten oder zu töten. Man spricht von einer „Beißhemmung“ innerhalb einer Tierart oder einer Tiergruppe, die eine Selbstzerstörung der Art oder Gruppe verhindert. Balzrituale sind nicht nur Kämpfe. Sie haben im Laufe der Entwicklungsgeschichte buntes Federkleid, wandlungsfähige Farbenpracht der Fische, Tänze und Gesang hervorgebracht. Lust zur Paarung und Kampfverhalten ergänzen sich nicht nur, sondern sind ineinander verwoben. Zwar gibt es im Balzritual Rivalität und neben dem Sieger immer den Verlierer. Aber es hat auch viele spielerische Elemente, die allen nützen, und es weist oft über die reine Zweckmäßigkeit hinaus.

Die andere Form der Aggression wird als fremdartlich bezeichnet und ist darauf ausgerichtet, Beutetiere zu töten und zu verzehren. Verhaltensforscher betonen, dass es sich hierbei genetisch um eine völlig andere Anlage handelt als bei der innerartlichen Aggression. Zwar kann es zu einem Zusammenwirken der beiden Aggressionsformen kommen, aber das ist die Ausnahme – wenn man vom Menschen absieht.[9] Welche Perversion eine Vermischung der beiden Aggressionsformen hervorbringen kann, wird im klassischen Western besonders anschaulich vorgeführt (neuere Western weichen dann betont vom alten Schema ab): Der Held erweist seine männliche „Potenz“ nicht im Bett, sondern, indem er schneller „zieht“ als sein Rivale und diesen „umlegt“. Die Waffe dient ihm als Penis; sie ist zum Töten da. Das „Happy end“ des Filmes besteht nicht darin, dass der Held mit seiner Geliebten zusammenkommt. Vielmehr reitet er einer heimlich weinenden Frau im romantischen Abendhimmel davon, sein Colt in möglichst deutlichen Umrissen sichtbar. Die beiden Aggressionsformen und ihre Vermischung durch Menschen sind ein Schlüssel zum Verstehen eines fundamentalen religiösen Phänomens, nämlich der Opferkulte. (Wir befassen uns mit ihnen im übernächsten Abschnitt).

5.3 Morgendämmerung des Menschseins

Verfolgen wir zuerst den Weg des werdenden Menschen durch Süd- und Ostafrika ein wenig weiter! Dass sich mit den Australopithecinen eine neue Primatenart von den Schimpansen trennte und sich zum Menschen hin entwickelte, wird vor allem auf eine entscheidende Neuerung zurückgeführt: den aufrechten Gang. Zwar können Schimpansen auch auf zwei Beinen stehen und einige Schritte laufen. Aber grössere Strecken legen sie im „Knöchelgang“ zurück, das heisst, sie stützen sich auf die Fingerknöchel mindestens einer zusammengekrümmten Hand. Wenn auch die Zeit zwischen 7,5 und 3 Millionen Jahren weitgehend im Dunkel unserer Unkenntnis liegt, so lassen sich doch die Funde von Dart sowie später diejenigen des berühmten Anthropologen-Ehepaars Mary und Louis Leakey und anderer keinen Zweifel mehr aufkommen, dass die Zweibeinigkeit 3 bis 4 Millionen Jahre alt ist. Besonders das Skelett einer Australopithecinin, „Lucy“ genannt (etwa 3 Millionen Jahre), zeigt den veränderten Körperbau, der mit der Zweibeinigkeit einhergeht. Eindrucksvoll und symbolhaft sind schliesslich die Fußspuren eines nach

Norden ziehenden Zweibeiners, die Mary Leakey in versteinerter, etwa 3,6 Millionen Jahre alter Vulkanasche in Tansania gefunden hat.[10]
Was aber veranlasste die Entwicklung des aufrechten Gangs? Man nimmt an, dass die geologischen Bedingungen eine grosse Rolle spielten. Tektonische Platten im Untergrund von Ostafrika drifteten vor etwa 20 Millionen Jahren auseinander. Einerseits entstanden tiefe Gräben und Täler, die heutigen ostafrikanischen Seen. Andererseits strömte Lava aus und schichtete bis zu 3000 Meter hohe Berge auf. Eine Savanne mit vielfältigen Landschaftsformen entwickelte sich, reine Graslandschaften, Steppen mit lockerem Baumbewuchs, einzelne Waldstücke, heiße Täler unterhalb des Meeresspiegels und offene Almgebiete auf den Bergen. Den Bewohnern waren neuartige Möglichkeiten geboten und Probleme gestellt, die sie zu bewältigen hatten. Wahrscheinlich ist besonders die Sammlertätigkeit der frühen Hominiden verbessert worden: Mit zwei Händen lassen sich Nüsse und Knollen gut über grössere Strecken hinweg tragen und an sicheren Plätzen anhäufen. Spuren von Sesshaftigkeit entwickeln sich und erlauben es den Alten, sich intensiver mit den Jungtieren zu befassen. Der aufrechte Gang ermöglicht auch, dass Raubtiere früher wahrgenommen werden. Allerdings gilt ebenso das Umgekehrte, so dass ein „Selektionsvorteil" hierbei schwer auszumachen ist.
Rätselhaft bleibt, warum sich nur damals, vielleicht sogar nur in einer einzigen Primatengruppe der aufrechte Gang entwickelt hat. Es wäre denkbar, dass die bis heute in der ostafrikanischen Savanne lebenden Schimpansen immer wieder einmal die Zweibeinigkeit evolutionär „entdeckt" hätten. Das ist jedoch nicht der Fall. Wann aber begann das Menschsein wirklich? Ist es nur durch den aufrechten Gang gekennzeichnet? Darüber hat es viele Diskussionen gegeben, die teilweise von geistigen Zeitströmungen beeinflusst waren. So passte es in ein spätes sozialdarwinistisches Menschenbild, wenn man das Jagdverhalten, in dem sich der hochgekommene Hominide allen anderen Lebewesen gegenüber als überlegen erweist, zum Wesensmerkmal des Menschen erklärte. Im Überlebenskampf des Stärkeren obsiegte die in der Jagd bewiesene Tüchtigkeit. Leider hat schon Dart an diesem Menschenbild mitgewirkt, so in einer Schrift mit dem Titel „Der räuberische Übergang vom Affen zum Menschen", wo es heißt:

„Die blutbespritzten, vom Schlachten beschmutzten Archive der Menschheitsgeschichte von den ältesten Aufzeichnungen der Ägypter und Sumerer bis zu den jüngsten Grausamkeiten des Zweiten Weltkriegs sprechen für einen uralten, allgemeinen Kannibalismus mit der Praxis von Tier- und Menschenopfern oder ihrem Ersatz in kodifizierten Religionen sowie für eine weltweite Praxis des Skalpierens, der Kopfjagd, der Körperverletzung und der Nekrophilie; diese Mordlust, so kann man behaupten, dieses bedenkliche Verhalten, dieses Kainsmal unterscheidet den Menschen und seine Ernährung von seinen menschenähnlichen Verwandten und verbindet ihn mit den gefährlichsten Raubtieren!"[11]

Und Robert Ardrey setzte mit seinem Buch „The Hunting Hypothesis" nach: „Der Mensch ist ein Mensch und kein Schimpanse, weil er seit Millionen und Abermillionen Jahren tötet, um selbst zu überleben."[12] In den siebziger Jahren des 20. Jahrhunderts war die Zeit reif, dieses Bild zu korrigieren. Neue Forschungsergebnisse trugen dazu bei. Auch fing man an, die Menschheitsentwicklung nicht mehr ausschliesslich durch die Macho-Augen von Männern zu betrachten. Bemerkenswerterweise waren es drei Frauen, die durch Primatenforschung im Urwald und der Steppe, also im Freiland, zu neuen Erkenntnissen kamen: Jane Goodall zog zu dem Schimpansen in Tansania, Dian Fossey studierte die Berggorillas in Zentralafrika (und wurde von Jagdfanatikern grausam ermordet), Jane Bauté Galdikas brach zu den Orang Utans in Borneo auf. Die Ergebnisse der Forscherinnen besagten keineswegs, dass Primaten in der Freiheit nur friedliebende, nussknackende Tierchen seien. Wie brutal Schimpansen sein können, beschreibt Jane Goodall: Neben dem friedlichen Regentanz kennen sie die – in der Gruppe raffiniert organisierte – Jagd auf kleine Jungaffen, mit deren Verzehr sie beginnen, noch ehe die Beutetiere tot sind. Aber das sind eher Ausnahmesituationen. 90 bis 99 % der Schimpansennahrung ist pflanzlicher Art. Bedenkt man, dass auch heute noch mittelafrikanische Menschengruppen etwa 70 % von Pflanzennahrung leben, dann gibt es eigentlich keinen Grund, das Menschsein im Jagd- und Raubtierverhalten zu suchen.
Hinzu kommt eine Beobachtung, die für die Entstehung der späteren Opferkulte Bedeutung hat: Über Millionen von Jahren hinweg waren unsere Vorfahren nicht die Stärksten in der Savanne oder im Urwald. Sie wurden selbst häufig Opfer von Raubtieren, was sorgfältige Funde belegen. Gleichzeitig profitierten sie aber von den mächtigen Löwen und Leoparden, indem sie als „Aasesser" verzehrten, was diese von ihrer Beute übrig ließen. Vermutlich änderte sich das langsam in der Zeit

zwischen 200 000 und 2 Millionen Jahren vor heute. Einerseits lernte man, sich besser gegen Raubtiere zu wehren, sei es in der mit Spiessen bewehrten Gruppe oder durch geschickt auf den Bäumen zusammengeflochtene Nester in bewaldeten Gebieten. Andererseits kam irgendwann die Grosswildjagd auf, als entsprechende Speere entwickelt worden waren. Ein Bewusstsein, nunmehr als Jäger Herrscher in der Natur zu sein, dürfte kaum früher als vor etwa 200 000 Jahren hervorgetreten sein.

Wie steht es mit der geistigen Entwicklung der frühen Hominiden? Sie zeigt sich nicht schon im Werkzeuggebrauch. Denn auch Schimpansen benutzen abgebrochene Äste als Werkzeuge, mit denen sie Termiten angeln oder aufeinander einschlagen. Sie haben eine ausgeprägte Technik, eine Kokusnuss auf einem flach liegenden Stein mit einem anderen Stein zu zerbrechen. Die weiterreichenden geistigen Fähigkeiten entwickelten sich mit dem aufrechten Gang, weil jetzt die Hände frei waren zum Experimentieren. Das Zusammenspiel von Hand und Gehirn schuf ein umfassendes inneres Bild von der Welt und ihrer Möglichkeiten.[13] Haben auch Menschenaffen schon ein „inneres Modell der Außenwelt", um sich etwa zu „überlegen", dass man an unerreichbare Bananen herankommen kann, indem man eine Kiste herbeischafft und daraufsteigt, so ist doch das Selbstbewusstsein des Menschen viel umfassender. Es reflektiert über die Tiefen von Vergangenheit und Zukunft. Es fragt „warum" und „wozu" und bringt ein ausgeprägtes Todesbewusstsein hervor. Auch eine scheinbar banale neue Fähigkeit erwies sich als äußerst folgenreich: die Fähigkeit der Nachahmung. Sie ist, wie man herausgefunden hat, bei Primaten gering ausgeprägt, beim Menschen jedoch sehr stark. So wäre es besser, von „nachmenschen" statt von „nachäffen" zu sprechen.

Fachleute nehmen an, dass die neue geistige Stufe vor etwa 1,5 Millionen Jahren erreicht war, also beim „Jungen vom Turkana-See", dessen Skelett Richard Leakey, Sohn von Louis und Mary, entdeckt hat.[14] Es ist eine Definitionsfrage, ob man erst von da an das Menschsein datiert oder schon mit der Zweibeinigkeit – sofern man nicht den Neandertaler ausschliessen möchte und erst beim „homo sapiens sapiens" vom Menschen redet. Jedenfalls markiert die neue geistige Stufe einen entscheidenden Schritt nach vorn, ermöglichte umfassende Fähigkeiten der Planung und des Gedächtnisses. Vermutlich war das die Grundlage für die Ausbreitung nach Norden. In einer ersten Einwanderungswelle drangen die Menschen (oder Hominiden) über Vorderasien nach Europa einerseits und Asien andererseits vor. Eine andere Theorie nimmt allerdings an, dass die Migration schon vor 2 Millionen Jahren begann und eine eigenständige Entwicklung zum modernen Menschen in Asien nach sich zog. Im südlichen und mittleren Europa breiteten sich die Menschen als „Neandertaler" aus und kämpften sich mit dem abschmelzenden Eis langsam nach Norden vor (oder zurück bei vordringendem Eis). Denn am Rand der Eisgebirge bildete sich eine feuchte Grassteppe mit reichlich pflanzlicher und tierischer Nahrung. Die Neandertaler waren in ihrer letzten Phase ein Volk mit Hochkultur, kannten rituelle Totenbestattungen und frühe Formen der Kunst.

Warum sie vor etwa 30 000 Jahren ausgestorben sind, ist bis heute rätselhaft. In der Zeit zwischen 41000 und 38000 Jahren vor heute drang der „moderne" Mensch („homo sapiens sapiens") vom Schwarzen Meer aus die Donau hinauf vor und verdrängte allmählich die Neandertaler. Für eine „Ausrottung" gibt es keine Anhaltspunkte. Wahrscheinlich lebten die beiden Menschenarten über einige Jahrtausende hinweg nebeneinander, vielleicht getrennt durch Flüsse wie Rhein und Rhône. Es genügte, wie man ausgerechnet hat, ein Bevölkerungsschwund von 2 % jährlich, um die Neandertaler aussterben zu lassen. Vermutlich hatten die Neuankömmlinge die besseren kulturellen und technischen Karten, wobei kriegerische Verwicklungen ebenso wenig auszuschliessen sind wie friedlicher Handel. Eine Vermischung gilt – mindestens für die späte Phase – aus genetischen Gründen als unmöglich.

Woher aber kam der moderne Mensch? Zum Ärger von vielen Rassisten heisst es wiederum: aus Afrika. Zwar hat die Rede von der „schwarzen Eva" manche Übertreibungen hervorgebracht, aber insgesamt gesehen gilt die „Out-of-Africa-Theorie" als gut belegt (nach teilweise peinlichem Hin und Her bei molekularbiologischen Untersuchungen[15]). Schon für die Zeit vor 100 000 Jahren ist sie durch Schädelfunde aus Ostafrika bestätigt. Es gab also offensichtlich eine zweite Migrationswelle, in der unsere unmittelbaren Vorfahren von der afrikanischen Urheimat aus nach Europa und Asien vordrangen. Von Asien aus gelangten sie über die Beringstrasse, damals eine Landverbindung nach Amerika, auch in diesen Kontinent. Es bleibt aber letztlich offen – und ist für uns auch ohne Belang – ob der „moderne Mensch" ausschliesslich aus Afrika stammt oder teilweise durch eigenständige Entwicklung und Vermischung außerhalb Afrikas seine heutige Gestalt angenommen hat. Dass nur eine Menschenart, also eine Fortpflanzungsgemeinschaft geblieben ist, in der sich, trotz mancher rassischen Unterschiede, grundsätzlich jeder mit jedem auf gleicher geistiger Ebene verständigen kann, ist alle Mal sehr erstaunlich.

5.4 Opferkult und Sündenbock

Kehren wir nun zurück zur Frage, welche Rolle Opfer und Gewalt in der Religion spielen. Der französische Kulturanthropologe René Girard hat mit seinem erstmals 1972 erschienenen Buch „Das Heilige und die Gewalt“ anhand literarischer Dokumente der Antike sowie der aztekischen und anderer Kulturen den so genannten Sündenbock-Mechanismus herausgearbeitet. Er sieht in der sakral eingerahmten Opferung eines Menschen oder eines Tieres als „Sündenbock“ einen „Gründungsmord“, der eine menschliche Gemeinschaft zustandebringt oder zusammenhält. Man könnte das pragmatisch verstehen und sagen: Ein Exempel wird statuiert. Es demonstriert die Tötungsgewalt des Königs oder sonstigen Herrschers. Wer sich dessen Willen oder der Ordnung der Gemeinschaft widersetzt, den trifft das Schicksal des Geopferten. Aber eine solche pragmatische Begründung des Ritualopfers reicht nicht aus. Vielmehr ahmt ganz allgemein der herrschende Mensch die Gewalt nach, die ursprünglich in ihm angesichts „göttlicher“ Naturgewalten oder Raubtiere erregt wurde. Er identifiziert sich mit ihr, übt sie aus und nimmt dadurch selbst „göttliche“ Züge an. Die Drachentötung wird zur Gründungstat. Die Folgen beschreibt G. Baudler so: Der

„alte stierhafte Wildnisgott wird von seiner grauenvollen Nachtseite her gesehen und als Schlange und Drache aus dem Zivilisationsraum der Menschen kriegerisch ausgeschieden und getötet. Dadurch aber geht die transzendente Kraft des Wildnisgottes auf den Drachentöter über, und er kann so das menschliche Gemeinwesen in seiner Kraft gründen und regieren. Der König ist Träger der El-haften, ursprünglichen Gottesmacht. Doch jede Erinnerung verblasst. Deshalb muss von Zeit zu Zeit, in regelmäßigen Abständen, nach Ablauf eines Jahres oder einer Ernteperiode, auch in besonderen Krisenzeiten, die Gottesmacht, die das menschliche Gemeinwesen begründet und ermöglicht, neu aufgerichtet werden. Dies geschah ursprünglich durch ein Menschenopfer, das in den verschiedenen Kulturen weit häufiger vorkam, als man vermutet.“[16]

Ein Paradox liegt darin, dass mit der Opferung Gewalt ausgeübt wird, um Gewalt zu verhindern, etwa diejenige einer Pest oder einer Vernichtung der Ernte. Die Gewalt als das Unreine wird auf den Sündenbock abgeladen, der noch „rein" ist, also nicht selbst schon Gewalt ausgeübt hat, die Gegenstand der Rache von Göttern sein könnte. Das Ritual hat dabei eine besondere Bedeutung, die Girard so ausdrückt: „Funktion des Rituals ist es, die Gewalt zu ‚reinigen', d.h. sie zu ‚täuschen' und an Opfern auszulassen, die mit Sicherheit nicht gerächt werden".[17] Sind also das Heilige und die Gewalt voneinander zu trennen? Girard hat ursprünglich darauf geantwortet: Insgesamt gesehen nein, allerdings mit Ausnahme der biblischen Tradition als einer Tradition der *Verfolgten* im Unterschied zu Mythen als der Tradition der *Verfolger*. Später hat Girard die Ausnahmerolle des Christentums wegkorrigiert, bemerkenswerterweise unter dem Einfluss eines Theologen[18] : Wenn man Jesus als „Opferlamm", als Sündenbock betrachtet und in der Kreuzigung Jesu einen „Gründungsmord" für die Gemeinschaft der Christen erblickt, so passt das in der Tat in Girards Schema und scheint seine Theorie abzurunden.
Allerdings ist die Frage, ob das der christlichen Botschaft gerecht wird. Georg Baudler, seinerseits Theologe, stellt sich dem mit guten Argumenten vehement entgegen und sieht in Girards ursprünglicher, theologisch unvoreingenommener Einordnung des Christentums dessen Kern wahrgenommen. Dabei ist die christliche Botschaft der Liebe nicht die einzige „Ausnahme" von gewaltverhafteten Religionen. Girards Textanalysen lassen auch das Tötungsverbot in hinduistischen und buddhistischen Strömungen außer Acht. Vor allem aber sind die vorgeschichtlichen Ursprünge von Religion nicht in der Verbindung von Opfer und Gewalt zu sehen.
Dass Girard die Gewalt und das Heilige als untrennbar betrachtet, erinnert an die Versuche, das Menschsein mit dem Raubtierverhalten, mit der Grosswildjagd zu begründen. Wir haben weiter oben schon erläutert, dass diese Versuche einem bestimmten Männer-Denken entsprechen, das neueren Forschungen nicht mehr standhält. Dieses Denken vermischt die biologisch verschiedenen Anlagen des fremdartlichen Beutejagens mit der innerartlichen Aggression und übersieht, wie sich die Hominiden vor Erfindung der Grosswildjagd verhalten haben. Baudler geht so weit, dass er im Aufkommen eines neuen Machtbewusstseins im Gefolge der Grosswildjagd, das vor etwa 200 000 Jahren oder früher erreicht war, so etwas wie die „Ursünde" des Menschen sieht.[19] Mit seiner Fähig-

keit, Raubtiere zu erlegen, übernimmt der Mensch die zuvor als göttlich erlebte Tötungsgewalt, will „sein wie Gott". Früher war er selbst Opfer der Raubtiere, die er aber, weil sie ihm Aas überliessen, zugleich als Lebensspender verehrte, ebenso wie Gewitter und Regen, die das Land befruchteten. Mit der Übernahme von Tötungsgewalt in der Grosswildjagd aber verbessert er nicht nur seine Lebensmöglichkeiten, sondern masst sich „göttliche" Entscheidungsbefugnisse über Leben und Tod an, die in den Opferkulten ritualisiert und tabuisiert werden. Erst jetzt entsteht der Sündenbockmechanismus. Er drückt nicht das Heilige und damit das Fundament von Religion aus, sondern den Sündenfall, die Verzerrung des numinosen Schauders in rituell sanktioniertem Terrorverhalten. Gleichwohl ist es leider richtig, dass sich Opferkult und Sündenbockmechanismus, wie von Girard dargelegt, durch unsere Kulturgeschichte hindurchziehen. Wie etwa 10 000 Jahre alte Felsmalereien in Aethiopien belegen, gab es bereits damals Kindesopferungen. Diese sind bis in die Erzählungen des Alten Testamentes hinein zu verfolgen. So hat der Richter Jiftach seine eigene Tochter geopfert und blieb danach noch sieben Jahre Richter – für heutiges Verständnis ein Skandal.[20] Auch Abraham war immer noch bereit, seinen Sohn Isaak zu opfern, war also zunächst dem archaischen Opferkult verhaftet. Aber bei ihm brach sich zugleich die Überwindung des Menschenopfers Bahn, indem das Tieropfer an seine Stelle trat. Auch im 3. Buch Mose wurde das Kindesopfer verboten, was indirekt darauf hindeutet, dass es dieses noch gab.[21] Wenn auch später von Propheten sogar Tieropfer verworfen wurden, so hat sich im Judentum bis in die Zeit Jesu die Tradition des Opferlamms und des Stieropfers gehalten. Damit blieben zwar Reste einer Verbindung des Heiligen mit der Gewalt. Aber sie hielten sich im Rahmen der Tatsache, dass ohnehin Schafe und Rinder geschlachtet und verzehrt wurden. Insgesamt gesehen bahnte sich ein ganz anderes Verständnis des Heiligen schon in den frühen Zeiten des Alten Testamentes an. Die wahrscheinlich sehr alten Opfervorstellungen wurden grundlegend infrage gestellt. Interessanterweise geschah das parallel auch im Hinduismus, Buddhismus, in den Lehren des Zarathustra und bei Sokrates im Griechentum. Der Philosoph Karl Jaspers hat deshalb den Begriff der „Achsenzeit" für die Jahre zwischen 600 und 400 v. Chr. geprägt. Ein Ruck ging durch das kulturelle und religiöse Leben der Menschen. Allerdings kam es nicht zum vollen Durchbruch des neuen Denkens. Religiöse Gewalt, begründet durch den Opferkult, behielt in vielen Religionen die Oberhand.[22]

Auch die Gewaltlosigkeit und die Liebesbotschaft von Jesus wurden von seinen Gefolgsleuten nicht immer richtig verstanden. Sie deuten auf ihre Weise die Anknüpfung an israelische Traditionen im Hebräerbrief des Neuen Testamentes. Dort wird Jesus als endgültiges und letztes, von Gott selbst dargebrachtes Menschenopfer gesehen. Hieraus wurde ein Rückfall in jenes archaische religiöse Gewaltverständnis, das die Kreuzzüge, Hexenverbrennungen und indirekt letztlich den Holocaust mit hervorgebracht hat. Jesus war kein Ritualopfer. Zwar liesse sich sein Verhalten noch als freiwilliges Opfer interpretieren, vergleichbar dem einer Hominidenmutter, die sich vor das Raubtier wirft, um ihre Kinder zu retten. Aber auch dafür gibt es im Selbstverständnis Jesu kaum Hinweise. Jesus war Opfer von Gewalt und Hass, weil er auch die verachteten Menschen liebte und das herrschende Religionsverständnis infrage stellte.

5.5 Das Heilige in der Liebe

Wenn die Gewalt nicht ein Fundament von Religion ist, sondern ein Urmerkmal der Entartung von Religion, und wenn die Ursünde einer sakralen Tötungsgewalt erst spät im Garten Eden der menschlichen Gesellschaft geschah, dann haben wir logischerweise in der Zeit davor nach dem zu suchen, was die Entstehung von Religion ausmachte. Zwischen den ersten Spuren religiöser Regung im Regentanz der Hominidenvorfahren und dem späten Opferkult müssen sich prägende Entwicklungen abgespielt haben, die zu den Momenten des Numinosen geführt haben. Unmittelbare Zeugnisse über derartige Entwicklungen haben wir nicht. Sogar Analogien zum Regentanz der Schimpansen fehlen. Denn während Schimpansen, von denen sich die frühen Hominiden abzweigten, bis heute existieren, blieben von den verschiedenen Zwischenstufen der Hominiden keine Spuren in Form gleichartiger Nachkommen erhalten. Wir sind ganz und gar auf archäologische Funde angewiesen und auf „gute“ Theorien über das lebendige Umfeld, aus dem sie stammen. Was ein Erwachen des Religiösen betrifft, so kommt uns zugute, dass wir die numinos begründeten Gefühle im Biologisch-Natürlichen des Menschen verankert sahen und so wenigstens nach sinnvollen Vermutungen Ausschau halten können, wie derartige Gefühle sich entwickelt haben.

Die Zweibeinigkeit, so haben wir gesehen, war der erste grosse Schritt, der vor knapp 4 Millionen Jahren den Weg zum Menschen hin anzeigte. Dass die – Australopithecinen genannten – frühen Zweibeiner schon so etwas wie vorreligiöse Handlungen kannten, sahen wir an dem 3 Millionen Jahren alten glattpolierten Stein, den man bei den ersten Australopithecinen fand. Nun folgten zwei Millionen Jahre, in denen die Menschwerdung langsam heranreifte, ein Zeitraum also, der viel grösser war als derjenige, der seit Beginn der Grosswildjagd verstrichen ist. Nancy Makepeace Tanner, eine angesehene Paläoanthropologin, hat in ihrem Buch „Der Anteil der Frau an der Entstehung des Menschen" ein Bild der Entwicklung unserer Vorfahren in diesen zwei Millionen Jahren gezeichnet, das mit alten Klischees aufräumt und die Evolution der Hominiden in ein neues Licht rückt. Gerade wenn man den „Überlebensvorteil" als Maßstab für einen Fortgang der Evolution benutzt, war eine konsequente Anwendung dieses Massstabes in der bisherigen Forschung nicht immer gegeben. Denn mit den neuen Lebensbedingungen, die für die zweibeinig geworden Hominiden als Sammler und Aasesser in der ostafrikanischen Savanne zu finden waren, tauchten neue Überlebensvorteile auf, die für die tierischen Ahnen nicht existierten.

Die Partnerwahl etwa ist noch bei den Schimpansen durch die Herrschaft des stärksten Männchens geprägt. Die Selektion begünstigt den körperlich Stärkeren, indem dieser sich häufiger paaren und fortpflanzen kann. Bei den Hominiden stimmt dieses einfache Schema nicht mehr. Schon die Auslösung sexueller Reize hatte sich im Gefolge der Zweibeinigkeit („Bipedie") verändert. „Die Genitalschwellungen", so Nancy Tanner,

„der weiblichen Menschenaffen waren nicht länger von Vorteil, da dieser Bereich aufgrund der Bipedie keinen visuellen Reiz mehr bot. Männer und Frauen konnten zu befreundeten Sexualpartnern werden, die manchmal gemeinsam unterwegs waren, und in den grösseren Gruppen, die in der Nähe des Wassers, an Flüssen und Seen lagerten, fand sich leicht ein Partner auf Zeit. Der Verlust anatomisch bedingter sexueller Signale hatte zur Folge, dass die Femininen ihr sexuelles Interesse den Maskulinen durch ihr Verhalten und nonverbale Zeichen mitteilten. Diese wesentlichen Signale konnten zu jeder Zeit ausgesendet werden, was einen Unterschied zu den hormonell bedingten, unmittelbar morphologischen Signalen der Menschenaffen bedeutete."[23]

Tanner hebt – mit guten Belegen – hervor, wie die Partnerwahl mehr und mehr eine Angelegenheit der Weibchen, der „Femininen" wurde, und zwar infolge der Schlüsselrolle, die sie bei der immer länger sich hinziehenden Aufzucht der Jungen spielten. Die neue Lebensform schuf neue soziale Strukturen. Gefragt war nicht nur die physische Stärke der Männchen, sondern ihre Fähigkeit, bei der „Erziehung" mitzuwirken. Das drückte sich in der Partnerwahl durch die Femininen aus: „Sie paarten sich vermutlich häufiger mit denjenigen Maskulinen, die oft in ihrer Nähe waren, mit den Jungen spielten, sie beschützten, ihnen gelegentlich Fleisch- und Pflanzennahrung überliessen und sich im Allgemeinen freundlich verhielten"[24] Eines der Indizien für diese Veränderung ist eine Verschiebung im Verhältnis der Körpergewichte. Während etwa bei Seelöwen die Männchen im Schnitt dreimal so schwer sind wie die Weibchen und auch bei den Primaten die Ungleichheit („Geschlechtsdimorphismus") noch sehr ausgeprägt ist, gleicht sich bei den Hominiden das Gewicht der Geschlechter aus. Demnach war für die Selektion nicht in erster Linie die „männliche Stärke" bestimmend. Neben die Selektion, die im Rivalenkampf der Männchen verankert ist, trat diejenige Selektion, die von der weiblichen Seite ausgeht und für die Anpassung an ökologische Nischen eine grosse Rolle spielt. Tanner betont, dass schon Darwin diese Doppelheit formuliert, aber nicht konsequent angewandt hat. Durch einen „unglücklichen blinden Fleck, der auf seinen kulturellen Hintergrund zurückzuführen ist" wurde er daran gehindert.[25]
Dieser Zug der Evolution, der nicht den „Kraftprotz", sondern das Sozialverhalten fördert, wirkte sich auch auf die Entstehung von Intelligenz aus, die äußerlich durch ein immer grösser werdendes Gehirn sichtbar wird. Die notwendig gewordene verstärkte Kommunikation zwischen Mutter und Kind sowie Femininen und Maskulinen ebnete den Weg des Geistigen:

„Es ist anzunehmen, dass die Übergangspopulation über ein grosses Repertoire an non-verbaler Kommunikation verfügte, das auch den Kontext berücksichtigte; die Selektion begünstigte ein Kommunikationssystem, bei dem ein komplexeres Gehirn verschiedene Kombinationen von Körperbewegungen und Lauten, die eine wesentlich grössere Bandbreite aufwiesen als die Vorfahrenspopulation, unterscheiden konnte. Es ist deshalb möglich, dass einige der Voraussetzungen für die spätere Entwicklung der Sprache, wie wir sie kennen, bereits zur Zeit der Übergangshominiden entstanden sind."[26]

Die Entfaltung der Sexualität als einer Urkraft natürlichen Werdens ist vielfältig und konstruktiv. Sie ist nicht nur in der Animation von Gewalt in späteren Kulturen pervertiert worden. Sie führte vor allem in der Frühzeit der Hominiden zur Entdeckung ekstatisch-glücklichen Erlebens im Zusammensein. Sie diente, wie Baudler es ausdrückt,

„nicht mehr nur der Fortpflanzung, sonderen half der Menschenfrau, deren Kind unverhältnismäßig früh und unentwickelt zur Welt kommt (also eine lange Zeit der Pflege und Aufzucht braucht), den Mann durch das gemeinsame ekstatische Erleben an sich zu binden und in ihm einen treuen Helfer für ihre schwierige Aufgabe der Ernährung und Pflege des Kindes zu finden. So ist ursprünglich und vor aller Pervertierung die menschliche Sexualität auch Ausdruck von Lebensüberschuss und Lebensfreude und steht als solche im Dienste der menschlichen Bindung. Der Sinn der Erregung und des ‚Stossens' ist nicht das Töten, sondern die Ekstase des Lebens."[27]

Zuwendung, Geborgenheit, sexuelle Lustgefühle und Ekstase wuchsen so schon vor mehreren Millionen Jahren zu einem Ganzen heran, das Grundlage für den höchsten Begriff im menschlichen Erleben und Zusammenleben darstellt, den der Liebe. Liebe übergeht nicht die Ängste des Überlebens durch Flucht auf eine Gefühlsinsel, sondern verbindet die – biologische und alltägliche – Lebenserhaltung mit dem glücklichen Innehalten sowie dem ekstatischen „Übersteigen" des Hier und Jetzt. Liebe erlangt dann jenen numinosen Bezug, der einen Zugang zum Heiligen ermöglicht. Baudler weist besonders auf die Mutter-Kind-Beziehung hin, etwa die Art und Weise, wie die Mutter dem Kind Zuversicht vermittelt: „Sie spricht zu ihrem Kind, und der Grundtenor ihrer Rede, der sich schon in der Geste als solcher ausdrückt, ist auf der ganzen Welt und zu allen Zeiten – wohl auch schon in den unartikulierten Lauten der *Australopithecus-Mutter* – derselbe: ‚Hab keine Angst'; ‚Alles ist in Ordnung'; ‚Alles ist wieder gut'."[28] Diese Urgeste der *„magna mater"* gewinnt angesichts des heraufdämmernden Todesbewusstseins eine „übersteigende Dimension". Denn sie bleibt auch angesichts der Todesbedrohung bestehen. Mit Rudolf Otto könnte man sagen, sie verweist auf das Numinose, Lebenserhaltende, Unvergängliche, dem wir uns gegenübersehen. Baudler sieht mit dem Religionssoziologen P.L. Berger in der dem Tod trotzenden „unrealistischen“ Geste und Aussage der Mutter „einen Einbruch von Transzendenz, die die ‚Spur eines Engels‘ im irdischen Leben“ und fügt hinzu:

„Sicher besteht kein logischer oder sachlicher Zwang, dies so zu sehen. Es handelt sich nicht um einen Gottesbeweis. Dennoch ist hier der Punkt gegeben, wo die Biologie in den Raum des spezifisch Menschlichen (und damit auch in den Raum des Religiösen) hinein überschritten wird. Denn wenn ein Lebewesen, das noch nichts von seiner und seiner Nachkommen Sterblichkeit weiß, sein Junges schützend umfängt, beinhaltet diese Geste nicht, dass *alles* gut ist. Diesen – Welt und Leben transzendierenden – Gehalt bekommt die Geste erst, wenn sie von einem Lebewesen ausgeführt wird, das, wenn auch noch so dunkel und unreflektiert, um die Unausweichlichkeit des Todes weiß. Dann aber wird die Geste zum Ritus, zum *religösen Ursprungsritus, aus dem Religion und Menschsein hervorgehen.*“[29]

Das ist eine Absage an die Verkoppelung von Religion und Gewalt. Der tiefste Grund des Heiligen wird im Gefühl der Liebe begründet, das über die Grenze des Todes hinausweist.

5.6 Von der Raupe zum Schmetterling

Man kann diese – sehr kühne – religiöse Interpretation der Mutter-Kind-Beziehung bei Australopithecinen durch Baudler und Berger noch weiter stützen, wenn man die Beobachtung hinzuzieht, dass sie einen Bezug zur „Todeszone“ des Menschen enthüllt, von deren Eigenständigkeit und Vielfalt wir aus Nahtoderlebnissen wissen. Wir hatten bereits im zweiten Kapitel Betrachtungen über die Evolution der Nahtodvisionen angestellt. Die Grundmuster dieser Visionen sieht man, ebenso wie die Fähigkeit zu Hellsehen und Telepathie, als genetisch programmiert an. Sie müssen also evolutionsgeschichtlich irgendwann zustandegekommen sein. Einige Spuren, die tief ins Tierreich zurückführen, hatten wir verfolgt. Es bietet sich nun an, die eigentliche Entwicklung eines verfeinerten Sensoriums in der Todeszone mit derjenigen Phase der Menschwer-

dung zu verbinden, in der auch das Todesbewusstsein entstanden ist. Ob die Kategorie „Überlebensvorteil" für eine Erklärung der Evolution ausreicht, war uns generell fraglich erschienen. In der Frage des Selbstbewusstseins gilt das in besonderer Weise. Zwar diente sicherlich die Fähigkeit zur bewussten Planung und Organisation der grösseren Fortpflanzungswahrscheinlichkeit. Aber das Nachdenken über den Tod und die aufkeimende Hoffnung, dass dieser nicht das Ende darstellt, waren sicherlich nicht zufällige Nebenprodukte der Evolution, die für die Selektion der Tüchtigeren keine Rolle spielten. Der hochdramatischen Entstehung von ekstatisch-übersinnlichen Fähigkeiten wie der des Außerkörpererlebnisses wird das Zufallsschema nicht gerecht. Die Hypothese ist gerechtfertigt, dass sich hier im weiteren Sinn biologische Prozesse abgespielt haben, die wir nur als Phänomen kennen, die wir aber naturwissenschaftlich bislang nicht beschreiben können.
Eine von Elisabeth Kübler-Ross immer wieder (wenn auch mit etwas anderen Absichten) benutzte Metapher erscheint hilfreich zur Illustration: Im Tod der Schmetterlingsraupe entfaltet sich das neue Lebewesen „Schmetterling". Dieser trägt biologisch das Erbgut der Raupe, ist also nicht etwas in der Raupe Verstecktes, das sich jetzt „befreit". Trotzdem hat der Schmetterling in seiner Buntheit und in seiner Fähigkeit zu fliegen andere, neue Möglichkeiten des Lebens. Der Vergleich ist jedoch in seinen Grenzen zu sehen. Denn das „Ich" im Außerkörpererlebnis, in der Lebensfilm-Erfahrung und in der Lichtvision trägt nicht nur biologisch noch das Erbe des daliegenden Körpers. Es trägt auch die Lebensgeschichte, aus der es sich ablöst, auf die es aber bezogen bleibt.
Die Frage nach einem Werden, einer Evolution des Individuums wird hier zugespitzt. Die „übersteigende Dimension" im Todesbewusstsein und in der in Liebe eingehüllten Hoffnung ist nicht nur beiläufiges Produkt von höheren Gehirnleistungen. Sie ist natürliche, bedeutungsvolle Realität, die wir bisher nur behutsam umschreiben können. Die Evolution des Heiligen hat so zwar eine natürliche Grundlage, aber diese besteht nicht nur aus den „klassischen" Evolutionsmechanismen. Einstweilen können wir von den kritisch-tastenden Versuchen, zwischen biologisch-psychologischem und naturphilosophisch-religiösem Verstehen des Heiligen zu vermitteln, weniger konkrete Informationen erwarten als in ihnen ein intellektuelles Faszinosum erblicken, das uns eine neue Richtung weist.

6 Nahtoderfahrungen und Christentum

6.1 Religion und religiöse Lehre

Wir haben bisher die Nahtoderlebnisse in einen allgemeinen Kontext von Religion gestellt. Die Allgemeinheit betraf nicht nur die Weltreligionen, sondern umgriff die lange Zeit, in der es Menschen oder menschenähnliche Wesen, aber noch keine formulierte Religion gab. Was bedeutet das aber für konkrete Religionen und Konfessionen? Werden diese in einen Topf geworfen und zu einer Universalreligion „verrührt"? Das wäre ein schlimmes Missverständnis. Wir haben über den Urgrund alles Religiösen anhand des Heiligen gesprochen, das als Numinosum jedem Menschen mehr oder weniger bewusst begegnet. Es gehört zum Menschen dazu, und zwar zum ganz natürlichen Menschsein. Das Heilige ist nicht als Fremdes, vielleicht der Natur Widersprechendes in die Menschheit hineingetragen oder von ihr erfunden worden, sondern mit dem biologisch-geistigen Sein hervorgetreten. Nahtoderfahrungen zeigen schlaglichtartig die Tiefe dieses Bezugs zum Heiligen auf, verbunden mit einer Vision des Neuen, über die Grenzen des Todes Hinausreichenden.
Ein Verstehen des Heiligen ist keine rationale Angelegenheit, wenngleich die Rationalität unserer Sprache als Vermittler des nicht rationalen Geschehens unverzichtbar ist und auch den Bezug zum technisch-naturwissenschaftlichem Weltverständnis herstellt. Wie die Sprache dann in angemessener Weise eine formulierte Religion hervorbringt, bleibt von den allgemeinen Grundlagen her gesehen offen. Sowohl inhaltliche Vorstellungen wie rituelle Ordnungen haben ihren Ort in der menschlichen Gesellschaft. Sie verbildlichen das Phänomen des Heiligen im Gemeinschaftsleben der Menschen und schaffen einen Rahmen für die Weitervermittlung von Religion. Dabei treten die verschiedenen religiösen Konkretionen in Konkurrenz oder Widerspruch zueinander. Ein Ringen um „die Wahrheit" setzt ein. Dieses Ringen ist jedoch in der Geschichte zu einem Problem der Religionen geworden. Es drückt sich nicht nur im Überzeugungsstreit aus, sondern in Machtausübung, sowohl der äußeren Macht wie der inneren Macht tabuisierter Dogmen. Religion ist dadurch in Misskredit geraten, teilweise in sein Gegenteil verkehrt worden. In unseren Betrachtungen über „das Heilige und die Gewalt" haben wir diesen Irrweg diskutiert.
Damit ist zugleich gesagt, dass wir nicht alles und jedes, was sich religiös

nennt, unbesehen hinnehmen, nur um genügend allgemein zu sein. Die Darstellung des Heiligen als Grundlage von Religion versteht sich als Klärungsprozess, der durchaus inhaltlich Position bezieht, so in der Abwehr von Gewalt als einem Grundprinzip von Religion. Wir sehen in der Gewaltfreiheit einen der Grundsätze, auf dem das Verständnis von „heilig" basiert und auf dem auch die Interpretation von Nahtoderlebnissen ruht. Positiv ausgedrückt, ist es die unendliche, im Numinosen begründete Liebe, die wir als Leitgedanken des Heiligen und von Religion ansehen.

Ein zweiter Grundsatz ist die Überzeugung, dass es ein Leben jenseits des Todes gibt. Mit Nahtoderfahrungen wird diese Überzeugung nicht bewiesen. Aber sie können helfen, einen angeblichen Unmöglichkeitsbeweis seitens rationalistischer Weltsicht zu widerlegen. Und sie können Anstösse vermitteln, die verändernde Kraft, die in der Ewigkeitshoffnung verborgen ist, im Leben zu entfalten.

Wir haben bisher den Begriff „Gott" hinter dem Vorhang des „Heiligen" verborgen gehalten. Das war Absicht. Zwar drängen gerade die Lichterlebnisse in Nahtoderfahrungen nach einer Personalisierung des Heiligen. Auch sind die grossen Weltreligionen Judentum, Islam und Christentum nicht ohne Gottesvorstellungen denkbar. Zugleich stellte jedoch der Begriff „Gott" über Jahrtausende hinweg ein Objekt philosophischer Spekulation und doktrinärer Verfestigung dar, so dass Behutsamkeit ansteht. Das alte hebräische Tabu, den Gottesnamen auszusprechen, zeigt ein feines Gespür dafür, dass Gott eigentlich „unsagbar" ist. Dort, wo man versucht hat, den Vorhang zurückzuziehen und Gott in Begriffen zu präsentieren, hat man meist ein Zerrbild vorgezeigt und sich in Widersprüche verwickelt. Rudolf Otto hat dargelegt, wie man ohne rationale Gotteskonstruktionen auskommt und wie man einen Erfahrungszugang zum Heiligen finden kann.

Gleichwohl ist es legitim, wenn eine Religion von Gott redet, im Bewusstsein, dass ihr nur eine bildhafte Sprache und begrenzte Vorstellungen verfügbar sind. Jede Konkretion von Religion ist ein Weg, nicht Inbesitznahme absoluter Wahrheit. Ob noch andere Wege zum gleichen Ziel führen, sollte sie dahingestellt sein lassen. Kriege und Gewaltanwendung um religöser Wahrheiten willen haben nur dunkle Schatten über das geworfen, um das es in der Religion wirklich geht. Gerade das Christentum, dessen Rolle als konkrete Religion hier besprochen werden soll, hat viel Grund, angesichts von doktrinärem Gehabe, Streit, Aufsplitte-

rung und Machtausübung bescheidener zu werden. Es geht dabei nicht nur um Ausartungen in der religiösen Praxis, sondern um ein angemessenes Verständnis christlicher Lehre.
Jesus hat in faszinierender Weise vorgeführt, was bedingungslose und vorurteilsfreie Liebe zu den Menschen beinhaltet. Vorgänge im Zusammenhang mit Tod und Auferstehung Jesu haben grosse Nähe zu dem, was wir von Nahtoderfahrungen wissen. Und Paulus berichtet von eigenen Nahtoderlebnissen, die sein leidenschaftliches Engagement für das Evangelium mit beflügelt haben. Insofern kann man vom christlichen Weg erwarten, dass er Nahtoderfahrungen in besonderer Weise integriert. Wir haben schon festgestellt, dass dies aber nicht uneingeschränkt der Fall ist. Wir werden das noch von mehreren Seiten her beleuchten. Bisher scheint es, dass dort, wo esoterische Einflüsse, insbesondere im Rahmen der „New-Age"-Bewegung, ins Christentum vordringen, noch am ehesten Aufgeschlossenheit für Nahtodfragen zu finden ist. Das soll uns Anlass sein, zunächst, wenn auch kurz, diese Einflüsse kritisch zu befragen.

6.2 Reinkarnationsglauben – eine Fiktion?

„Im Westen wird der Reinkarnationsglaube zunehmend zu einer blind übernommenen Ersatzreligion" meint der Psychiater M. Schröter-Kunhardt in einer Studie von 1996 mit dem Titel „Reinkarnationsglaube und Reinkarnationstherapie: transpersonale Fiktion".[1] Das wird besonders in zahllosen Sitzungen sichtbar, die entweder nur der persönlichen Erkenntnis dienen oder auch therapeutischen Zweck haben und in Trance oder Hypnose Erinnerungen an Vorleben herbeiführen. Auch erscheinen viele Schriften und Bücher über entsprechende Spontanerfahrungen, insbesondere bei Kindern, die aus früheren Leben erzählen. Die Flut dieser Sitzungen und Schriften ist so gross, dass sich sogar einige reinkarnationsgläubige Therapeuten und andere Fachleute dagegen wehren – vermutlich, um nicht selbst mit dieser Flut weggespült zu werden. In der genannten Schrift von Schröter-Kunhardt werden zahlreiche wissenschaftliche Untersuchungen über die Reinkarnationsszene gut lesbar zusammengefasst; sie sei jedem empfohlen, den dieses Thema beschäftigt. Wir bringen hier nur einige Schlaglichter. Da gibt es zunächst das Phänomen eines Reinkarnationstourismus. Beispielsweise schreibt „DIE

WELT“ (10.9.1994) Folgendes über die Hamburger Psychologin Gisela Schmitz:

„… Eine ‚blitzartige Erleuchtung‘ habe sie ergriffen, als sie zum ersten Mal vor dem Pergamon-Altar stand. Der kam ihr so bekannt vor, dass sie keinen Zweifel hatte: ‚Da bist du schon mal gewesen‘. Mit Hilfe von Gelehrten und Reinkarnationstherapeuten fand sie heraus: ‚Um 170 v. Chr. war ich Tempeldiener unter Eumenes II.‘. Diese erfreuliche Erkenntnis sollte Früchte tragen. Anfang des Jahres annoncierte die Forscherin in Szene-Blättern und Esoterik-Magazinen: ‚Ich führe Sie in Ihre früheren Leben‘. Inzwischen hat Frau Schmitz mehrere hundert Personen durch völkerkundliche Museen gelotst. Achtzig Prozent davon, so sagt sie, wurden angesichts von Skulpturen oder Kostümen, rituellen Gegenständen, Mumien und Masken einer Erleuchtung teilhaftig. Und weil Erleuchtung begehrt ist… wird ‚ethnologische Reinkarnationsforschung‘ mittlerweile in fast allen grossen Städten angeboten. Der Besuch eines Völkerkundemuseums kostet dann plötzlich siebzig Mark (‚inklusive Eintritt‘). Die Gruppenleiter – meist von keinerlei ethnologischer Vorbildung verdorben – verschaffen sich zunächst per ‚Resonanzmethode‘ eine erste Orientierung. Ist das Gebiet der Wahlverwandtschaft erst einmal eingekreist – etwa ‚Sibirien‘ oder ‚Indianer‘ oder ‚Afrika‘ -, werden die Suchenden in jene Abteilung geführt und dort in eine ‚induzierte Trance‘ versetzt. Wenn sie dann die Augen öffnen und sich umsehen, komme es ‚immer wieder zu herzergreifenden Szenen, wie das eben geht, wenn man etwas lange Verlorenes wieder erkennt‘, so die Forscherin…“.

Derartige Ausgeburten von Reinkarnationsaktivitäten bedürfen kaum eines Kommentars. Man hat festgestellt, dass sich allgemein die Rückerinnerungen an frühere Leben getreu an dem orientieren, was die Betroffenen seit ihrer Kindheit an Büchern, Schriften und Filmen aufgenommen haben, auch wenn vieles davon aus der bewussten Erinnerung entschwunden ist. Hinzu kommen Wunschvorstellungen, die sich unbewusst angesammelt haben. Dass die menschliche Phantasie unbegrenzt reich ist – eine schöne Eigenschaft – wissen wir aus unseren Träumen. Sie wird vom Reinkarnationstourismus missbraucht. Bei suggestiv vermittelten Rückführungserlebnissen (durch Trance oder Hypnose) treten auch gelegentlich absurde Phänomene auf. So hat Napoleon, eine besonders beliebte Reinkarnationsfigur, offensichtlich hunderte oder tausende von Wiederverkörperungen gleichzeitig, eine Art geklonte Reinkarnation. Eine Frau erlebte ihre Kaiserkrönung als Julius Caesar im Jahr 50 n. Chr. (Caesar war nie Kaiser und starb im Jahr 44 vor Christi Geburt). Viele Lücken im Schulwissen kommen so zum Vorschein.

Reinkarnationstherapien gehen ähnlich vor wie psychoanalytische Methoden: diese suchen gegenwärtige Konflikte dadurch zu lösen, dass sie ihre Wurzeln in der frühen Kindheit aufdecken und bewusst machen – eine bekanntlich umstrittene Behandlungsmethode. Reinkarnationstherapien gehen sozusagen noch weiter zurück und suchen die Konfliktherde in den Vorleben. Raimond A. Moody, der sich auch als Reinkarnationstherapeut betätigt hat, änderte gelegentlich unter Hypnose ein früheres Leben ab, um damit auch die Folgen zu verändern (was den Gedanken einer wirklichen Reinkarnation lächerlich macht). Reinkarnationstherapien können wie jede andere Psychotherapie allein aufgrund der kommunikativen Zuwendung des Therapeuten erfolgreich sein, sie können aber auch destabilisierend wirken.[2] Was die Spontanerinnerungen anbetrifft, so hat der – reinkarnationsgläubige – Psychiater Ian Stevenson mehr als 2500 kindliche Reinkarnationsfälle untersucht. Alle Versuche, Details herauszufinden, etwa mit Hilfe von Hypnose, führten nach seiner eigenen Bekundung zu nichts. Derartige Rückerinnerungen geschehen durchweg in einem sozialen Umfeld, in dem man ohnehin an Reinkarnation glaubt und entsprechend ein Erfüllungsdruck vorhanden ist. Lässt man die grosse Zahl der psychologisch erklärbaren Reinkarnationserlebnisse weg, so bleibt noch eine relativ geringe Anzahl von Fällen, bei denen offensichtlich paranormale (außersinnliche, übersinnliche) Phänomene im Spiel sind. Nimmt man an, dass Telepathie nicht nur „Ferninformation", sondern auch „Fernwirkung" beinhaltet, so können Identifikationserfahrungen zustandekommen, die fälschlich als Reinkarnation gedeutet werden. Die „Hinterlassenschaft" eines Verstorbenen kann dabei als noch während dessen Lebenszeit „aufgenommen" und (etwa von Eltern an Kinder) „weitergegeben" gedacht werden. Auch an eine Fernwirkung der Verstorbenen selbst lässt sich denken. Das ist zwar auch eine sehr weit gehende Annahme, aber sie zeigt immer noch, dass keine drängende Notwendigkeit besteht, von Reinkarnation zu sprechen.

Gelegentlich wird argumentiert: Wenn man Nahtoderfahrungen als Realerlebnisse ernst nimmt, warum dann nicht auch Reinkarnationserfahrungen? Sind nicht beide durch vielfache subjektive Berichte dokumentiert, deren Verlässlichkeit wir nicht nachprüfen können? Hier besteht die Gefahr, dass entscheidende Unterschiede verschleiert werden: Der deutlichste Unterschied besteht darin, dass Nahtoderfahrungen zum größten Teil spontan auftreten, ohne dass die Betroffenen eine Erwartungshaltung oder eine weltanschauliche Beeinflussung mitbringen, während Reinkarnationserlebnisse durchweg in einem Erwartungsfeld und häufig mittels Suggestion erzeugt werden. Ferner sind Nahtoderlebnisse klar strukturiert und aus Grundmustern aufgebaut, die als genetisch programmiert gelten können. Und schliesslich finden sich in den Nahtoderlebnissen selbst keine Hinweise auf Reinkarnation. Das wäre anders, träte etwa bei einem Europäer im Begegnungserlebnis mit verstorbenen Verwandten eine junge Chinesin auf und sagte: Ich bin eigentlich dein Grossvater, jedoch inkarniert in einer Familie in Schanghai. Derartiges geschieht aber nicht. Gerade in den Begegnungserlebnissen kommt zum Ausdruck, dass das Ich des Nahtodbetroffenen nicht nur die Lebensgeschichte umfasst, sondern auch sein soziales Umfeld einbezieht. Tante ist Tante und Großvater ist Großvater. Das Beziehungsverhältnis wird unmittelbar und bewusst erlebt, braucht also nicht erst irgendwie rekonstruiert zu werden Die Einheit des Ich, im irdischen Leben zustandegekommen, bleibt über den Tod hinaus bestehen.

Das entspricht auch dem jüdischen, christlichen und islamischen Menschenbild. Versuche, durch zurechtgeschneiderte Interpretation einiger Bibelverse die Reinkarnationslehre in das Alte und das Neue Testament hineinzutragen, sind nicht als ernsthaft anzusehen. Zwar gab es in den drei Religionen auch Traditionen, die reinkarnatorische Elemente enthalten; diese nehmen jedoch eine Aussenseiterstellung ein.[3] Sie sind, wie die genuin hinduistischen und buddhistischen Wiederverkörperungslehren, im historischen Kontext zu betrachten. Zudem gab es – wie wir schon gesehen haben – bereits im frühen Buddhismus eine Bewegung, die, vor allem von einfachen Menschen getragen, mit dem sehr abstrakten Denken der besonders Erleuchteten nichts anfangen konnte und sich deshalb dem Amida-Buddhismus zuwandte, der Reinkarnation nicht auf der Erde annimmt, sondern als Auferstehung im Himmel. Hierbei spielten nachweislich Nahtoderfahrungen eine Rolle, und man kann die Frage stellen, inwiefern die Vorstellung vom strafenden Schicksal, noch einmal ins irdische Leben zurückzumüssen, durch Erfahrungen des „noch einmal Zurückmüssens“ in Nahtoderlebnissen motiviert wurde. Das sind in mystischer Praxis gewachsene Fragen und unterscheiden sich von den intellektualistischen Problemen, die durch die antibuddhistische Theosophie und einen Hollywood-Buddhismus aufgeworfen werden. Die am Fortschrittsglauben des 19. Jahrhunderts orientierte Reinkarnationslehre übersieht, dass der angenommene Fortschritt nicht eingetreten ist: Die „Reinkarnierten" des 20. Jahrhunderts waren in zwei Weltkriegen und dem Holocaust an Grausamkeit nicht zu überbieten. Wir betrachten die Reinkarnationslehre als Fiktion, die weder durch Erfahrungen stichhaltig begründet wird noch mit einem Menschenbild übereinstimmt, das von der Einheit des im irdischen Leben gewachsenen Ich ausgeht, dem Ich, das nach unserem Glauben im Kontext des „mitkommenden" sozialen Umfelds nach dem Tod bestehen bleibt.

6.3 Reaktionen christlicher Fundamentalisten

Die Bücher von Raimond A. Moody und Elisabeth Kübler-Ross über Nahtoderfahrungen lösten in den USA in den siebziger Jahren des 20. Jahrhunderts eine „thanatologische Welle" aus, mit dem neu geschaffenen Wissensbereich „Thanatologie", Lehre vom Sterben, als Leitgedanken. Dieser reichte von wissenschaftlichen Bemühungen bis zu verschiedenartigen religiösen oder esoterischen Deutungen und vermengte oft Wissenschaft mit Interpretation, so dass die Thanatologie es schwer hatte, sich als wissenschaftliche Disziplin zu etablieren.

„Bargen die allgemein bekannt gewordenen Erlebnisberichte Reanimierter bereits in sich die Frage nach transzendenten bzw. religiösen Hintergründen des Phänomens, so trugen Massenmedien, Pseudowissenschaftler und Okkultisten schnell dazu bei, die weltanschauliche Brisanz des Materials zu verdeutlichen. Kein Wunder, dass Kirche und Theologie hellhörig wurden. Insbesondere die Problematik der Korrelation von Sterbe-Visionen und biblischen Hoffnungsaussagen wurde nun in den Blick genommen. Und hier fühlten sich namentlich die christlichen Fundamentalisten auf den Plan gerufen."[4]

Da Kübler-Ross und der Psychologe Kenneth Ring mehr und mehr zur Esoterik tendierten und es auch Moody teilweise in diese Richtung zog, war ein Konflikt mit den bibelgläubigen Christen der USA geradezu programmiert. Es begann schon damit, dass Moody in „Leben nach dem Tod" nur Nahtoderlebnisse vorstellte, in denen die Betroffenen Glücksgefühle hatten (später korrigierte er das). Wo blieben die Höllenerfahrungen? Die Leugnung der Hölle wurde dämonischen Einflüssen zugeschrieben. Zwar erkannte man die Lichterlebnisse, die gläubige Christen in Nahtodvisionen hatten, als Begegnungen mit Jesus an. Wenn aber Ungläubige solche Erfahrungen machten, so war das teuflisches Gaukelspiel. Hierbei sollte man sich die besondere kirchliche Situation in den USA vor Augen halten. Es gibt nicht wie bei uns die grossen Volkskirchen, deren Pfarrer ein breit angelegtes Universitätsstudium mit historisch-kritischer Analyse der Bibeltexte hinter sich haben, und daneben kleine Gruppen von Freikirchen und Sekten. Zu den „grossen" Kirchen in den USA, die sich aber nicht als „Volkskirchen" verstehen, gehören die baptistische, die methodistische und die presbyterianische. Lutheraner und Katholiken bilden mittelgrosse Gruppen, und es gibt hunderte von kleinen „Kirchen", bei denen die Grenzen zu dem, was wir „Sekte" nennen, unscharf sind. Vielen, wenn nicht den meisten, protestantischen Kirchen ist eine Prägung durch die Erweckungsbewegungen des 19. Jahrhunderts gemeinsam. Diese haben Wurzeln im Deutschen Pietismus, erhielten jedoch durch die Siedlermentalität und das Exodus-Bewusstsein vieler Amerikaner eine neue Gestalt. Als Gegenbewegung zur Aufklärung und zum theologischen Liberalismus bauten diese Kirchen bei aller Verschiedenheit in Einzelfragen auf ein wörtliches Verständnis der Bibel auf und verstanden – dem Pietismus gemäß – Christwerden als einen Akt der persönlichen Hinwendung zu Christus (auch „Wiedergeburt" genannt, was nicht mit „Reinkarnation" zu verwechseln ist).

Anfang des 20. Jahrhunderts einigten sich die so ausgerichteten Kirchen und Gruppen auf gewisse „fundamentals", etwa, dass die Bibel vom Heiligen Geist inspiriert ist und eine absolut zuverlässige Quelle der Offenbarung darstellt. Daraus ist die Bezeichnung „Fundamentalisten" entstanden, die in den USA keineswegs als abwertend verstanden wird und nichts mit islamischem Fundamentalismus zu tun haben möchte. Wenige der Pfarrer und Prediger haben eine theologische Ausbildung, die textkritische Studien umfasst; sie erlernen in kircheneigenen Seminaren den fundamentalistisch ausgerichteten Biblizismus (einschließlich der Ablehnung jeder Form von biologischer Evolution). Es gibt zwar bedeutende theologische Fakultäten wie die Harvard Divinity School. Diese haben jedoch nur auf eine dünne Schicht von Intellektuellen Einfluss. In der Breite findet man Christen – in der Gemeindepraxis viel lebendiger und aktiver als hierzulande –, die in ihrem Denken einem wortwörtlichen Bibelverständnis verhaftet sind. (Ich war damit selbst konfrontiert, da ich drei Jahre in den USA gelebt und zeitweise einer fundamentalistischen Kirche angehört habe).

Die Diskussion um eine angemessene Interpretation von Nahtoderfahrungen ist hierfür ein gutes Beispiel. Eine theologische Ablehnung der esoterischen Deutung von Nahtodvisionen ist nachvollziehbar; wir haben weiter oben selbst eine ablehnende Position begründet. Unverständlich ist dagegen eine Dämonisierung derer, die nicht biblizistisch konform mit solchen Erlebnissen umgehen. Selbst hochintellektuelle Persönlichkeiten lassen sich darauf ein. So ergriff der angesehene Herzspezialist und Leibarzt von Pentagon-Stabsmitgliedern (wie Dwight Eisenhower), Maurice Rawlings, schon früh in die Diskussion um Moodys Bücher ein. Noch 1997 äußerte er: „...Ich glaube, dass viele dieser ‚Licht'-Erfahrungen absichtliche Täuschungen Satans darstellen, der die Leute glauben machen möchte, dass die Pforten des Himmels jedem offen stehen".[5] Rawlings erzählt von sich selbst, dass er erst im Gefolge der Nahtoderfahrung eines Patienten Christ geworden sei. Als einmal ein 47-jähriger Mann während einer Untersuchung am Tretrad zusammenbrach und wieder belebt werden musste, geschah Merkwürdiges:

„Ich führte die äußeren Pressbewegungen am Herz aus, während die Schwestern Tropf und Atmungsgerät herbeischafften, und der Patient sagte unentwegt: ‚Doktor, hören Sie nicht auf!' Immer, wenn ich unterbrach, um nach etwas zu greifen, rief er ‚Ich bin in der Hölle'... Ich presste und sagte ihm, er solle still sein und mir nicht mit seinem ‚Höllending' kommen. Ich versuchte, sein Leben zu retten und er bemühte sich, mir etwas von seinen schlimmen Alpträumen zu erzählen, die er im Rachen des Todes hatte. Dann bat er mich um etwas, das die grösste Beleidigung für mich als Atheisten darstellte, nämlich ‚Doktor, beten Sie für mich'. Ich sagte ihm, er sei wohl verrückt, und ich sei kein Pfarrer. Wieder bat er mich, für ihn zu beten, und die Schwestern schauten mich erwartungsvoll an, als wollten sie sagen: ‚Du musst das tun, es ist der letzte Wunsch eines Menschen'. Also tat ich es. Ich ersann ein Scheingebet, einen Unsinn. Ich wollte ihn nur los werden, also sagte ich ihm, er solle mir nachsprechen. Ich presste verlegen heraus: ‚Ich glaube, Jesus Christus ist der Sohn Gottes. Los, sprechen Sie das nach. Bitte bewahre mich vor der Hölle. Sagen Sie das! Und wenn ich, der ich am Angelhaken hänge, überlebe, gehöre ich dir für immer'. Ich erinnere mich an diesen Teil besonders, weil er die ganze Zeit ‚am Angelhaken hing'. Jedes Mal, wenn wir die Herzmassage unterbrachen, um den Herzschrittmacher nachzustellen, schrie er, er sei wieder in der Hölle und verkrampfte sich, wurde blau, hörte auf zu atmen und sein Herz schlug nicht mehr. Aber bald nachdem ich das Gebet gesprochen hatte, gab es kein Krümmen und kein Kämpfen mehr. Er war ruhig. Am nächsten Tag bat ich ihn, immer noch höchst skeptisch, mir zu erzählen, wie das in der Hölle sei. Ich erzählte ihm, er hätte die Schwestern zu Tode erschreckt und mir Höllenangst eingejagt. Er sagte ‚Welche Hölle? Nach dem Gebet, das Sie gesprochen haben, erinnere ich mich, meine Mutter so gesehen zu haben wie zu ihrer Lebenszeit, obwohl sie gestorben ist, als ich dreizehn Jahre alt war.' Unmöglich! Er fand sie in einem Photoalbum heraus, das ihm seine Tante am nächsten Tag brachte, aber er hatte sie nie wirklich gesehen. Er erkannte sie an ihrer Kleidung. Er hatte sie im Himmel gesehen. Offensichtlich hatte er die höllischen Erfahrungen zu schmerzfreien Teilen seiner Erinnerung bereinigt, aber nach der Bekehrung machte er himmlische Erfahrungen. Das ‚unsinnige' Gebet, das ich betete, um ihn zu verspotten, bekehrte nicht nur ihn, sondern erfasste mich auch. Wir wurden beide wiedergeborene Christen."[6]

Schon in diesem Beispiel erkennt man die Schwäche von Rawlings' Argumenten: Wir haben früher gesehen, wie sich Betroffene im Außerkörpererlebnis vergeblich bemühen, den Ärzten oder anderen Menschen der Umgebung etwas zu vermitteln, was aber nicht möglich ist. Offensichtlich hatte Rawlings' Patient in der ersten Phase alptraumartige Wachträume oder unterbrochene Träume, in denen er noch seine Stimme gebrauchen und sich verständlich machen konnte. Das eigentliche Nahtoderlebnis, in dem er seiner verstorbenen Mutter begegnete, hob vermutlich erst nach dem Gebet an, als er sich beruhigt hatte. Träume werden meist vergessen, das kennen wir von uns selbst. Nahtodvisionen dagegen zeichnen sich durch scharfe Erinnerung aus. Zwar gibt es „höllische" Erlebnisse in Nahtoderfahrungen, offenbar lag jedoch hier kein solches vor. Rawlings' Behauptung, die er dann immer wieder gebrauchte, unterstellt ein Verdrängen oder Verschweigen der höllischen Anteile von Nahtoderfahrungen. Eine sachliche Analyse des obigen Beispiels ergibt ein anderes Bild. Rawlings erntete dann auch reichlich Widerspruch, selbst bei seinen Freunden, als er in mehreren predigthaften, durch wenig Sachlichkeit glänzenden Büchern nachzuweisen versuchte,

die höllischen und die himmlischen Nahtoderfahrungen träten im Verhältnis 50 zu 50 auf.
Noch über einen anderen Aspekt hätte Rawlings nachdenken können: Mit seinem Proporz von himmlischen Erlebnissen der Erlösten und höllischen Qualen der Ungläubigen im Nahtod leistet er der Annahme Vorschub, die Nahtodbetroffenen seien wirklich „im Jenseits" gewesen, rückt sich selbst also in die Nähe des Spiritismus. Mit seiner eingangs zitierten Bemerkung über die Täuschungen durch Satan zeigt Rawlings, dass er auch 20 Jahre nach seinen ersten Erfahrungen mit dem Problem Nahtod kaum über das nachgedacht hat, was anderenorts, etwa in China nach dem Erdbeben von Tangshan bei Menschen ohne christliches Umfeld geschehen ist. Er hätte sonst seine Dämonie-Klischees korrigieren müssen.
Der Kardiologe Michael Sabom, dessen Bemühungen um eine Versachlichung der Nahtod-Diskussion in den USA zu würdigen sind, tendiert dennoch teilweise in die fundamentalistische Richtung. Er kritisierte scharf Rawlings' einseitige und unsachgemässe Beiträge, besuchte ihn aber, wie er selbst erzählt, anschliessend und schloss Freundschaft mit ihm.[7] 1993 trat Sabom von der methodistischen zur – von ihm als „konservativ" bezeichneten – presbyterianischen Kirche über, wurde zum „Ältesten" berufen und ordnet seither stärker als früher Nahtoderfahrungen in biblisches Denken ein. Folgendes Beispiel zeigt, wie er hierbei in eine Enge geraten ist: Er beschreibt drei Nahtoderlebnisse verschiedener Personen, in denen zueinander ähnliche Christusvisionen vorkommen, und fragt dann: „War das wirklich Jesus? Sahen sie wahrhaftig den historischen Jesus, den, der von sich in Anspruch nahm, mit Gott eins zu sein? Die Bibel lehrt, dass ‚falsche Christusse und falsche Propheten auftreten und grosse Zeichen und Wunder tun werden, um sogar die Erwählten (wo es möglich wäre) in die Irre zu führen"[8] Hier entfaltet Sabom eine unselige Alternative, die er dann weiter vertieft: Erlebt ein Nahtodbetroffener in der Lichterfahrung Christus, so ist das entweder der historische Jesus oder ein vom Teufel besorgter falscher Christus. Rawlings lässt grüßen! Die nächstliegende Möglichkeit, dass die erlebte Lichtgestalt aufgrund des christlichen Umfeldes als Jesus konkretisiert wird, bleibt außer Acht. Man spürt, dass Sabom in einen Sog theologischer Naivität geraten ist, die ihn gelegentlich von seiner sonst geübten kritischen Vorsicht wegzieht. Wenn christlich gläubige Menschen mit ihren eigenen Nahtodvisionen positiv umzugehen wissen, so ist das in Ordnung. Bedauerlich ist jedoch, wenn ein biblizistischer Fundamentalismus intole-

rant wird, in mittelalterlichen Verketzerungen denkt und den Blick für die umfassende Bedeutung von Nahtoderfahrungen verliert.
Ein zentraler Punkt für die christlich-theologische Diskussion von Nahtodfragen ist das Verhältnis von „Leben nach dem Tod", wie es Nahtodvisionen nahe legen, und „Auferstehung der Toten" im Sinn der christlichen Lehre. Er soll uns jetzt beschäftigen.

6.4 Nahtoderfahrungen und christlicher Auferstehungsglaube

Einer der wenigen christlichen Denker, die Nahtodvisionen in unmittelbare Beziehung zum christlichen Verständnis von Tod und Auferstehung gesetzt haben, ist der Theologe und Schriftsteller Jörg Zink. In seinem Buch „Auferstehung. Und am Ende ein Gehen ins Licht" wirft er die Frage auf „Wie viel Wirklichkeit kommt den geschilderten Nahtod-Erfahrungen zu?" und meint:

„...Waren die Zurückgekehrten wirklich tot? Berichten sie uns von einer Wirklichkeit, die unabhängig von ihrem seelischen oder leiblichen Ergehen besteht, oder nur aus der Landschaft ihrer eigenen Seele? Natürlich fanden Psychologen psychologische Erklärungen, Mediziner medizinische, Neurologen neurologische, Pharmakologen pharmakologische, aber keiner dieser Erklärungsversuche hat in den dreißig Jahren, die die Diskussion inzwischen währt, die wirklichen Vorgänge deuten können. Immer blieb ein erheblicher, nicht erklärbarer Rest. Auch die Theologie reagierte im Allgemeinen kritisch, wenn auch nicht immer ausreichend sachkundig, vor allem mit dem Einwand, dies alles sei ein Versuch, den Tod zu ‚verniedlichen'. Und für viele andere rückte das Phänomen ‚Nahtod-Erfahrung' in den Themenkreis UFO, Bermuda-Dreieck, vorgeschichtliche Astronauten etc. ein. Aber es hat sich gezeigt, dass es weder dem einen noch dem anderen gelingen konnte, dem Ganzen dieser Erfahrungen beizukommen."[9]

Besondere Schwierigkeiten hat die neuere protestantische Theologie hinsichtlich des Verhältnisses von Leben nach dem Tod und Auferstehung, weil in ihr weithin eine Lehre dominiert, nach der ein Mensch, wenn er stirbt, zunächst völlig von der – diesseitigen oder jenseitigen – Bildfläche verschwindet. Zink beschreibt sie so:

„In der evangelischen Theologie der letzten achtzig Jahre gab es eine merkwürdige Lehre von der Auferstehung oder besser der Nichtauferstehung. Es war die Lehre vom ‚Ganztod'. Sie besagte, das Leben des Menschen ende im Tod und zwar ganz und gar und in jeder Hinsicht und auf jeder Ebene, mit Geist, Seele und Leib. Man sagte, Gott habe den Menschen aus dem Nichts erschaffen. Er falle in seinem Tod wieder in das gänzliche Nichts zurück, und in irgendeiner nicht festsetzbaren Zukunft werde Gott diesen Menschen wieder aus dem Nichts nacherschaffen. Er sei also mit seinem Tode vollständig ausgelöscht, und es gebe keine Kontinuität zwischen der jetzt lebenden Person und ihrer künftigen Existenz bei Gott.
So vertrat Karl Barth, der grosse Lehrer meiner Generation, die Auffassung, im Tode bleibe keine menschliche Seele übrig. Mit dem Tode sei der ganze Mensch nichts. Es gebe ihn nicht mehr. Er werde erst am Jüngsten Tage aus der Erinnerung des Schöpfers neu geschaffen, aus dem Gedächtnis Gottes sozusagen neu zusammengesetzt. Aber mich hat das noch nie überzeugt. Was soll denn damit gemeint sein, dass zwischen Tod und Auferstehung das Nichts sei? Was ist der Sinn dieses Vakuums? Das Neue Testament spricht ganz anders. Woher also hatten es die grossen Theologen der zwanziger bis vierziger Jahre? Vielleicht daher, dass sie den Tod als Todesstrafe missverstanden?"[10]

Zink verweist dann auf die eindringlichen Darlegungen von Paulus zu diesem Thema. Demnach ist unser Leib ein Haus oder ein Zelt oder ein Kleid, das uns einhüllt, und das im Tod nicht mit allem, was darin ist, weggeworfen wird. Vielmehr sehen wir einer neuen Leiblichkeit entgegen, die unser Ich beherbergen wird. „Hier noch seufzen wir", so sagt Paulus, „und sehnen uns danach, dass unser himmlisches Haus uns aufnimmt, damit wir nicht schutzlos dastehen. Solange wir in diesem Zelt wohnen, seufzen wir und sind beschwert, weil wir nicht entkleidet werden möchten, sondern überkleidet, so dass das Sterbliche verschlungen wird vom Leben."[11]

Das „Nichts" oder das „Vakuum" zwischen Tod und Auferstehung, von dem Zink spricht, war insbesondere durch die protestantische Ablehnung des Purgatoriums oder „Fegfeuers" entstanden, das infolge des Ablasshandels zur Zeit der Reformation („Sobald das Geld im Kasten klingt, die Seele aus dem Fegfeuer springt") in Verruf geraten war. Luther füllte das Vakuum so aus, dass er von einem „Seelenschlaf" redete und

diesen nur als einen „Augenblick" betrachtete, da ja bei Gott tausend Jahre wie ein Tag sei – eine Art theologisches Relativitätsprinzip.
Calvin zog sich noch behutsamer aus der Affäre. Einerseits wies er auf ein allgemeines Phänomen, auch bei den „Ungläubigen" hin: Diese haben sich „in einem natürlichen Instinkt immer ein Bild der Auferstehung vor Augen gestellt. Ist nicht die heilige und unverletztliche Sitte des Begräbnisses wie ein Unterpfand des neuen Lebens? Ist es nicht, als wolle man den Leichnam bergen für das ihm bereitstehende neue Leben?"[12] Auch wenn Calvin hierbei sicher nicht an die Ur- und Frühgeschichte gedacht hat, so kann man seine Gedanken schon auf die Neandertaler anwenden und diesen ein „Bild der Auferstehung" zuordnen. Im engeren, christlichen Sinn fügt Calvin andererseits hinzu:

„Wenn der Leib stirbt, überlebt die Seele. Wie der Apostel sagt (Hebr.12,23), dass wir gekommen sind zu den Geistern der vollkommenen Gerechten. Wenn die aus dem Leibe gelöste Seele nicht ihren Bestand behielte und seliger Herrlichkeit fähig wäre, hätte Christus nicht zum Schächer am Kreuz gesagt (Luk 23,43) ‚Heute wirst du mit mir im Paradies sein'... Im Übrigen sind weitere Fragen über den Zwischenzustand der Seelen unangebracht und unnütz."[13]

Von einer „Ganztod-Lehre" kann also bei Calvin ebenso wenig wie bei Luther die Rede sein. Der katholische Theologe Karl Rahner hat angesichts der in der katholischen Lehre immer noch vorhandenen Vorstellung vom Fegfeuer einen interessanten Ausweg vorgeschlagen:

„Wenn es so etwas wie ein Fegfeuer gibt und dieses nicht bloß durch ein äußeres Dekret und Eingreifen Gottes entsteht, sondern konnaturale Konsequenz aus dem Wesen des pluralen Menschen ist, dann könnte ich mir denken, dass die Möglichkeiten des ‚Fegfeuers' auch noch den Raum bedeuten könnten für eine post-mortale Freiheitsgeschichte bei dem, dem eine solche Geschichte in seinem irdischen Leben versagt war...".[14]

Hier zeichnet sich also eine neue Auffassung vom Leben nach dem Tod ab, und Rahner sagt an anderer Stelle auch unverblümt: „Die Konzeption der Vorstellung vom Zwischenzustand im Mittelalter wird nach all dem Gesagten als Etappe der Theologiegeschichte – aber eben auch nicht mehr – gewertet werden".[15] Eine ähnliche, konstruktive Deutung des

„Zwischenzustands“ gibt der protestantische Theologe Jürgen Moltmann an. Er füllt in gewisser Weise das aus, was Rahner die „postmortale Freiheitsgeschichte“ nennt und stellt sich „jenen ‚Zwischenzustand‘ als einen weiten Lebensraum vor, in dem sich das hier abgebrochene und zerstörte Leben frei entfalten kann. Ich stelle ihn mir als eine neue Lebenszeit vor, in der die Geschichte Gottes mit einem Menschen zur Entwicklung und Vollendung kommt“.[16] Hierin liegt auch eine Alternative zum Reinkarnationsdenken, nach dem das nicht erledigte „Karma“ in einem weiteren Leben abgearbeitet werden soll. Wir erhalten im „Zwischenzustand“ Gelegenheit, „das Angefangene zu Ende zu bringen, das Versäumte nachzuholen, die Schulden zu bezahlen und die Schmerzen auszuheilen und das Unvollendete zu vollenden“.[17] Und Moltmann fügt hinzu:

„Aber es sind nicht nur die Abbrüche in der eigenen Lebensgeschichte, die uns nach einem ‚Leben nach dem Tod‘ fragen lassen. Ich gedenke des Lebens derer, die nicht leben konnten und nicht leben durften: das geliebte Kind, das bei seiner Geburt starb; der Junge, der mit vier Jahren von einem Auto überfahren wurde; der Freund, den mit 16 Jahren neben dir die Bombe zerriss, die dich verschonte – und die vielen Menschen, die vergewaltigt, ermordet und vernichtet wurden… Die Vorstellung, dass mit ihrem Tod alles aus sei, würde doch die ganze Welt in absolute Absurdität stürzen, denn wenn ihr Leben keinen Sinn hatte, hat dann unser Leben einen Sinn? Die moderne Vorstellung von einem ‚natürlichen Tod‘ passt für lebensversicherte Bürger der Wohlstandsgesellschaft, die sich den Alterstod leisten können; die meisten Menschen in der Dritten Welt sterben einen vorzeitigen, gewaltsamen und keineswegs bejahten Tod…“.[18]

Karl Rahner geht aber noch einen Schritt weiter und gibt zu bedenken, ob die christliche Auferstehung nicht bereits im Augenblick des Todes geschieht: „Warum sollten wir sie nicht in *dem* Augenblick ansetzen, wo sich die Freiheitsgeschichte des Menschen vollendet, in seinem Tod nämlich?“[19] Das ist allerdings missverständlich, da sich „Vollendung der Freiheitsgeschichte im Tod“ und „post-mortale Freiheitsgeschichte“ widersprechen. Im Zusammenhang gelesen kann man jedoch das „vollendet“ in Abhebung von „vollendet ist“ so deuten, dass die Freiheitsgeschichte sich im Tod „zu vollenden beginnt“ und diese Möglichkeit von der Auferstehung in die Gegenwart Gottes hinein untrennbar ist.

Wenn Theologen wie Jürgen Moltmann und Berthold Klappert[20] lieber nicht von „Auferstehung im Tod" sprechen, so deshalb, weil sie „Auferstehung" mit „Vollendung" im endgültigen Reich Gottes verbinden. Fiele die Auferstehung mit dem Tod zusammen, so würde der gerade erreichte Status quo „verewigt", wie das manche Theologen auch behaupten. Das sind aber eher begriffliche Festlegungen. In ihrem Grundanliegen stimmen Zink, Rahner, Moltmann und Klappert überein. Auch andere katholische Theologen haben Rahners Thesen übernommen und weiterentwickelt (Kardinal Ratzinger ließ sie jedoch durch die Glaubenskongregation verwerfen).

Für unsere Betrachtungen sind vor allem die Aspekte interessant, die nicht das „Zukünftige" innerhalb des Jenseits betreffen, sondern die Geschehnisse im Sterben, im Augenblick – oder Prozess – des Todes. Dass viele Nahtodbetroffene sich wie in einem neuen Kleid fühlen und einer neuen Phase ihres Seins bewusst entgegensehen, wird durch die eben geschilderte christliche Position positiv aufgenommen. Es gibt Nahtodberichte, in denen als Kinder verstorbene Angehörige oder Freunde als erwachsen erlebt werden – vielleicht ein Hinweis auf die genannte „Vollendung des Unvollendeten". Man kann nur immer wieder betonen, dass wir zwar wenig wissen, das Wenige aber grosse Bedeutung für den Glaubenden haben kann.

Auch auf die grosse Nähe der Erscheinungen des auferstandenen Jesus zu dem, was in Nahtoderscheinungen erlebt wird, sei hingewiesen, ebenso auf die Nahtoderlebnisse, die Paulus selbst hatte.[21] Die Begegnungen mit dem Auferstandenen waren stets Glückserfahrungen, oft Lichterlebnisse und immer von unendlicher Liebe durchdrungen.

Schlussbetrachtungen

Welches Fazit ergibt sich aus unseren Schilderungen und Gedanken? Wir sind, ausgehend von verschiedenartigen und doch innerlich zusammenhängenden Nahtoderfahrungen, losgezogen, um nach dem Heiligen zu suchen, das sich mit diesen besonderen Erfahrungen verbindet, auch nach Veränderungen, die sich aus dem Studium von Nahtodvisionen für unser Welt- und Menschenbild ergeben. Wir haben gesehen, dass schon auf medizinisch-naturwissenschaftlicher Ebene die Umgebung des Todes in neuem Licht erscheint. Tod ist offensichtlich nicht das Stehenbleiben einer Uhr oder der Absturz eines „Computers aus Fleisch", mit elektronisch messbarem Schlusspunkt. Die Grundmuster der Nahtoderfahrungen sind genetisch programmiert, nicht zum Zweck der Selbstauslöschung, sondern, um dann, wenn sie wirksam werden, eine neue Phase beständigen Lebens zu eröffnen. In der kleinen Welt des Ich gelingt im Nahtod ein flüchtiger Blick in einen grossen Kosmos, besser, in die Vorhallen eines Universums, das wir zu Lebzeiten nicht betreten und auch nicht genauer betrachten. Man kann nur ahnen, welcher Reichtum sich darin verbirgt. Würde uns der volle Reichtum gezeigt, unsere begrenzte Vorstellungskraft könnte ihn nicht erfassen.

Ist das alles nur Selbsttäuschung, Wunschdenken, Jenseitsvertröstung geplagter oder phantasiefreudiger Menschen? Wir haben Argumente durchgespielt: Sie geben uns keine schlüssige Auskunft, kein „Wissen" über das Jenseits. Es ist letztlich eine Glaubensangelegenheit, wie man die Zeichen interpretiert. Nahtoderlebnisse sind Zeichen. Man hat immer wieder versucht, sie naturwissenschaftlich zu banalisieren. Dieser Versuch kann als gescheitert gelten. Man kann die Zeichen ignorieren. Man kann aber auch, und das haben wir versucht, ein Stück in die Richtung gehen, in die sie weisen, und über die Felsen klettern, die dort zu finden sind. Felsen sind es eher intellektuell gesehen, wenn von telepathischer Kommunikation, hellseherischer Vision oder plötzlicher Wandlung der Einstellung zum Leben und zum Leben nach dem Tod die Rede ist. Betroffene vermitteln etwas von der Unmittelbarkeit, die ihren Erfahrungen innewohnt, auch dort, wo sie nicht wissen, wie ihnen und was ihnen geschah. Aber auch die intellektuelle Sicht führt zu Fragen, ob die bisherige Naturwissenschaft ausreicht, die Phänomene Leben, Geist, Tod und den Kosmos insgesamt zu verstehen. Ein verfeinertes Instrumentarium wissenschaftlichen Denkens ist vonnöten, wollen Physik und Hirnforschung nicht mit Scheuklappen an Erfahrungen vorbeitappen, die solide genug dokumentiert sind.

Indessen ist das nur ein erster Schritt; er vertieft die wissenschaftliche Erforschung der Welt. Ein zweiter Schritt ist es, anzuerkennen, dass der Kosmos offene Grenzen hat und die Ereignisse in Todesnähe auf Grenzübergänge verweisen, die nur noch im Erleben selbst, nicht mit naturwissenschaftlicher Methodik überschreitbar sind. Was aber sagt der Faktor Kultur? Stellt nicht die Kulturabhängigkeit von Nahtoderfahrungen die universale Bedeutung solcher Erfahrungen in Frage? Dass Biografie, soziales und kulturelles Umfeld sich auch in Nahtoderlebnissen niederschlagen, ist unbestritten. Eine Überbewertung dieses Faktors aber, so haben wir gesehen, verstellt die Universalität der biologischen Grundmuster, der Bausteine von Nahtoderfahrungen. Es ist erstaunlich, wie selbst im China Maos Erfahrungen berichtet wurden, die auf dasselbe Geschehen deuten, das wir auch im Westen kennen. Die Frage, was das Geschehen letztlich bedeutet, stellt sich dort wie hier.

Diese Frage ist bereits die Frage nach dem religiösen Stellenwert der Nahtodvisionen. Es ist gut, sie interkulturell zu stellen und so einer christlichen Verengung zu entgehen, wie sie sich beispielsweise bei amerikanischen Fundamentalisten findet. Die Universalität von Religion korrespondiert mit der Universalität von Nahtoderfahrungen. Beide haben eine biologische Grundlage, die wiederum nicht alles erklärt, was auf ihr errichtet wird. Wenn die Bedingungen für die Möglichkeit von Religion beschrieben sind, kennt man Religion selbst noch lange nicht. – Wir haben den Begriff des Heiligen als religiösen Leitgedanken verfolgt. Seine Spuren weisen tief in die Natur- und Kulturgeschichte. Er gewinnt fassbare Gestalt im Numinosen, jenem Erleben des Ganz Anderen, des schauervollen Geheimnisses, über das wir Beobachtungen anstellen können.

Das Fazit, das wir hierbei im Anschluss an die Untersuchungen von Rudolf Otto und Georg Baudler gezogen haben, stimmt in erstaunlicher Weise mit Beobachtungen der Nahtodforschung überein: Die tiefste Grunderfahrung des Heiligen ist die des Angenommenseins, der Liebe, der glücklichen Geborgenheit. Angst einflössen und Gewalt anwenden sind Perversionen des Numinosen. Sie werden der Erhabenheit des Heiligen – wenn dieses auch schaudernd erlebt wird – nicht gerecht. Nahtoderfahrungen können mit Ängsten verbunden sein. Die zentrale Erfahrung ist jedoch die des ekstatischen Glücklichseins, oft in einer Lichterfahrung und in einer Vision von ungeahnt Schönem verdichtet. Das be-

deutet wiederum nicht, dass Nahtoderfahrungen das grosse „Happy end" des Lebens markieren. Im Lebenspanorama werden auch Verletzungen sichtbar, die man anderen zugefügt hat. Das kann schrecklich sein. Ferner wird nichts über das ausgesagt, was nach dem Tod folgt. Religiöse Anschauungen hierüber bleiben unangetastet, etwa die nach Rechenschaft und Gericht. Zunächst einmal geht es um die Urerfahrung der Liebe, in die wir eingebettet sind, mehr als es im gestörten Zusammenleben der Menschen sichtbar wird. Diese Urerfahrung leuchtet in der Tiefe mystischen Erlebens ebenso auf wie in vielen Nahtodvisionen.
Hier liegt zugleich eine Verbindung zu östlicher Religiosität, die von Christen oft verkannt wird. Auch bei dieser wird das „Karma", die Lebensschuld nicht ignoriert oder beiseitegeschoben. Nur wird – sieht man vom Amida-Buddhismus ab – die Bewältigung der Schuld ins irdische Leben verlagert, in das man gegebenenfalls zurückmuss. Christentum und Amida-Buddhismus sehen das anders. Wir haben begründet, warum die Reinkarnationsvorstellungen auch unabhängig vom Widerspruch zur christlichen Lehre problematisch sind: Sie übergehen die sozialen Bindungen des Menschen, gefährden die Einheit des Ich, zu der die Lebensgeschichte als integraler Bestandteil gehört. Wir haben dargelegt, dass Begegnungen mit verstorbenen Verwandten oder Freunden im Nahtoderlebnis diese Sicht unterstützen. So neigen wir zur Interpretation der Reinkarnationslehre als einem aus Nahtoderfahrungen erwachsenen Versuch, das Erlebnis „du musst noch einmal zurück" vom Nahtod auf den Tod und das Zurück in einen neuen Körper zu übertragen. Amida-Buddhismus und Christentum sehen im Tod den Weg in ein „reines Land", in Gottes endgültiges Reich.
Im Christentum finden sich verschiedene Meinungen über Tod und Auferstehung. Man hat im 20. Jahrhundert die „Ganztodtheologie" konzipiert, die mit dem Geschehen des Todes außer einer abstrakten Vertröstung wenig anzufangen weiß. Erfreulicherweise haben sich Theologen wie Rahner, Moltmann, Klappert und Zink dagegen gewendet. Sie sehen – in Übereinstimmung mit dem, was Nahtod-Betroffene erleben – die Ablösung des Ich vom physischen Leib nicht als ägyptische oder griechische Seelenwanderung, sondern als Weiterführung des gelebten Lebens in neuer Gestalt an. Was immer dann folgt und ob man von „Auferstehung" erst als endgültigem Eingang ins Reich Gottes sprechen sollte, ist Angelegenheit einer Glaubensinterpretation, zu der Nahtodvisionen nichts beitragen können.

Wir haben mit konkreten Nahtod-Berichten begonnen und kommen zum Schluss dieses Buches noch einmal auf konkrete Fragen zurück. Den Betroffenen mögen die allgemeinen Analysen helfen, ihre besonderen Erfahrungen auf dem grossen Hintergrund religiöser Grunderkenntnisse zu betrachten, auch wenn nur der eine oder andere Aspekt ihr eigenes Erleben unmittelbar betrifft. Viele haben geschrieben, dass sie ausgelacht oder merkwürdig behandelt wurden, wenn sie von ihren Visionen erzählten, so als ob bei ihnen etwas nicht stimme. Einige haben nach solchen Gesprächen oder von vorneherein das, was ihnen geschah, für sich behalten. Dabei brauchten sie sich nicht zu verstecken: In gewisser Weise ist es ein Privileg, durch eigene Nahtoderfahrungen mit dem Urgrund alles Religiösen in Berührung zu kommen, manchmal auch ein Ausgleich für das Erleiden einer schweren Krankheit oder eines Unfalls. Darüber zu reden kann aber auch für diejenigen hilfreich sein, die nicht Betroffene sind. Jeder hat Erlebnisse eigener Art, bei denen letzte Fragen aufbrechen. Gegenseitige Mitteilung hat ein eigenes Gewicht, das gelegentlich allgemeine Betrachtungen „überwiegt".
Indessen geht es nicht nur um glückliche Erfahrungen. Auch Krisen, die durch Nahtoderlebnisse auftreten, sind manchmal zu bewältigen. Vor allem die Erfahrung, noch einmal ins triste Leben auf dem Krankenbett zurückzumüssen, wo man doch so gern im glücklichen Licht geblieben wäre, hat gelegentlich solche Krisen ausgelöst, die sich bis zu Depressionen steigern können. Bruce Greyson und Barbara Harris haben aufgrund jahrzehntelanger therapeutischer Arbeit einen lesenswerten Beitrag „Beratung von Menschen mit Nah-Todeserfahrungen" geschrieben (veröffentlicht in „Spirituelle Krisen" von St. und C. Grof). Sie geben vor allem für Nicht-Betroffene Hinweise, was man beim Umgang mit Betroffenen beachten sollte. Insbesondere weisen sie auf die wichtige Rolle des Gesprächs hin:

„Das Hilfreichste, was man nach einer Nah-Todeserfahrung tun kann, ist, sorgfältig auf alles zu hören, was der Betroffene erzählen möchte. Leute die von einer Erfahrung beunruhigt zu sein scheinen, spüren gewöhnlich einen gewissen Druck, sie möglichst schnell zu verstehen. Sie werden oft noch frustrierter, wenn man ihnen sagt, sie sollten nicht darüber sprechen, oder ihnen Beruhigungsmittel gibt, damit sie schweigen. Wenn man die Betroffenen reden lässt, können sie sich angstmachender Gefühle entledigen. Anders als halluzinierende Patienten, die durch das

Sprechen über ihre Ängste und ihre Verwirrung noch beunruhigter werden können, sind Menschen mit Nah-Todeserfahrung im Allgemeinen erleichtert, wenn man sie ringen lässt, bis sie die richtigen Worte gefunden haben, um ihre Erfahrung zu beschreiben."[1]

Glücklicherweise sind die meisten Krisen vorübergehender Art. Insgesamt gesehen münden Nahtoderfahrungen in einem bejahten, verantwortungsbewussteren Leben, oft verbunden mit einer vertieften oder neuen Hoffnung auf ein Leben nach dem Tod. Wie wir schon gesehen haben, gehört sichtbare Religiosität keineswegs immer zu den Folgen. Paradox dabei ist, dass viele christlich aktive Menschen nur vage oder gar nicht an ein Leben nach dem Tod glauben, ganz im Gegensatz zu ihren nicht religiösen Bekannten, die ein Nahtoderlebnis hatten. Eine besondere Gefahr besteht darin, dass Menschen mit Nahtoderfahrung nicht nur als persönlich merkwürdig eingestuft, sondern auch einer undurchsichtigen Spukszene oder der Esoterik zugerechnet werden. Zwar nehmen Theosophie, Anthroposophie und andere esoterische Denkweisen die Nahtoderfahrungen gern als Bestätigung ihrer Lehren auf. Nahtod-Betroffene sehen sich dort in der Regel besser verstanden als in chistlichen Kreisen. Dass aber Nahtoderlebnisse ebenso in keinerlei Widerspruch zum christlichen Glauben stehen und für diesen sogar eine wichtige Funktion erhalten können, haben wir schon dargelegt. Es wäre wünschenswert, wenn das im praktischen Umgang mehr Niederschlag fände. Es brauchte das nicht zu passieren, was mir vor ein paar Jahren eine Frau aus Süddeutschland schrieb: Sie arbeitet mit schönem Erfolg als Lektorin und Kommunionhelferin in einer katholischen Gemeinde, verschweigt aber dort beharrlich, dass ihr Gottesverhältnis in einer Nahtoderfahrung begründet ist und sie daraus Kraft schöpft.[2] Christine de Graat (s. 1.5), die im Gefolge eines Nahtoderlebnisses und der darauf folgenden Jesusvisionen tief gläubig wurde und sich in Kirchengemeinden verschiedener Konfessionen engagierte, hat sich nach bitteren Erfahrungen wieder aus diesen Tätigkeiten zurückgezogen.
Angesichts von Nahtoderfahrungen stellt sich vielen „aufgeklärten", intellektuell-religiösen Menschen, insbesondere manchen Theologen, die Frage, ob die „Seele Verstorbener" eine Realität darstellt, wenn auch keine unseren Sinnen zugängliche. Strenggenommen wird eine alte Frage neu gestellt. Man kann, um Missverständnisse zu vermeiden, statt „Seele" das vom Körper ablösbare „Ich" sagen; das ändert nichts an der Fra-

ge. Sowohl die Außerkörpererlebnisse wie die Begegnung mit Verstorbenen im Nahtoderleben sind Hinweise – nicht Beweise – dass die „Seelen Verstorbener“ in einem genügend weit gefassten Verständnis von Natur und Kosmos eine Realität darstellen.[3] Diese Hinweise sind, auch wenn Sie die Fragen nach dem, was im Einzelnen geschehen wird, unbeantwortet lassen, hilfreicher als abstrakte Denkfiguren von Theologen, die von einer „Ganztod-Theologie“ reden.
Ob eine im Nahtod erlebte Anrede von verstorbenen Menschen oder einer Lichtgestalt „du musst noch einmal zurück“ kausal zur Überwindung eines Koma beitragen kann – vielleicht gegen die Prognose der Ärzte – wissen wir nicht und können das auch stehen lassen. Es gibt weder Beweis noch Gegenbeweis. Wir tun gut daran, Offenheit zu bewahren. Vorschnelle Folgerungen sollte man allerdings nicht ziehen, etwa, wenn so genannte Medien behaupten, Kontakte mit Toten herstellen zu können. Zwar sei auch hierüber kein letztes Urteil gefällt. Aber selbst wenn ein Medium zur Verblüffung von Fragenden vieles über einen Verstorbenen, den es nicht gekannt hat, weiß, so sagt das noch nicht, dass das Medium diese Information vom Verstorbenen selbst hat. Sie können telepathisch von denen, die fragen, auf das Medium übertragen worden sein. „Auskünfte“ über den heutigen Zustand Verstorbener sind meist banal („Es geht ihm gut“). Das Medium selbst mag von seinen Jenseitskontakten ehrlich überzeugt sein. Ob es aber samt „Klienten“ einer Täuschung aufsitzt, ist eine andere Frage. Was die verschiedenartigen „Totenerscheinungen“ angeht, die abgesehen von Nahtoderfahrungen auftreten, so wäre dies ein eigenes Thema; wir behandeln es hier nicht. Denen, die ungewollt damit konfrontiert sind, sei das Gespräch mit seriösen Beratern empfohlen (etwa der „Parapsychologischen Beratungsstelle“ Freiburg i. Br. oder dort genannten Adressen).

Abschliessend seien einige persönliche Bemerkungen über meine Beziehung zum Thema „Nahtoderfahrungen“ hinzugefügt. Ein eigenes Nahtoderlebnis hatte ich nicht. Meine Motivation, darüber zu schreiben, stammt aus meinem jahrzehntelangen Bemühen, die Kluft zwischen einem verengten naturwissenschaftlichen Weltverständnis und einer in rein theologischen Termini gefassten spirituellen Welt zu überbrücken. Als mögliche Konkretion habe ich vor einigen Jahren die Nahtod-Fragen „entdeckt“. Gleichwohl traten neben die sachliche Beziehung zum Thema auch „innere“ Motive hinzu. Sie stellten sich erst während meiner eingehenden Befassung mit Nahtoderfahrungen ein. Zum einen gewann ein frühes Erlebnis für mich neue Bedeutung. Ich komme aus dem Umfeld des Pietismus und hatte, beginnend in der Zeit meiner Konfirmation, eine etwa drei Jahre andauernde innere Auseinandersetzung mit der Erlösungsfrage. Sie mündete in ein Erlebnis, das sich eigenartig von der etwas quälerischen Suche nach dem „gnädigen Gott“ abhob, nämlich ein stilles Gefühl des glücklichen Angenommenseins. Es hat mich durch mein Leben hindurch begleitet, wenn ich auch fortschreitend wenig darüber gesprochen habe. In meiner „theologischen Umgebung“ war entweder Gefühlschristentum verpönt oder es wurde abstossend sentimental praktiziert. Heute sehe ich mein Erlebnis als numinose Erfahrung an und vergleiche es gern – zumal als Mathematiker – mit dem „Memorial“ von Blaise Pascal. Pascal verbarg sein „Feuer“-Erlebnis lebenslang: Die entsprechenden Notizen fand man nach seinem Tod in einen Anzug eingenäht. Das erinnert an die Scheu von Nahtod-Betroffenen, über ihr Lichterlebnis zu sprechen. Mein eigenes Erleben erinnert mich an Christof Wohlgemuth der nach einer Koma-Erfahrung nur Erlebnisse hatte, die man sonst oft im Gefolge einer Nahtoderfahrung auftreten. Bei mir ist Ähnliches nicht aus einem Koma, sondern einer religiösen Tiefenkrise erwachsen. Insofern spüre ich doch eine persönliche Nähe zu Nahtod-Betroffenen.

Zum andern hat das Thema Nahtod für mich einen neuen Stellenwert bekommen, als vor etwa fünf Jahren meine damals 13-jährige Tochter Esther-Sophie plötzlich und unerwartet aus einem blühenden Leben heraus starb. Sie hatte mich noch kurz vorher auf einer Vortragsreise zum Thema „Physik der Unsterblichkeit?“ begleitet. Das vorliegende Buch ist zusammen mit meinem vorausgehenden Beitrag „‚Ich war tot‘. Ein Naturwissenschaftler untersucht Nahtoderfahrungen“ unversehens zu einem Stück „Trauerarbeit“ geworden, verbunden mit der verstärkten Überzeugung, dass ich mein Kind wiedersehen werde.

Bitte an die Leser

Wenn Sie selbst ein Nahtoderlebnis oder eine damit vergleichbare Erfahrung hatten, freue ich mich, wenn Sie mir schreiben: Aeskulapweg 7, 44801 Bochum, Fax: 0234-7090521, E-mail: ewaldfamily@t-online.de
Gegebenenfalls bin ich auch bereit, Kontakte zwischen Nahtod-Betroffenen zu vermitteln.

Anmerkungen

(Jahreszahlen in eckigen Klammern verweisen auf das Literaturverzeichnis.)

Einleitung

[1] Pattloch Verlag 1999.

1 Der Weg ins Licht. Was Betroffene erleben

[1] Wir geben Originalberichte kursiv wieder, Zitate aus der Literatur in Standardschrift.

2 Nahtoderlebnisse aus der Sicht von Medizin und Naturwissenschaft

[1] Th. Sundermeier: Kann man fremde Heilungssysteme verstehen? Das Beispiel afrikanischer Medizin. In: Hempelmann/Dehn (Hg.) [2000], S. 225.

[2] Sabom [1998] S. 69f.

[3] A.a.O., S. 186.

[4] A.a.O., S. 42.

[5] A.a.O., S. 43f.

[6] A.a.O., S. 44f.

[7] A.a.O., S. 46.

[8] Vgl. Popper/Eccles [1996], S. 448; vgl. auch Ewald [1998], S. 270ff., [1999], S. 83

[9] Heinz, T. W.: „Neue Modesubstanz der Szene", in: Deutsches Ärzteblatt 96, 1999, B-2197-2198.

[10] Vgl. Blackmore [1992] und meine ausführlichere Auseinandersetzung damit in Ewald 1999] S. 154ff.

[11] N. Chomsky [1977].

[12] M. Schröter-Kunhardt [1993], S.65. Eine zusammenfassende Darstellung neurobiologischer, psychiatrischer und psychologisch-psychoanalytischer Aspekte von Nahtoderlebnissen findet sich auch in Schröter-Kunhardt [1999].

[13] Schröter-Kunhardt a.a.O. [1999], 74.

[14] Vgl. Sheldrake [1999], S. 71ff.

[15] A.a.O., S. 106f.

[16] A.a.O., S. 110.

[17] Ebd.

[18] Vgl. hierzu Ewald [1999], S. 99 ff. Weitere Beispiele etwa in: H. Hofmann [2001].

[19] Sheldrake (s. Anm. 14), S. 294.

[20] A.a.O., S. 278.

[21] A.a.O., S. 305.

[22] A.a.O., S. 288.

[23] W. Arnold u.a. (Hg.), [1997], Stichwort „Außersinnliche Wahrnehmung".

[24] Vgl. Anmerkung 10.
[25] Publiziert in Ewald [1999], S.31.
[26] Zit. nach Hampe [1987], S. 68f.
[27] Vgl. Mutschler [1997].
[28] Zu diesen Fragen nehme ich ausführlicher in [1998] Stellung.
[29] S. Freud: „Traum und Okkultismus", in: Freud [1991].

3 Nahtoderfahrungen und Kultur

[1] Vgl. Moody [1975], [1977], Kübler-Ross [1997], Sabom [1999]; weitere Literatur beispielsweise in Ewald [1999], Högl [1998].
[2] Knoblauch [1999], Knoblauch/Soeffner [1999].
[3] Moody [1977], S. 18f.
[4] A.a.O., S. 18.
[5] Knoblauch [1999], S. 27.
[6] Greyson [1983], [1985].
[7] Knoblauch, a.a.O., S. 28.
[8] Ebd.
[9] Knoblauch/Soeffner [1999], S. 274.
[10] A.a.O. S. 277.
[11] Knoblauch [1999], S. 193f.
[12] Vgl. hierzu Schröter-Kunhardt [1996(a)], [2000].
[13] Für das Folgende vgl. Knoblauch/Soeffner [1999] S. 227 ff.
[14] Schröter-Kunhardt [2000].
[15] Knoblauch [1999], S. 86f. Knoblauch übersetzt versehentlich „physicians" mit „Physiker".
[16] Feng, Zhi-Ying/Liu, Jian-Hun [1992] S. 46.
[17] A.a.O., S. 45f.
[18] Becker [1981], S. 155.
[19] Conze [1995], S. 113.
[20] A.a.O., S. 136.
[21] Ebd.
[22] A.a.O., S. 137.
[23] Ebd.
[24] Becker [1995], S. 159.
[25] A.a.O., S. 158.
[26] A.a.O., S. 161.
[27] A.a.O. S. 164.

4 Das Phänomen des Heiligen

[1] Wir legen die Ausgabe der Beckschen Reihe [1997] zugrunde.
[2] Otto [1997], S. 2.
[3] A.a.O., S. 6.

[4] W. Pannenberg vergleicht im ersten Band seiner „Systematischen Theologie“ [1988] (S. 153 ff.) die Religionsbegriffe von Schleiermacher und Otto: Ottos Einwand gegen Schleiermachers Reduktion der Frömmigkeit auf ein „Selbst-Gefühl“, das nur indirekt mit dem Gottesgedanken verbunden ist, bezieht sich auf Schleiermachers spätere Schriften. Ursprünglich waren in Schleiermachers universalem Religionsverständnis die religiöse Erfahrung und die alltägliche Welterfahrung nicht getrennt. „Die Größe der Religionsauffassung Schleiermachers besteht nicht zuletzt darin, dass die Religion und ihr Inhalt nicht etwas Zusätzliches zur sonstigen Wirklichkeit des Menschen und seiner Welt ist, sondern eine tiefere und bewusstere Auffassung dieser einen Lebenswirklichkeit. Die Orientierung des Religionsbegriffs am Heiligen im Gegensatz zum Profanen impliziert demgegenüber einen Dualismus von religiösem und nichtreligiösem Weltverständnis.“ (a.a.O., S. 154]) – Uns scheint indessen die methodische „Abgrenzung“ des Heiligen vom Profanen bei Otto, die ja das Profane nicht abwertet, einem pragmatischen, kulturgeschichtlichen und naturgeschichtlichen Verstehen von Religion dienlicher zu sein als Schleiermachers unklarer Universalismus.

[5] Otto [1997], S. 10.

[6] A.a.O., S. 14.

[7] Ebd.

[8] A.a.O., S. 30f.

[9] A.a.O., S. 34f.

[10] A.a.O., S. 35.

[11] Zit. nach Otto, a.a.O., S. 39.

[12] Ebd.

[13] A.a.O., S. 42.

[14] Ebd.

[15] Pascal [1978], S. 15.

[16] Zit. nach Otto, a.a.O., S. 50

[17] Otto, a.a.O., S. 51.

[18] Jesaja 6,5; Luk. 5,8.

[19] http://www.near-death.com/experiences/experts8.html.

5 Die Evolution des Heiligen

[1] Wenn im Folgenden gelegentlich „numinos“ als Adjektiv von Gefühlen, Wahrnehmungen usw. gebraucht wird, so ist das im Sinne von „auf das Numinose bezogen“ oder „numinos begründet“ zu verstehen.

[2] Vgl. hierzu das Buch „Reinkarnation“ von Hummel [1989].

[3] Otto, a.a.O., S. 16.

[4] Baudler [1991], S. 41.

[5] Ebd.

[6] Vgl. Kuckenburg [1997], S. 79.

[7] H. Müller-Karpe ist Herausgeber von „Handbuch der Vorgeschichte, Band 1: Altsteinzeit“, München 1966.

[8] Baudler [1989], S. 101.

[9] Über das Verhältnis von innerartlicher und fremdartlicher Aggression vgl. Eibl-Eibesfeld [1997], insbesondere S. 41 ff.
[10] Über Einzelheiten zu den hier angeschnittenen Fragen vgl. Leakey/Lewin [1993], Kuckenburg [1997], Tanner [1994].
[11] Zit. nach Leakey/Lewin [1993], S.194.
[12] Zit. nach Leakey/Lewin, ebd.
[13] Vgl. hierzu Leroi-Gourhan [1995].
[14] Leakey/Lewin [1993], S. 56ff.
[15] Vgl. Kuckenburg [1987], S. 95ff.
[16] Baudler [1989], S. 95f.
[17] Girard [1999], S. 58.
[18] Es handelt sich um den Theologen Raymund Schwager. Vgl. Baudler [1999a] S.71.
[19] Vgl. Baudler [1989], S. 103.
[20] Das Buch der Richter, Kap 11.
[21] 3. Mose 18,21 und 20,2.
[22] Vgl. hierzu Baudler [1989], S. 115 und 390, genauer dazu [1994], S. 103–164
[23] Tanner [1994], S. 215.
[24] A.a.O., S. 172.
[25] A.a.O., S. 175; vgl. S. 269.
[26] A.a.O., S. 162.
[27] Baudler [1989], S. 110.
[28] Baudler [1999b], S. 168.
[29] Ebd.

6 Nahtoderfahrungen und Christentum

[1] Schröter-Kunhardt [1996(b)], S. 67–83. (Kann auch beim Autor bestellt werden: Görresstr. 81, 69126 Heidelberg). Vgl. auch Thiede [1994], Kap. III („Reinkarnation: Das bagatellisierte Diesseits").
[2] A.a.O., S. 75.
[3] Im Judentum ist der noch existierende Chassidismus zu nennen, im Christentum die Anhänger von Origines (die aber nur eine Reinkarnation in späteren „Äonen" annahmen) und im Islam Teile der sufistischen Mystik
[4] W. Thiede: „Todesnähe-Forschung – Annäherung an die Innenseite des Todes? Zur Geschichte und Hermeneutik der Thanatologie", in: Knoblauch-Soeffner [1999], S. 159–186, S.176. Der Beitrag stellt eine überarbeitete Fassung des Kapitels „Sterbeforschung: Die bagatellisierte Grenze" in dem Buch „Die mit dem Tode spielen" [1994] dar. Wie schon die veränderte Überschrift andeutet, hat Thiede in dem neuen Beitrag seine theologisch abweisende Einstellung zu Nahtod-Fragen korrigiert und schreibt am Schluss: Die Resultate der Thanatalogie „können ein Hoffen über den Tod hinaus weder legitimieren noch negieren. Aber sie werten dieses Hoffen wieder stärker zu etwas ernsthaft Bedenkenswertem auf, das keineswegs derart mystisch-transzendental ist, dass man darüber nur schweigen könnte oder müsste. Zumindest indirekt dürften sie mit dazu beigetragen haben, dass auch im Rahmen der evangelischen Theologie, die fast das ganze 20. Jahrhundert lang überwiegend mit

der so genannten ‚Ganztod'-These meinte, die spirituellen Sehnsüchte befriedigen zu sollen … wieder neu – in legitimer Anknüpfung an Martin Luther – über das Recht des Unsterblichkeitsgedankens korrelativ zur kosmischen Auferstehungshoffnung nachgedacht wird."

[5] Vorwort zu Kent/Fotherby [1997], S. XIII.
[6] A.a.O., S. IX–X.
[7] Vgl. Sabom [1998], S. 131ff.
[8] Sabom a.a.O., S. 215 mit Zitat Matth. 24,24.
[9] Zink [1999], S. 76.
[10] A.a.O., S. 45f.
[11] 2.Kor. 5,3f (Übersetzung Jörg Zink).
[12] Calvin [1928], S. 481.
[13] A.a.O.; vgl. auch Lang/McDannell [1990], S. 202ff. und S. 274ff.
[14] Rahner [1980], S. 447.
[15] Rahner [1975], S. 459.
[16] Moltmann [1999], S. 10.
[17] Ebd.
[18] Ebd.
[19] Rahner (s. Anm. 15), S. 462.
[20] Vgl. Moltmann [1995], S. 124; Klappert [1997] S. 36ff.
[21] Das ist näher ausgeführt in meinem Beitrag [1999], S. 223–228.

Schlussbetrachtungen

[1] St. und C. Grof [1990], S. 243f.
[2] Dokumentiert in Ewald [1999], S. 14–18.
[3] Ermutigende Äußerungen finden sich in der Arbeit des Züricher Neurochirurgen Ch. Probst.

Literatur

Arnold, W. / Eysende, H.J. / Meili, R. (Hg.): Lexikon der Psychologie. Augsburg: Bechtermünz 1997.

Baudler, G.: Erlösung vom Stiergott. Christliche Gotteserfahrung im Dialog mit Mythen und Religionen. München: Kösel; Stuttgart: Calwer 1989.

Ders.: Gott und Frau. Die Geschichte von Gewalt, Sexualität und Religion. München: Kösel 1991.

Ders.: Töten oder lieben. Gewalt und Gewaltlosigkeit in Religionen und Christentum. München 1994.

Ders.: Die Befreiung von einem Gott der Gewalt. Erlösung in der Religionsgeschichte von Judentum, Christentum und Islam. Düsseldorf: Patmos 1999a.

Ders.: Mutter, Gott und Raubtier, in: Theologie der Gegenwart 1999b, 162-174.

Becker, C.B.: The Centrality of Near-Death Experiences in Chinese Pure Land Buddhism. In: Anabiosis 1 (1981) S. 154–171.

Blackmore, S.: Dying to live. Near-Death Experiences. Chicago: Academy Chicago Publishers 1992.

Calvin, J.: Unterricht in der christlichen Religion, hg. von L.F.K. Müller, Neukirchen /Kr. Moers: Buchhandlung des Erziehungsvereins 1928.

Chomsky, N.: Reflektionen über die Sprache. Frankfurt/M: Suhrkamp 1977.

Conze, E.: Der Buddhismus: Wesen und Entwicklung, 10. Aufl. Stuttgart, Berlin, Köln: Kohlhammer 1995.

Eibl-Eibesfeldt, I. Krieg und Frieden aus der Sicht der Verhaltensforschung. München: Piper 1997.

Ewald, G.: Die Physik und das Jenseits. Eine Spurensuche zwischen Naturwissenschaft und Philosophie. Augsburg: Pattloch 1998.

Ders.: ‚Ich war tot‘. Ein Naturwissenschaftler untersucht Nahtod-Erfahrungen. Augsburg: Pattloch 1999.

Ders.: Gibt es ein Jenseits? Auferstehungsglaube und Naturwissenschaften. Mainz: Matthias-Grünewald-Verlag 2000.

Feng, Zhi-Ying / Liu, Jian-Xun: Near-Death Experiences Among Sur-

vivors of the 1976 Tangshan Earthquake. In: Journal of Near-Death Studies 11, 1992, S. 39-48.
Freud, S.: Neue Folge der Vorlesungen zur Einführung in die Psychoanalyse. Frankfurt am Main: Fischer Taschenbuch Verlag 1991.
Girard, R.: Das Heilige und die Gewalt. Frankfurt am Main: Fischer Taschenbuch 1999.
Graat, Ch. de: Und Gott sprach zu Eva. Seeon: Ch. Falk-Verlag, 2001.
Grof, St. und C.: Spirituelle Krisen. Chancen der Selbstfindung. München: Kösel Verlag 1990.
Hampe, J.Ch.: Sterben ist doch ganz anders. Erfahrungen mit dem eigenen Tod. Stuttgart: Kreuz Verlag 1987.
Hempelmann, R. / Dehn, U. (Hg.): Dialog und Unterscheidung. Religionen und neureligiöse Bewegungen im Gespräch. Festschrift für Reinhart Hummel. EZW-Texte. Berlin: Ev. Zentralstelle f. Weltanschauungsfragen 2000.
Högl, S.: Leben nach dem Tod? Menschen berichten von ihren Nahtod-Erfahrungen. Rastatt: Moewig 1998.
Hofmann, H.: PSI – die andere Wirklichkeit. Wien: Edition Va bene 2001.
Hummel, R.: Reinkarnation. Weltbilder des Reinkarnationsglaubens und das Christentum. Mainz: Matthias-Grünewald-Verlag; Stuttgart: Quell Verlag 1989.
Kent, R. / Fotherby, V.: The Final Frontier. Incredible Storys of Near-Death-Experiences. London: Marshall Pickering 1997.
Klappert, B.: Das Kommen Gottes und der Weg Jesu Christi. Gütersloh: Gütersloher Verlagshaus 1997.
Knoblauch, H.: Berichte aus dem Jenseits. Mythos und Realität der Nahtod-Erfahrung. Freiburg: Herder/Spektrum 1999.
Knoblauch, H. / Soeffner, H.-G. (Hg.): Todesnähe. Interdisziplinäre Zugänge zu einem außergewöhnlichen Phänomen. Konstanz : UVK Universitätsverlag Konstanz 1999.
Kuckenburg, M.: Lag Eden im Neandertal? Auf der Suche nach dem frühen Menschen. Düsseldorf: ECON 1997.
Lang, B./ McDannell, C.: Der Himmel. Eine Kulturgeschichte des ewigen Lebens. Frankfurt am Main: Edition Suhrkamp 1990
Leakey, R./ Lewin, R.: Der Ursprung des Menschen. Frankfurt am Main: Fischer 1993.
Leroi-Gourhan, A.: Hand und Wort. Die Evolution von Technik, Spra-

che und Kunst. Frankfurt am Main: Suhrkamp Taschenbuch 1980.
Moltmann, J.: Das Kommen Gottes. Christliche Eschatologie. Gütersloh: Gütersloher Verlagshaus 1995.
Monroe, R.A.: Der Mann mit den zwei Leben. Reisen außerhalb des Körpers. Interlaken: Ansata Verlag 1981.
Moody, R.A.: Leben nach dem Tod. Die Erforschung einer unerklärten Erfahrung. Augsburg: Weltbild 1998.
Ders.: Nachgedanken über das Leben nach dem Tod. Reinbek b. Hamburg: Rowohlt 1997.
Mutschler, H.D.: Aristoteles' „dynamis-energeia"-Gegensatz, die „physis-techne"-Parallele und die moderne Biologie. Vortrag 1997 Akademie Schwerte.
Otto, Rudolf: Das Heilige. Über das Irrationale in der Idee des Göttlichen und sein Verhältnis zum Rationalen. München: Becksche Reihe, Nachdruck 1997.
Pannenberg, Wolfhart: Systematische Theologie, Band 1. Göttingen: Vandenhoeck & Ruprecht 1988.
Pascal, Blaise: Gedanken. Stuttgart: Reclam 1978.
Popper, K.R. / Eccles, J.C. Das Ich und sein Gehirn. München: Piper 1996.
Probst, Ch.: Gehirn und Seele aus der Sicht der Neurochirurgie und Hirnforschung, in: Medizin und Ideologie, Dezember 1997, S. 1–14.
Rahner, K. Über den Zwischenzustand, in: Schriften zur Theologie XII, Einsiedeln 1975, S. 455–466.
Ders., Fegfeuer, in: Schriften zur Theologie XIV, Einsiedeln 1980, S. 435–449.
Ring, K. / Cooper, Th.: Near-Death and Out-of-Body in the Blind. A study of Apparent Eyeless Vision, in: Journal of Near-Death Studies 16, Human Sciences Press 1997.
Sabom, M.: Light & Death. One Doctor's Fascinating Account of Near-Death Experiences. Grand Rapids (Michigan): Zondervan Publishing House 1998.
Schröter-Kunhardt, M.: Nah-Todeserfahrungen oder: ein neues anthropologisches Paradigma. TW Neurologie-Psychiatrie 1992, S. 621f.
Ders.: Mögliche neurophysiologische Korrelate des NDE. In: Dittrich, A. (Hg.): Welten des Bewusstseins, Bd. 2. Berlin: VWB – Verlag für Wissenschaft und Gesellschaft 1993, S. 57–75.
Ders.: Erfahrungen Sterbender während des klinischen Todes, in:

Knupp, B. / Stille, W. (Hg.): Sterben und Tod in der Medizin. Stuttgart: Wissenschaftliche Verlagsgesellschaft 1996 [1996(a)].
Ders.: Reinkarnationsglaube und Reinkarnationstherapie: transpersonale Fiktion, in: Transpersonale Psychologie und Psychotherapie. Petersberg: Via Nova Verlag 1996 [1996(b)].
Ders.: Nah-Todeserfahrungen in aus psychologisch-neurologischer Sicht. In: H. Knoblauch / H.-G. Soeffner (Hg.) Todesnähe, S. 65–99.
Ders.: Todesnähe, in: Grenzgebiete der Wissenschaft 49 (2000), 186–190.
Sheldrake, R.: Der siebte Sinn der Tiere. Warum Ihre Katze weiß, wann Sie nach Hause kommen, und andere bisher unerklärte Fähigkeiten der Tiere. Bern, München, Wien: Scherz Verlag, 3. Aufl. 1999.
Tanner, N.M.: Der Anteil der Frau an der Entstehung des Menschen. Eine neue Theorie der Evolution. München: dtv 1997.
Thiede, W.: Die mit dem Tod spielen. Okkultismus, Reinkarnation, Sterbeforschung. Gütersloh: Gütersloher Verlagshaus GTB 1994.
Zink, J.: Auferstehung. Und am Ende ein Gehen ins Licht. Stuttgart: Kreuz-Verlag 1999.

Namens- und Stichwortverzeichnis